教育部国家职业教育专业教学资源库建设项目教材

智能终端产品技术服务

李 翠　陈彦彬　主　编

郭　贤　李田田　周凯迪
韩俊玲　刘竹林　赵红伟　副主编

电子工业出版社
Publishing House of Electronics Industry
北京·BEIJING

内 容 简 介

本书是全国高等职业院校智能产品开发与应用（原智能终端技术与应用）专业国家职业教育专业教学资源库建设项目教材，以智能终端产品相关案例为主线，以技能培养为编写宗旨，体现了理论与实践一体化、以工作过程为导向的思想。

本书内容依据专业教学标准，结合岗位技能职业标准，通过案例展开，将每个项目分成多个任务，更有利于系统化学习。另外，每个项目最后都配有习题，方便读者巩固知识点。

全书共有 5 个项目，分别介绍了客户服务、智能手机技术服务、智能家居技术服务、立式测温人证一体机、智能安防系统。此外，每个项目选材力求通俗、简明、实用、操作性强。

本书可作为智能产品开发与应用专业的教材，也可作为电子信息工程技术、应用电子技术等相关专业的教材，还可供智能终端产品维修技术人员和相关人员参考。

未经许可，不得以任何方式复制或抄袭本书之部分或全部内容。
版权所有，侵权必究。

图书在版编目（CIP）数据

智能终端产品技术服务 / 李翠，陈彦彬主编. —北京：电子工业出版社，2023.1
ISBN 978-7-121-45009-9

Ⅰ. ①智… Ⅱ. ①李… ②陈… Ⅲ. ①电子产品－移动终端－科技服务－高等职业教育－教材 Ⅳ. ①F426.63

中国国家版本馆 CIP 数据核字（2023）第 022039 号

责任编辑：郭乃明　　　　　特约编辑：田学清
印　　刷：三河市兴达印务有限公司
装　　订：三河市兴达印务有限公司
出版发行：电子工业出版社
　　　　　北京市海淀区万寿路 173 信箱　　邮编：100036
开　　本：787×1092　1/16　印张：18.25　字数：432 千字
版　　次：2023 年 1 月第 1 版
印　　次：2023 年 1 月第 1 次印刷
定　　价：56.00 元

凡所购买电子工业出版社图书有缺损问题，请向购买书店调换。若书店售缺，请与本社发行部联系，联系及邮购电话：(010) 88254888，88258888。
质量投诉请发邮件至 zlts@phei.com.cn，盗版侵权举报请发邮件至 dbqq@phei.com.cn。
本书咨询联系方式：guonm@phei.com.cn，QQ34825072。

前　言

本书内容对接企业需求，紧扣学生毕业后就业实际工作需要；采取"互联网+实训"的 O2O（Online To Offline）教学模式，并有配套的教案、PPT 和教学视频，让学生学习起来更加高效。

通过前期建设，智能终端产品技术服务课程以智能终端产品相关案例为主线，以技能培养为目标，形成了教、学、做一体化的模式，对产品技术要点、产品安装调试、产品故障检修等进行介绍，将职业能力培养有机结合到智能终端产品技术服务课程教学体系中。课程内容紧密契合最新的高职专业教学标准，引入行业企业技术标准，注重体现新技术、新工艺和新方法，穿插设置了智能终端产品应用的实例，并跟随技术发展持续进行更新。

在本书的编写过程中，打破了传统的知识体系，将理论知识和实际操作合二为一，实现了理论与实践一体化主导思想。

全书由济南职业学院和中兴协力（山东）教育科技集团有限公司（以下简称"中兴协力"）联合开发，由济南职业学院的李翠老师和中兴协力的陈彦彬总经理共同担任主编，由济南职业学院的郭贤、李田田、周凯迪、韩俊玲老师，以及校外专家刘竹林、中兴协力的专家赵红伟担任副主编，济南职业学院的郭振慧、李玉翠、路倩云、杨益、刘成刚、刘晓阳、徐春雨、安呈双等老师参编。在本书的撰写、校核、审稿和编辑工作中，得到了许多老师与企业的帮助，也得到了编者所在院校领导的关心和支持，在此谨向大家致以诚挚的感谢。

由于编者水平有限，书中难免存在疏漏之处，敬请读者予以批评指正。

编　者

2022 年 4 月

目　　录

项目一　客户服务 ... 1
    学习目标 ... 1
    建议学时 ... 1
    项目情境描述 ... 1
    项目流程与活动 ... 1
  任务一　电话客服和网络客服 ... 1
    学习目标 ... 1
    任务描述 ... 2
    任务分析 ... 2
    知识储备 ... 2
    任务实施 ... 15
    评价与分析 ... 16
  任务二　店面服务 ... 17
    学习目标 ... 17
    任务描述 ... 17
    任务分析 ... 17
    知识储备 ... 17
    任务实施 ... 29
    评价与分析 ... 30
  任务三　上门服务 ... 31
    学习目标 ... 31
    任务描述 ... 31
    任务分析 ... 31
    知识储备 ... 31
    任务实施 ... 39
    评价与分析 ... 40
  补充：服务案例 ... 41
  任务四　工作总结与评价 ... 43
    学习目标 ... 43
    项目小结 ... 43

　　　　评价总结 43
　　　　工作过程回顾及总结 44
　　　　综合评价表 44
　　补充：专项实训 47
　　　　客户服务实训 47
　　习题 49

项目二　智能手机技术服务 52

　　学习目标 52
　　建议学时 52
　　项目情境描述 52
　　项目流程与活动 53
　　任务一　接收手机维修任务 53
　　　　学习目标 53
　　　　任务描述 53
　　　　任务分析 53
　　　　知识储备 53
　　　　任务实施 65
　　　　评价与分析 66
　　任务二　分析故障原因并制定维修方案 67
　　　　学习目标 67
　　　　任务描述 67
　　　　任务分析 67
　　　　知识储备 67
　　　　任务实施 81
　　　　评价与分析 82
　　任务三　手机故障维修与验收 83
　　　　学习目标 83
　　　　任务描述 83
　　　　任务分析 83
　　　　知识储备 83
　　　　任务实施 109
　　　　评价与分析 112
　　任务四　工作总结与评价 113
　　　　学习目标 113
　　　　项目小结 113
　　　　评价总结 113

　　　　工作过程回顾及总结 114
　　　　综合评价表 114
　　补充：专项实训 115
　　　　手机贴片元器件的拆卸与焊接 115
　　　　集成电路的拆卸与焊接 116
　　习题 117

项目三　智能家居技术服务 119
　　学习目标 119
　　建议学时 119
　　工作情境描述 119
　　工作流程与活动 120
　　任务一　接收智能家居设备维修任务 120
　　　　学习目标 120
　　　　任务描述 120
　　　　任务分析 120
　　　　知识储备 120
　　　　任务实施 127
　　　　评价与分析 128
　　任务二　分析故障原因，制定维修方案 129
　　　　学习目标 129
　　　　任务描述 129
　　　　任务分析 129
　　　　知识储备 129
　　　　任务实施 139
　　　　评价与分析 140
　　任务三　智能家居设备故障维修与验收 141
　　　　学习目标 141
　　　　任务描述 141
　　　　任务分析 141
　　　　知识储备 141
　　　　任务实施 147
　　　　评价与分析 150
　　任务四　工作总结与评价 151
　　　　学习目标 151
　　　　项目小结 151
　　　　评价总结 151

工作过程回顾及总结 ...152
　　　综合评价表 ...152
　补充1：智能家居实训设备介绍 ...153
　补充2：专项实训 ...163
　　　智能家居设备组网 ...163
　　　智能家居硬件的拆焊与焊接 ...164
　补充3：国内智能家居品牌介绍 ...165
　习题 ...169

项目四　立式测温人证一体机 ...171
　学习目标 ...171
　建议学时 ...171
　工作情境描述 ...171
　工作流程与活动 ...171
　任务一　详述产品概况及产品技术要点 ...172
　　　学习目标 ...172
　　　任务描述 ...172
　　　任务分析 ...172
　　　知识储备 ...172
　　　任务实施 ...183
　　　评价与分析 ...184
　任务二　安装、调试设备 ...185
　　　学习目标 ...185
　　　任务描述 ...185
　　　任务分析 ...185
　　　知识储备 ...185
　　　任务实施 ...203
　　　评价与分析 ...204
　任务三　检测与维修设备 ...205
　　　学习目标 ...205
　　　任务描述 ...205
　　　知识储备 ...205
　　　任务实施 ...209
　　　评价与分析 ...212
　任务四　工作总结与评价 ...213
　　　学习目标 ...213
　　　项目小结 ...213

评价总结 214
　　　工作过程回顾及总结 215
　　　综合评价表 215
　补充：立式测温人证一体机的安装及调试 217
　习题 219

项目五　智能安防系统 221
　学习目标 221
　建议学时 221
　工作情境描述 221
　工作流程与活动 221

　任务一　制定安装方案 222
　　　学习目标 222
　　　任务描述 222
　　　任务分析 222
　　　知识储备 222
　　　任务实施 227
　　　评价与分析 228

　任务二　视频监控系统的安装与调试 229
　　　学习目标 229
　　　任务描述 229
　　　任务分析 229
　　　知识储备 229
　　　任务实施 245
　　　评价与分析 247

　任务三　防盗报警系统的安装与调试 249
　　　学习目标 249
　　　任务描述 249
　　　任务分析 249
　　　知识储备 249
　　　任务实施 257
　　　评价与分析 263

　任务四　工作总结与评价 265
　　　学习目标 265
　　　项目小结 265
　　　评价总结 265
　　　工作过程回顾及总结 266

综合评价表 266
　　补充：专项实训 269
　　　家庭安防监控与环境监测 269
　　习题 271
课后习题答案 274
参考文献 282

项目一　客户服务

学习目标

　　智能终端产品现在已经进入千家万户，由此而来的是关于智能终端产品的售后服务问题，而作为技术服务人员，首先要懂得的就是与客户进行沟通的技巧。本项目主要介绍电话客服和网络客服、店面服务及上门服务所需的基本知识与技能。
　　1. 熟悉客户服务工作流程，掌握客户服务规范。
　　2. 具备良好的逻辑思维能力、语言表达能力等。
　　3. 能够很好地掌握电话客服和网络客服、店面服务及上门服务的基本技能。

建议学时

　　12 学时。

项目情境描述

　　当客户进行电话/网络咨询、到店咨询或技术服务人员进行上门售后服务时，技术服务人员需要摆正对待客户的态度，掌握相关的话术、可能遇到的问题的解决方法，力求让客户满意。

项目流程与活动

　　1. 电话客服和网络客服（4 学时）。
　　2. 店面服务（3 学时）。
　　3. 上门服务（4 学时）。
　　4. 工作总结与评价（1 学时）。

任务一　电话客服和网络客服

学习目标

　　1. 具备服务客户必备的能力与素质，具有强大的心理素质和处理问题的能力。
　　2. 掌握电话客服和网络客服的岗位职责及必备素质。

3. 熟悉电话客服和网络客服会遇到的问题及其解决方法，以及常用话术。

任务描述

因刚买 2 个月的手机出现了比较大的问题，客户打电话投诉，并要求为他换手机。要求客服人员能够安抚客户的情绪，并能够解决客户的问题。

任务分析

1. 注意服务态度。
2. 注意服务话术。
3. 对于电话投诉客户，由于无法进行面对面交流，所以更需要注意说话方式。

知识储备

一、客服人员必备的能力与素质

（一）心理素质要求

1. 要有"处变不惊"的应变力

所谓应变力，就是指对一些突发事件进行有效处理的能力。作为客服人员，每天都要面对不同的客户，很多时候，客户会给你带来一些真正的挑战，如遇到不讲道理的客户，这个时候，作为客服人员，应该能很稳妥地处理这件事情，而不是不知所措，这就需要客服人员具备一定的应变力，尤其在处理客户恶意投诉的时候，要处变不惊。

2. 要有承受挫折、打击的能力

客服人员有可能被客户误解。例如，客户可能因手机出问题，手机里的照片或联系方式无法及时获得而发脾气，此时，客服人员需要有足够的承受挫折和打击的能力，而不可手足无措，不解决问题。

3. 要有情绪的自我掌控及调节能力

情绪的自我掌控和调节能力是指什么？假设你每天需要接待 100 个客户，其中某一个客户把你责备了一番，你的心情会变得很不好，情绪很低落，但是此时依然还有很多客户在等着你。对于将要受接待的客户，你或许是他面对的第一个客服人员，你不能把前一个客户带给你的不愉快转移给下一个客户，这就需要你掌控和调节自己的情绪。特别是一些客户服务呼叫中心的在线服务人员，一天大约要受理 400 个投诉或咨询，需要对每个客户都保持同样的热情。因此，优秀的客服人员的心理素质非常重要。

4. 要有满负荷情感付出的支持能力

客服人员需要给每个客户都提供最好、最周到的服务，对待第一个客户和最后一个客户,都需要付出饱满的热情,不能有所保留。每个人的这种满负荷情感付出的支持能力是不同的。一般来说,工作时间越长的客服人员的满负荷情感付出的支持能力越强。

5. 要有积极进取、永不言败的良好心态

客服人员在自己的工作岗位上需要持有积极进取、永不言败的良好心态,需要不断地调整自己的心态,无论遇到什么困难、挫折都不能轻言放弃。这种心态的保持和团队的氛围有很大的关系,如果整个客户服务团队是一个积极向上的团队,那么员工在这种良好的团队氛围当中,很多心里的不愉快就能很自然地得到化解。

(二)品格素质要求

1. 忍耐与宽容是面对"无理"客户的法宝,是优秀的客服人员的一种美德

客服人员需要有包容心,要包容和理解客户。客户的性格不同,人生观、世界观、价值观也不同,真正的客户服务是根据客户本人的喜好灵活调整客服策略,以使其满意,客服人员要用比对待朋友还要好的态度对待客户,因为这就是你的工作。

2. 不轻易承诺,说了就要做到

对于客服人员,通常很多企业都有明确的要求:不轻易承诺,说到就要做到。客服人员不要轻易承诺,因为这样会使自己的工作变得很被动。但是客服人员必须要兑现自己的诺言,一旦答应客户,就要尽心尽力地做到。

3. 勇于承担责任

客服人员需要经常承担各种各样的责任。当出现问题的时候,同事之间不要相互推卸责任。客户服务是一个企业的服务窗口,应该化解由于整个企业给客户带来的所有损失而造成的矛盾。因此,在客户服务环节,不能说这是其他部门的责任,一切难题都需要通过你化解,这就叫勇于承担责任。

4. 拥有博爱之心,真诚对待每一个人

客服人员要有"人人为我,我为人人"的博爱之心,真诚地对待每一个人。

5. 谦虚是做好客户服务工作的要素之一

拥有一颗谦虚之心是人的美德,是客服人员需要注意的重要部分。一个客服人员需要有很强的专业知识,此时就有可能不谦虚,就会认为客户说的话都是"外行话"。

特别是对于维修人员,谦虚更为重要。例如,IT行业的客服人员多数都需要上门提供维修服务,是依靠专业知识和技能来提供服务的。在这个领域,你可能是专家,客户可能会说出很多外行话。如果客服人员不具备谦虚的态度,就会在客户面前炫耀自己的专业知识,而表现出对客户的轻视,这是客户服务中很忌讳的一点。客服人员要求有服务技巧和专业知识,但不能炫耀,不能轻视客户。

6．强烈的集体荣誉感

客户服务强调的团队精神。企业的客服人员需要互相帮助，必须要有团队精神。运动项目需要团队协作精神，客户服务同样需要，你所做的一切，不是为了表现自己，而是为了能把整个企业的客户服务工作做好。这就是集体荣誉感，这就是团队精神。

（三）技能素质要求

1．良好的语言表达能力

良好的语言表达能力是实现与客户沟通的必要技能和技巧。

2．丰富的专业知识及经验

丰富的专业知识及经验是解决客户问题的必备武器。不管是哪个行业的客服人员，都需要具备专业知识和经验，不仅能跟客户沟通、向客户赔礼道歉，还要成为掌握产品知识的专家，能够解释客户提出的相关问题。如果客服人员不能成为专业人才，那么有些问题可能就解决不了。作为客户，最希望得到的就是客服人员的帮助。因此，客服人员要有很丰富的专业知识及经验。

3．熟练的专业技能

获得熟练的专业技能是客服人员的必修课。每个企业的客服人员都需要学习多方面的专业技能。

4．优雅的形体语言

优雅的形体语言能体现出客服人员的专业素质。优雅的形体语言反映了一个人的气质，内在的气质会通过外在形象表现出来。举手投足、说话方式、笑容都能表现出你是不是一个专业的客服人员。

5．思维敏捷，具备对客户心理活动的洞察力

对客户心理活动的洞察力是做好客户服务工作的关键。因此，客服人员都需要具备这方面的技巧，思维要敏捷，要具备对客户心理活动的洞察力。洞察客户的心理活动是对客服人员工作技能的起码要求。

6．具备良好的沟通能力

客服人员要具备良好的沟通能力，使自身与客户的交流变得更顺畅。

7．具备专业的客服电话接听技巧

专业的客服电话接听技巧是客服人员的一项重要技能。客服人员必须掌握接听客户服务电话的基本话术、怎么获取关键信息等内容。

8. 良好的倾听能力

良好的倾听能力是实现与客户高效沟通的必要保障。

（四）综合素质要求

1. "客户至上"的服务观念

"客户至上"的服务观念要始终贯穿于客服工作中，因此，客服人员需要具备这样的服务观念。

2. 独立处理工作的能力

优秀的客服人员必须具备独立处理工作的能力。一般来说，企业都要求客服人员能够独当一面，即能够独立处理客户服务中的棘手问题。

3. 各种问题的分析、解决能力

优秀的客服人员不仅需要做好客服工作，还要善于思考，能够提出对工作的合理化建议，有分析、解决问题的能力，能够帮助客户分析、解决实际问题。

4. 人际关系的协调能力

优秀的客服人员不仅要做好客服工作，还要善于协调同事之间的关系，以达到提高工作效率的目的。人际关系的协调能力是指在部门内部，如何与自己的员工、同事协调好相互之间的关系。有时候，同事之间关系紧张会直接影响客服工作的效果。

以上从心理素质、品格素质、技能素质和综合素质这四个方面探讨了一个优秀的客服人员应具备的根本条件。通过了解这些内容，我们应该对客服工作有了更清楚的认识。只有当我们了解了客服人员应该具备的素质和技能后，才有可能在工作中不断地提升自我，自觉地学习服务技巧，从而做好客服工作。

二、电话客服和网络客服概述

（一）电话客服岗位描述

电话客服的主要岗位职责是负责客户的订单、咨询、投诉电话的处理，负责业务员的下单电话处理，并协助内部部门经理工作，使得本部门的工作能够顺利开展，为公司业务的拓展打好基础。

1. 电话客服人员的基本素质

要成为一个合格的电话客服人员，需要有严谨的工作作风、热情的服务态度、丰富的业务知识、积极的学习态度，面对客户的时候要耐心解释、虚心倾听。

（1）热情认真的态度。

只有热爱自己的事业，才能全身心地投入进去，因此，热情认真的态度是一个合格的客服人员需要具备的先决条件。

（2）熟练掌握业务知识。

应该熟练掌握业务知识，不断努力学习，只有熟练掌握了各方面的业务知识，才能准确无误地为客户提供业务查询、业务办理及投诉建议等各项服务，让客户满意。

（3）耐心解答问题。

一个合格的客服人员的核心就是对客户的态度。在工作过程中，应保持热情诚恳的工作态度，在做好解释工作的同时，要语气缓和、不骄不躁。例如，当遇到客户不懂或很难解释的问题时，要保持耐心，一遍不行就再来一遍，直到客户满意，始终信守"把微笑融入声音，把真诚带给客户"的诺言。只有这样，才能更好地让自己不断进取。

（4）合理沟通协调。

沟通能力，特别是有效沟通能力是客服人员的一项基本素质，客户服务是跟客户打交道的工作，倾听客户、了解客户、启发客户、引导客户都是我们和客户交流时的基本功，只有了解了客户需要什么服务和帮助，客户的不满在什么地方，才能找出问题所在，从而对症下药，解决客户的问题。

2．电话客服的岗位职责

表 1.1.1 对电话客服的主要岗位职责进行了说明，包括电话接听、外呼电话、建立档案等。

表 1.1.1　电话客服岗位职责说明

岗位职责	工作内容	质量要求
电话接听	① 客户订单电话 ② 业务员订单电话 ③ 咨询电话 ④ 投诉电话	要有代表公司的意识，铃响 3 次以内迅速接听，自报部门、姓名。通话时注意使用请讲、谢谢、抱歉等礼貌用语。明确记录通话内容，并及时反馈
外呼电话	① 客户节日祝福（短信） ② 客户生日祝福（短信） ③ 集团/公司优惠活动（短信） ④ 日常客户满意度回访 ⑤ 集团/公司积分兑换礼品或客户礼品的签收确认	要有代表公司的意识，自报公司名称、姓名。主题明确，态度亲和有礼，并做好记录（客户姓名、通话时间、通话内容）
建立档案	① 客户档案 ② 业务往来公司档案 ③ 投诉/建议档案 ④ 积分兑换档案	详细记录客户/公司名称、性别、年龄、电话、地址、生日、通话时间、通话内容，并及时归类、反馈
其他	完成部门主管交代的其他工作	严格执行
职能权限描述 在业务范围内，对紧急事件有权宜处理权，享有本岗位工作流程的建议权		

（二）客户服务电话技巧

现代社会，各种高科技手段拉近了人与人之间的距离，即使远隔天涯，也可以通过现代通信技术随时交流。事实上，我们在日常的远距离沟通活动中，使用最多的工具就是电话。电话使人们的联系更为方便、快捷，但是，电话沟通也有其自身的缺陷。

客服人员接听或拨打电话的沟通技巧是否高明，常常会影响他是否能顺利达成本次沟通的目标，甚至会直接影响企业、公司的对外形象，因此，应多动脑，千方百计地让对方从声音中感受到你的热情友好。要想给对方留下诚实可信的良好印象，学习和掌握基本的电话沟通技巧和办公室电话礼仪是很有必要的。

小知识：

据研究表明，在双方面谈时，你的身体姿势、面部表情对谈话效果的影响占全部影响因素的55%。当我们进行电话交谈时则只闻其声，不见其人，即只能靠声音、语言沟通。

【自检1】

（1）在学习本部分内容之前，对照一些常见的电话沟通习惯，先回想一下自己通常是如何进行电话沟通的。

接听电话时：
- 电话铃响得令人不耐烦了才接听。
- 对着话筒大声地说："喂，找谁啊？"
- 一边接电话，一边嚼口香糖。
- 一边和同事说笑，一边接电话。
- 当需要记录某些重要数据时，总是在手忙脚乱地找纸和笔。

拨打电话时：
- 拿起电话却不知从何说起，语无伦次。
- 使用"超级简略语"，如"我是三院的××"。
- 挂完电话才发现还有问题没说到。
- 拿起电话粗声粗气地说："喂，找一下刘经理。"

转达消息时：
- 拿起电话向着整个办公室喊："小王，你的电话！"
- 态度冷淡地说："陈经理不在！"然后就顺手挂断电话。
- 让对方稍等，就自此不再过问。
- 答应替对方转达某事却未告诉对方自己的姓名。

遇到突发事件时：
- 对对方说："这事不归我管"，然后就挂断电话。
- 接到客户索赔电话，态度冷淡或千方百计地为公司产品辩解。
- 接到打错了的电话后很不高兴地说："打错了！"然后就粗暴地挂断电话。

- 当电话受噪声干扰时，大声地说："喂，喂，喂……"然后就挂断电话。

(2) 接听、拨打电话的基本技巧和程序。

对于接听、拨打电话的基本技巧，为了提高通话效率，正确表达思想，请注意下述几点。

① 电话旁应备纸和笔。

据统计，即使是人们用心记住的事，经过9个小时，遗忘率也会高达70%，日常琐事遗忘得更快。

试回忆本周前4天晚饭吃的什么，大概不少人想不起吧！因此，不可太相信自己的记忆，重要事项可采取做记录的措施以"加固"记忆。若在电话旁放置好纸和笔，则当他人打来电话时，就可立刻记录主要事项；如果不预先备妥纸和笔，那么到时候措手不及，不仅耽误时间，还会让自己狼狈不堪。

② 先整理沟通内容，再拨打电话。

在给别人打电话时，如果想到什么就讲什么，则往往会丢三落四，甚至忘却了主要事项还毫无觉察，等对方挂断了才恍然大悟。因此，应事先把想讲的事逐条逐项地整理记录下来，再拨打电话，边讲边看记录，随时检查是否有遗漏。另外，还要尽可能在3分钟之内结束通话。实际上，3分钟大概可讲1000个字，相当于两页半稿纸上的内容，对电话客服来说是完全够用的。如果一次通话用了5分钟，甚至10分钟，那么很有可能是措辞不当，未抓住纲领，突出重点。

③ 态度友好。

有人认为，电话只能传播声音，打电话时完全可以不注意姿势、表情，这种看法是片面的。通话时，双方的情绪都饱含于说话的声音中。若说话声调不准，对方就不易听清楚，甚至还会听错。因此，讲话时必须抬头挺胸，伸直脊背，给自身一个良好的精神暗示。"言为心声"，态度的好坏都会表现在言语之中。如果道歉时不低下头，那么歉意便不能伴随言语传达给对方。同理，表情也包含在声音中，打电话时表情麻木，其声音也冷冰冰的，因此，打电话也应微笑着讲话。

> **小知识：**
>
> 女性在对着镜子说话时，会很自然地微笑，人在微笑时的声音是更加悦耳、亲切的。根据这一原理，在一些大公司的总机或前台，管理者会有意在接线员的桌上放置一面镜子，以促使她们在接听电话的时候自然地微笑，然后通过言语把这一友好的信息传递出去。

④ 注意自己的语速和语调。

急性子的人听慢话可能会觉得断断续续、有气无力，颇为难受；慢性子的人听快语可能会感到焦躁心烦；年纪大的长者听快言快语，可能难以充分理解其意。因此，讲话速度并无定论，应视对方情况，灵活掌握语速，随机应变。打电话时，适当地提高声调显得富有朝气、明快清脆。人们在看不到对方的情况下，大多凭听觉形成初步印象。因此，讲话时有意识地提高声调，有助于在对方心中形成良好的初步印象。

⑤ 不要使用简略语、专用语。

客户往往无法理解将"行销三科"简称"三科"这种企业内部习惯用语。同样，专用语也仅限于行业内使用，客户不一定知道。有的客服人员不以为然，得意扬扬地使用简称、术语，觉得这样很"酷"，很专业，却不知他已经给对方留下了不友善的印象，有的客服人员认为外语高雅、体面，往往自作聪明地乱用一通，导致句意混乱，不能正确表达自己的思想，不仅毫无意义，有时甚至还会发生误会，这无疑是自找麻烦。

⑥ 养成复述的习惯。

为了防止听错电话内容，一定要当场复述。特别是同音不同义的词语及日期、时间、电话号码等数字内容，务必养成听后立刻复述、予以确认的良好习惯。文字不同，一看便知，但读音相同或极其相近的词语，通电话时常常容易搞错，因此，对容易混淆、难以分辨的词语要加倍注意，说话时放慢速度，逐字清晰地发音，如1和7、11和17等。当说到日期时，不妨加上星期几，以保证准确无误。

接听和拨打电话的程序如下。

① 注意点。
- 电话铃响两次后，接听电话。

电话铃声响1秒，停2秒，如果过了10秒仍无人接电话，一般情况下拨打者就会感到急躁："糟糕！人不在。"因此，铃响3次之内应接听电话。那么，是否铃声一响就应立刻接听，而且越快越好呢？也不是，因为这样反而会让对方感到惊慌。较理想的是电话铃响完第2次时接听。

- 自报姓名的技巧。

如果接听后说话的第一声优美动听，则会令对方感到身心愉快，给对方留下良好的初步印象，从而使其放心地讲话，因此，这个"第一声印象"十分重要，切莫忽视。在接听电话时，第一句话应说："您好，这是××公司"；在拨打电话时，首先要说："您好，我是××公司××处的×××"。无论接听，还是拨打，都应将第一句话的声调、措辞调整到最佳状态。

- 轻轻挂断电话。

对客服人员来说，应让对方先挂电话，或者待对方说完"再见！"后，等待2~3秒再轻轻挂断电话。无论通话多么完美得体，如果最后毛毛躁躁地"咔嚓"一声挂断电话，都可能会功亏一篑，令对方很不愉快。因此，在结束通话时，应轻轻地挂断电话。

② 接听电话的程序。
- 听到铃响两次后接听电话。
- 自报公司名称及部门名称。
- 确认对方姓名及单位。
- 寒暄问候。
- 商谈有关事项，确认注意事项。
- 礼貌地道别，轻轻地挂断电话。

③ 拨打电话的程序。
- 按重要程度整理谈话内容并记录。
- 确认对方工作单位、姓名。
- 自报公司名称及本人姓名。
- 寒暄问候。
- 商谈有关事项，确认注意事项。
- 礼貌地道别，轻轻地挂断电话。

【自检2】

（1）根据拨打、接听电话的要点，找出自身目前的不足之处后形成改进计划。
需要注意的要点如下。
要点1：电话旁应备有纸和笔。
- 把纸和笔放在触手可及的地方。
- 养成随时记录的习惯。

要点2：先整理沟通内容，再拨打电话。
- 时间应恰当。
- 情绪应稳定。
- 条理应清楚。
- 语言应简练。

要点3：态度友好。
- 尽量微笑着说话。
- 尽量真诚地交流。
- 尽量使用平实的语言。

要点4：注意自己的语速和语调。
- 确认对方的人员类型，据此选择语速。
- 先引起对方的注意。
- 发出清晰悦耳的声音。

要点5：不要使用简略语、专用语。
- 用语应规范准确。
- 判断对方是否熟悉公司的内部情况。
- 对专用语进行必要的解释。

要点6：养成复述的习惯。
- 及时对关键性字句加以确认。
- 善于分辨关键性字句。

（2）转达消息的技巧。
① 关键字句是否听清楚了。
常有这种情况：客户打电话找经理，经理却不在办公室。这时，代接电话人员态度

一定要热情,可用下面的方法明确告诉对方经理不在。

据你所知,告诉对方经理回公司的时间,并询问对方:"要我转达什么吗?"对方可能会说出下列几种愿望。

- 稍后再打电话。
- 想尽快与经理通话。
- 请转告经理……

如果经理暂时不能回公司,则可告诉对方:"经理出差在外,暂时无法联系,如果有重要的事,那么由我负责与经理联系行吗?"

另外,当客户表示不便告知具体事项时,要留下对方的姓名、电话、公司名称。

若受客户委托转告,则应边听客户讲边复述,并按客户讲述内容认真记录。

在给经理打电话时,应告诉经理客户的姓名、公司名称、电话、打来电话的时间,并与经理一一确认。

无论如何,都必须复述对方姓名及所讲事项;通话结束应道别:"我叫××,经理回来,定会立刻转告"。自报姓名的目的是让对方感到自己很有责任感,办事踏实可靠,使对方放心。

② 慎重选择理由。

通常,被指定接电话的人不在的原因很多,如因病休息、出差在外、上厕所等。这时,代接电话人员应学会应对各种情况。

当告诉对方××不在时,应注意不要让对方产生不必要的联想,特别是不能告诉对方××的出差地点等涉及业务具体内容的信息,因为这些信息或许正是不能让对方觉察或知晓的商业秘密。

另外,如果遇到领导正在参加重要会议而突然接到客户的紧急电话的情况,该怎么办呢?这时应正确判断,妥当处理。如果领导有言在先:"开会期间,不得打扰。"那转告之类的事当然也不能例外。

要想谋求一种两全其美的方法,既不中断会议,又不打扰领导,就可以活用纸条,如先在纸条上写道:"××打电话找您,接听电话(   ),不接听(   )。"然后悄悄走进会议室,将纸条递给领导看,领导一目了然,瞬间就能给出意见。这样既不会影响会议,领导又能当场决定,是一种很合适的方法。

【自检3】

(1)转达消息时是否注意了以下要点。

- 听清楚关键性字句。
- 选择恰当的理由。
- 选择恰当的时机。

(2)应对特殊事件的技巧。

① 听不清对方的话语。

当听不清楚对方讲话时,进行确认并不失礼,但必须方法得当。如果你惊奇地说:

"咦？"或怀疑地回答："哦？"那么对方可能会觉得无端地招人怀疑、不被信任，从而非常愤怒，连带对公司的印象也不佳；但如果你客客气气地确认："对不起，刚才没有听清楚，请再说一遍好吗？"那么对方则更有可能会耐心地重复一遍，不会责怪。

② 接到打错了的电话。

有一些员工在接到打错了的电话时，常常冷冰冰地说："打错了。"这是不对的，此时最好能这样告诉对方："这是××公司，你找哪儿？"如果自己知道对方所找公司的电话号码，那么不妨告诉对方，也许对方正是本公司潜在的客户，即使不是，热情友好地处理打错的电话，也可使对方对公司有初步好感，说不定对方将来就会成为公司的客户，甚至成为公司的忠诚支持者。

③ 遇到自己不知道的事。

有时候，客户在电话中一直谈员工不知道的事。员工遇到这种情况，常常会感到很恐慌，一边企盼着有人能尽快来接听电话，将自己救出困境，一边迷失在对方的陈述中，很长时间都不知道对方到底找谁，待电话讲到最后才醒悟过来："关于××事呀！很抱歉，我不清楚，负责人才知道，请稍等，我让他来接听电话。"遇到这种情况，应尽快弄清头绪，了解对方的真实意图，避免被动。

④ 接到领导亲友的电话。

领导对员工的评价常常会受到其亲友印象的影响。打到公司的电话并不局限于工作关系。领导的亲友有时会打来与工作无直接关系的电话，此时应尽快请领导接听。

⑤ 接到客户的索赔电话。

索赔的客户也许会有很多不满，如果作为被索赔方代表的你缺少理智，像对方一样感情用事，以唇枪舌剑回击客户，那么不但于事无补，而且会使矛盾升级。正确的做法是：处之泰然，洗耳恭听，让客户诉说不满，并耐心等待客户心静气消，期间切勿说"但是""话虽如此，不过……"之类的话进行申辩，应一边肯定客户话中的合理成分，一边认真思考对方不满的原由，找到正确的解决方法，用肺腑之言感动客户，从而化干戈为玉帛，取得客户的谅解。

面对客户提出的索赔事宜，当自己不能解决时，应将索赔内容准确、及时地告诉负责人，请负责人出面处理。处理索赔事宜绝不是件愉快的事，而要求索赔的一方的心情同样不舒畅。也许要求索赔的客户还会在电话中说出过激难听的话，但即使这样，到最后道别时，你仍应加上一句："谢谢您打来电话，我们今后一定多加注意，这样的事绝不会再发生。"这样，不仅能稳定对方的情绪，还能让其对公司产生好感。正所谓"精诚所至，金石为开"，对待索赔客户一定要诚恳，用一颗诚挚的心感动客户，以化解怨恨，使之从这次处理得当、令人满意的索赔事件中理解与支持公司，甚至成为公司产品的支持者。通过对索赔事件的处理，你也能了解公司的不足之处，并以此为突破口进行攻关。当你经过不懈努力，终于排除障碍、解决问题，甚至使产品质量更上一层楼，使企业走出困境并不断繁荣昌盛时，谁又能说索赔不是一件好事呢？

【自检4】

在电话沟通活动中，你曾遇到过什么样的特殊事件？你是如何应对的？有何改进的心得？

特殊事件包括以下几种。

① 听不清对方的话语。
② 接到打错了的电话。
③ 遇到自己不知道的事。
④ 接到领导亲友的电话。
⑤ 接到客户的索赔电话。

（三）网络客服岗位描述

现阶段，很多公司都增加了公众号等保修业务，因此，网络客服也是客户服务的一项重要分工，而且在未来的生活中，其所占比例可能会越来越大。

1．网络客服的基本概念

网络客服属于围绕核心产品开展的附加服务，是从客户出发，为客户着想，直接服务于客户需求的一个长期过程，而不是所谓的销售活动。它通过提高客户满意度和生产效率来达到长期利润最大化的目的。

2．网络客服的基本分类

根据服务的比例，企业提供的服务可以分为四大类：纯有形产品的较少服务，伴随服务的有形产品，主要服务伴随小物品、小服务，纯服务。对于网络营销服务，可以简单地划分为网上产品服务营销和网上服务产品营销。网上产品服务营销主要是指前两种服务，服务是产品营销的一个有机组成部分。网上服务产品营销针对的是无形产品，是可以直接通过互联网进行传输和消费的服务产品的营销活动。对于网上服务产品营销，除了关注服务产品销售过程的服务，还要针对服务产品的特点开展营销活动。根据网络营销交易的时间间隔，可以将服务划分为售前服务、售中服务和售后服务。

3．网络客服的特点

（1）增强客户对服务的感性认识。
（2）突破时空不可分离性。
（3）提供更高层次的服务。
（4）客户寻求服务的主动性增强。
（5）服务效益提高。

4．网络客服的工作职责

（1）坚守岗位，忠于职守，树立全心全意为客户服务的意识。
（2）对内代表客户利益，对外代表公司形象，履行首问负责制的规范要求。

（3）对客户所提问题的解答要礼貌、热情、迅速，并做到语音清晰、平等待客、耐心细致。

（4）在熟练受理客户各种业务需求的同时，做到无事故、无差错、无遗漏电话。

（5）如果遇到自己不能处理的事件，则不要擅自处理，应及时上报或通知相关部门领导，并记录于交接本上。

（6）熟悉并掌握业务知识、各项业务操作技能和相关业务流程，当发现机器和设备运行异常时，应及时上报。

（7）在交接班时，对重点情况要重点交代，保证工作的准确性和连续性。

（8）及时汇总当天客户咨询、投诉的重点及难点问题，对客户服务过程中发现的问题及时反馈并积极提出改进意见，并将总结工作日志报送客服部主管。

（9）要关心集体，努力完成领导交办的事宜，并遵守公司所有的规章制度。

5．网络客服的方式

网络客服包括自助服务和人工服务两种形式。自助服务是指客户通过网站上的说明信息自行找到相应的答案，或者加入网络社区自行获取需要的信息；人工服务是指客服人员根据客户提出的问题，通过人工回复的方式给予回答。网络客服常用的方式包括FAQ、电子邮件交流等。

任务实施

1. 接听电话。

2. 针对客户的问题进行回答；当客户情绪激动时，需要注意话术。

3. 询问客户的诉求，先记录下来。

4. 询问公司相应的解决方法，并给予客户回复。

针对自己上课时对各个情境的处理做一个总结，并填在表1.1.2中。

表1.1.2 电话客服自检表

情　境	我　的　话　术	修　改　话　术

评价与分析

根据本任务的执行情况进行自评和教师评价。

自评：

教师评价：

任务二　店面服务

学习目标

1. 熟悉店面服务工作流程，掌握客户服务规范。
2. 通过与客户交谈来了解客户的需求。
3. 熟悉店面礼仪与服务规范要点。

任务描述

在手机售后维修机构，客户上门进行产品维修，对于能够当天修好的手机，需要为客户服务好，令客户满意；对于当天无法修好的手机，需要引导客户填写维修记录单并约定好取手机的时间。

任务分析

1. 按照售后服务流程接待客户。
2. 注意与客户交谈时的话术、服务态度。

知识储备

一、产品维修工作流程

为了让学生了解维修工作流程，在本部分内容中，我们引入了一套在维修机构普遍应用的工作流程，并对这一典型职业活动中的每个环节进行细化，从而帮助学生在学习产品维修知识的同时，对维修机构的工作构成有一个基本的认识，以便其进入工作岗位后，可以快捷、规范地承担起自己的岗位职责。

从一件需要维修的智能电子产品被客户送到维修机构到产品检修完毕并返回客户手中，经历了6个过程：接待客户、记录故障现象、检测并维修故障产品、填写维修记录单、产品测试、联系客户取回产品。每个过程都要求工作人员掌握所需的技能和技巧，只有这样，才能顺利完成工作，而且使工作效率得到提高，让客户得到更满意的结果。

二、接待客户并记录故障现象

（一）与客户交谈，了解客户的基本需求，记录客户信息

接待客户规范如下。

（1）在客户面前不说有损厂家及企业形象、信誉、产品品质、服务形象、人员形象的话语。

（2）不讲假话、粗话、脏话。

（3）不冷嘲热讽、不恶语伤人、不出言不逊。

（4）用礼貌的态度对待客户、不看人行事、不说无原则的话。

（5）对自身职权范围外的问题，决不能说："我们不管。"

（6）对非本系统出现的问题，决不能说："跟我们没关系。"

（7）对自己不能解决的问题，决不能说："没办法解决。"

（8）客户在发表自己的意见和看法时，决不能表现出抵触或不在乎的情绪。

（二）故障现象记录

- 客户信息记录：可以由业务人员填写，但要详细，便于随时联系客户，特别是客户的联系电话，有手机号码最好。
- 故障现象记录：首先要记录客户的描述语言，之后要当面观察故障产品的实际现象，同时观察其他破损件或故障件，并做记录。一定要重新检测客户反映的故障，同时注意是否有客户没有发现的故障现象，并写在维修记录单上（后面给出××公司故障维修服务申请单示例）。
- 留下维修部件记录：如果接收的是整机，那么对于客户没有留下的部件，在维修记录单上要写"无"或画删除线；描述部件时，一定要把型号、容量、编号登记在维修记录单上，以免以后引起不必要的纠纷。
- 初步判断：若能够初步判断故障原因，则需要给客户一个维修费用的预估价。
- 提示客户：提示客户注意背面的维修声明（后面有示例），以避免引起纠纷。
- 客户签字：记录内容要由客户签字确认，维修机构不要代签。

××公司故障维修服务申请单示例

客户信息（客户填写）：

客户姓名：_____ 电话：_____ 传真：_____ 客户类型：_____ E-mail：_____

单位名称：_____ 通信地址：_____ 邮编：_____

机器配置（维修机构填写）：□整机　　　　　　□部件

机器品牌_____　　□内存_____　□硬盘_____　□开机密码_____

机器型号_____　　□电源_____　□电池_____　□包、附件_____

机器序号_____　　□光驱_____　□LCD_____　□其他_____

客户自述故障现象：_____

接机检测故障现象：_____

*请客户确认：①已认真阅读并完全了解本申请单背面维修声明之内容；②本申请单上故障现象描述内容与实际一致。

*客户签字：_____ 业务代表：_____ 接机人签字：_____ 日期：_____

故障及维修信息（维修机构填写）
维修性质：□硬件　□软件　□保内　□保外 _____
维修类型：□A：产品维修　□B：附件维修　□C：BGA 维修　□D：换件维修
　　　　　□E：批量维修
故障处理过程：_____ 开始时间：_____
_____ 结束时间：_____
备注：_____ 工程师签字：_____
备件更换名称　　备件型号　　出库单号　　出库日期　　旧件返回
* _____
* _____
* _____
日期：_____ 测试开始时间：_____ 测试结束时间：_____ 检验员：_____
测试结果：□已修复　□未修复　备注：_____
收费金额：_____ 维修机构经理签字：_____ 备注：_____

客户反馈信息（客户填写）
客户满意度调查：
感谢您成为××的客户！
您对本次维修服务的满意度：□非常满意　□满意　□不满意　□非常不满意
您的建议：_____
取机人签字：_____ 日期：_____ 备注：_____

存根联（白）　　维修联（蓝）　　业务联（绿）　　客户联（粉）
××技术服务电话：********　　　　　　　盖章处

维修声明示例

一、本维修服务申请单经客户签署后，由××维修机构（以下简称本机构）为其提供技术服务。

二、送修机器如果在保修期内或享有维护合约，则维修时更换的备件属本机构所有。若送修机器已超过保修期而未签署维护合约，则依实际维护所需工时及条件计费。

三、对于送修而非保修的机器，本机构只对送修客户自述某一故障进行针对性的收费维修，机器修复后进行测试时，如果发现其他故障，或者因客户自述某一故障而连带引起的其他故障，本机构会及时通知客户，但上述故障不属于本次维修范围。

四、客户自行负责数据的安全！本机构已要求服务人员在维修过程中严守客户机密信息，本机构已提醒客户对自己的机密信息负责，客户应负责在机外做好对数据或程序的备份，由于客户未进行数据备份而引起的数据丢失，本机构不承担相应责任。

五、对于客户送修的机器或部件，如果最终不能修复且故障表现与原来不同，本机构不保证恢复至原状（如BGA封装类芯片维修，笔记本电脑电池维修时会导致笔记本电脑不能开机、不能再充电、无法再使用等）。客户必须自行承担维修责任与最终维修结果。

六、因客户使用不当造成的硬件或软件故障不在保修范围内，如果客户提出服务申请，则需要付费。

七、客户应在收到取机通知后3个月内到本机构取回，如果逾期未取，则视为放弃对该产品的所有权，该产品由本机构处理。

八、本故障维修服务申请单加盖××维修章后有效。

九、维修服务价格确认事项：在您的机器故障未被最终确认时，本机构将提出一个预估价，需要说明的是，此预估价并不代表您最终需要支付的费用。如果您对该预估价表示认可，则本机构将在实际维修金额低于预估价时，不再与您确认而直接为您服务，待您取回时，我们会将实际维修金额细目告之；如果实际维修金额高于预估价，那么我们将在维修前以电话的形式同您再次确认实际维修金额。

三、检测并维修故障产品

接收故障产品并记录完故障现象之后，就要进入产品检测与维修阶段，此时，维修人员要根据产品的类型、供电方式对产品进行故障检测，确定故障点并维修。

步骤一：仔细询问客户：故障产品出现故障前后的不同，推断发生故障的部位和原因。

步骤二：采用观察法，目测产品上的元器件是否正常（如电容鼓包、漏液，有无断线或维修过的痕迹）。

步骤三：采用触摸法进行检测，若产品没有明显异常，则关闭电源，但不要立即开机，过一段时间触摸产品是否发热，并判断是否存在问题。

四、填写维修记录单

仔细询问客户并检测产品故障后，需要填写维修记录单。填写维修记录单主要包括以下几步。

（1）记录产品的类型。

（2）记录故障现象及产生的原因。这里需要注意的是，记录得越细致越好。

（3）记录更换了何种元器件。

（4）记录其他必要信息。

在维修过程中，要认真填写维修记录单，如表1.2.1所示。这样，一方面可以记录维修过程，另一方面可以为以后维修做好知识、经验积累。

表 1.2.1 维修记录单

产品品牌	华硕	产品芯片组	Intel P43
故障现象	无法开机	故障原因	ATX 电源损坏
故障产品等级	C 级	更换元器件名称	航嘉电源
记录维修过程			
备 注		工程师签字	

五、产品测试

（1）对维修好的产品进行 6～8 小时的测试、"拷机"，防止再次出现故障。
（2）对产品的外观进行检查，查看有无破损。
（3）对通过检测的产品贴质保标签，并简单包装。
（4）送交发货部门。

六、联系客户取回产品

对于联系客户取回产品这一过程，可根据表 1.2.2 展示的接收故障产品全流程演示中的部分要点和步骤进行训练，其他要点和步骤读者可参考。训练时应重视注意细则。

表 1.2.2 接收故障产品全流程演示

要 点	步 骤	观 测 点	注 意 细 则
送修服务接待和检测部分的规范做法	1	□主动开门，问候。参考话术："您好，让我来帮您"，双手托底接过机器	态度礼貌，表达意思完整清晰
	2	□协助客户取排队号，并请客户接受服务	—
	3	□主动询问。参考话术："您的机器出现了什么问题？"不打断客户的描述，确认故障后，主动解释故障原因	描述清楚无歧义，在关键事件的表达上能让人准确理解
	4	□用礼貌用语询问客户相关信息，并通过系统确认	—
	5	□检测机器外观，并根据装箱单检测机器是否有非标准配件，记录在系统中	有记录的动作
	6	□提醒客户备份数据。参考话术："您好，维修过程中可能会造成数据丢失，请您提前做好数据备份，谢谢！"并在系统中如实记录	描述清楚无歧义，在关键事件的表达上能让人准确理解
	7	□双手递出取机凭证。参考话术："这是您的取机凭证，请仔细阅读相关信息及条款，如果没有问题，就请您在客户签名处签字，谢谢！"	描述清楚无歧义，在关键事件的表达上能让人准确理解

续表

要　　点	步　骤	观　测　点	注　意　细　则
送修服务接待和检测部分的规范做法	8	□告知客户预计检测完成的时间。参考话术："您好，我们将在维修间对您的机器做进一步检测，预计需要20分钟的时间，请您先到休息区休息一下"，用手势指出休息区的位置，并将客户的送修机器送到维修间做进一步检测	表达出相应意思即可
送修服务、提供解决方案和送别的规范做法	1	□向客户讲述要进行的操作，征得客户同意	态度礼貌、诚恳
	2	□打开机壳前应戴上防静电手环，认真、仔细地在系统中填写相应的维修记录	—
	3	□请客户检验机器是否修复，客户签字确认后将客户联留给客户	态度礼貌、诚恳
	4	□擦拭机器、讲述小常识	二者均为必做项，缺一不可
	5	□双手递出名片。参考话术："这是我们的联系方式，我是×××，给您添麻烦了。"	标准话术准确无误
	6	□提醒客户带好随身物品。参考话术："请携带好随身物品，以免给您带来不便。"	表达出相应意思即可
	7	□若送修的是台式计算机等大型设备，帮客户将机器送到交通工具上，愉快地说："再见。"	—

七、店面礼仪与服务规范要点

规范一：店面服务之接待及检测。

下面用表格的形式展示接待和检测工作中的主要流程与规范要点，如表 1.2.3 所示。

表 1.2.3　店面服务在接待和检测工作中的主要流程与规范要点

步　　骤	流　　程
1	客户到来时，工程师运用表情、态度、目光和动作迅速温暖客户。 关键点： → 及时开门 → 关注的目光 → 自然地微笑 参考话术 关怀的语气："您好，让我来帮您。"

续表

步 骤	流 程
2	**参考话术** 协助客户取排队号:"请您先到查询终端领取排队号,然后到休息区休息,我们会按照排队号的顺序为您提供服务。如果需要帮助,就请随时和我们联系。"
3	**关键点** ➡ 用礼貌用语询问客户相关信息 **参考话术** 通知客户接受服务:"请排队号为 ××× 号的客户到接待台来,我们将为您服务,谢谢!" "您好,请让我看一下您的排队号,谢谢!"
4	故障重述,确认原因:严格按《检测规范》操作,故障复现后,本着尊重客户的原则,解释时要面带微笑,专业、耐心。 **关键点** ➡ 积极聆听,不打断客户 ➡ 重述问题,确认故障 ➡ 打开机壳前应征得客户同意 ➡ 检测机器外观及是否为标配 **参考话术** ・关注的目光、语气:"您的机器出现了什么问题?" "您好,我能看一下您的装箱单或购机发票吗?谢谢。"

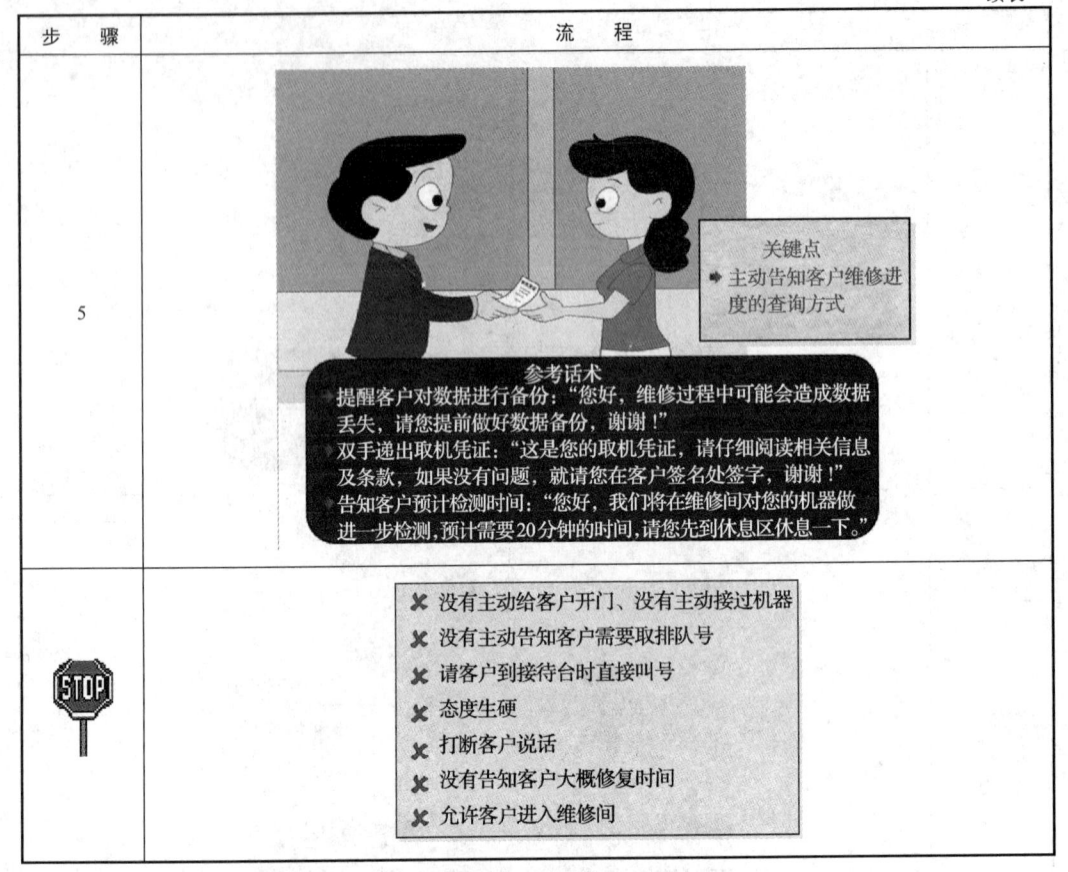

续表

步骤	流程
5	关键点：主动告知客户维修进度的查询方式 参考话术 提醒客户对数据进行备份："您好，维修过程中可能会造成数据丢失，请您提前做好数据备份，谢谢！" 双手递出取机凭证："这是您的取机凭证，请仔细阅读相关信息及条款，如果没有问题，就请您在客户签名处签字，谢谢！" 告知客户预计检测时间："您好，我们将在维修间对您的机器做进一步检测，预计需要20分钟的时间，请您先到休息区休息一下。"
	✘ 没有主动给客户开门、没有主动接过机器 ✘ 没有主动告知客户需要取排队号 ✘ 请客户到接待台时直接叫号 ✘ 态度生硬 ✘ 打断客户说话 ✘ 没有告知客户大概修复时间 ✘ 允许客户进入维修间

规范二：店面服务之提供解决方案和送别。

下面用表格的形式展示店面服务过程中，在检测结束后，为客户提供解决方案及解决后送客户离店时的主要流程和规范要点，如表1.2.4所示。

表1.2.4 提供解决方案和送别

步骤	流程
1	操作前应戴上防静电手环，如果需要打开机壳，则应先征得客户同意。 关键点： • 轻拿轻放，爱惜客户的机器 • 打开机壳前需要戴上防静电手环

续表

步骤	流程
2	维修期间,要让客户在休息区等待时感到安心、舒适。如果维修时间过长,则要随时向客户通报维修进度。 **参考话术** 通知客户到接待台验机:"×××先生(女士),您的机器现已修复,请您到接待台验机,谢谢!"
3	请客户亲自操作验机,并签字确认,如果需要收费,则应主动提供发票。 **关键点** ➡ 请客户验机 ➡ 请客户签字确认 ➡ 将客户联留给客户
4	用干净的工具对客户的机器进行清洁并讲述一些小常识,体现专业素养。 **关键点** ➡ 认真擦拭机器 ➡ 讲述小常识
5	对客户信赖自己的品牌表示感谢并留下联系方式,尽量方便客户。 **关键点** ➡ 双手递出 ➡ 感谢的目光 **标准话术** 对带来的不便致歉:"这是我们的联系方式,我是×××,给您添麻烦了。"

续表

步骤	流程
6	愉快地向客户道别 "再见！"
	✘ 直接叫号让客户到接待台 ✘ 没有主动让客户验机 ✘ 没有主动将客户联交给客户 ✘ 没有擦拭机器 ✘ 没有留下联系方式 ✘ 没有将客户送出维修机构

规范三：店面取机服务的接待和验机。

下面用表格的形式展示客户来店取机时的接待礼仪，以及为客户验机时的主要流程和规范要点，如表 1.2.5 所示。

表 1.2.5　店面取机服务的接待和验机

步骤	流程
1	关键点 ● 认真阅读维修记录单 ● 面带微笑，保持安静的环境 标准话术 拨打客户电话："您好，我是服务工程师×××，请问是×××先生（女士）吗？" 通知客户取机："您的机器现已修复，您可以随时到维修机构取机。" 向客户致谢："谢谢您，再见！"
2	在客户取机时，工程师应面带微笑、及时开门并主动问候。 关键点 ● 自然地微笑 ● 及时、适当地开门 ● 关注的目光 标准话术 · 关怀、探询的语气："您好，我能帮您做点什么？"

26

项目一　客户服务

续表

步　骤	流　　程
3	请客户出示取机凭证："您好，我能看一下您的取机凭证吗？" 指引客户休息："请您稍等，请到休息区休息一下。" 关键点：通过查询终端确认客户机器是否已修复
4	请客户亲自操作并确认，如果需要收费，则应主动提供发票。 关键点：请客户验机；请客户签字确认；将客户联留给客户
5	用干净的工具对客户的机器进行清洁并讲述一些小常识，体现专业素养。 关键点：认真擦拭机器；讲述小常识
6	对客户信赖自己的品牌表示感谢并留下联系方式，尽量方便客户。 关键点：双手递出；感谢的目光 标准话术：对带来的不便致歉："这是我们的联系方式，我是×××，给您添麻烦了。"

27

续表

步骤	流 程
7	提醒客户携带好随身物品。若有必要，主动带客户将机器送到交通工具上。 **关键点**：将机器双手抱起，送到交通工具上 **标准话术** 提醒："请带好随身物品，以免给您带来不便。"
8	愉快地向客户说"再见"。 再见！
🛑	✘ 对机器不爱惜 ✘ 没有主动为客户开门 ✘ 没有主动请客户到休息区休息 ✘ 没有主动提供发票 ✘ 没有面带微笑

任务实施

1. 按照店面服务流程接待客户。

_____
_____
_____
_____
_____

2. 对于没有特殊情况的客户，要填写维修记录单；对于有特殊情况的客户，要耐心解决问题，注意态度和话术。

_____
_____
_____
_____
_____

故障维修任务单如表 1.2.6 所示。

表 1.2.6 故障维修任务单

任务名称				接单日期	
任务周期				接单人	
客户姓名		联系电话		验收日期	
维修负责人		联系电话		验收地点	
故障描述					
故障判断					
故障措施					
备注					

3．如果可以当场维修好产品，则要注意对客户的服务态度；如果无法当场维修好产品，则要填好单子并叮嘱客户取机时限。

评价与分析

根据本任务的执行情况进行自评和教师评价。

自评：

教师评价：

任务三　上门服务

学习目标

1. 掌握上门服务的工作流程。
2. 明确上门服务的礼仪和规范。

任务描述

客户遇到问题，打电话给客服，需要公司提供上门服务，客户要求只能周末上门维修。

任务分析

1. 提前掌握客户的问题并准备好需要的维修装备。
2. 提前与客户联系，确认上门时间。
3. 上门服务，明确必要的礼节。

知识储备

一、商务礼仪与服务规范

如表1.3.1所示，商务礼仪与服务规范主要从团队的融合性、沟通能力、责任心和稳定性等不同维度进行规范。商务礼仪主要体现在工程师的服务意识上，具体包括服务规范的掌握、逻辑思维能力、语言表达能力等。

表1.3.1　商务礼仪与服务规范对应的维度

规范要点	举例
团队的融合性	在进入一个新的工作环境后，你会通过何种途径打开局面
求职动机	在选择一份工作时，你最看重什么
沟通能力	当你在工作中需要别人的协助时，你该怎么办
	你觉得自己是否擅长处理各种人际关系？能否举例说明
创新能力	你曾经提出过哪些成功的策划？请具体谈谈
	当你做一项工作已经较为顺手时，是否想过重新修改工作流程
责任心和稳定性	假如分配给你一项任务，眼看着期限将到却难以完成，你该怎么办
	当在工作中遇到困难或阻力时，你会怎样处理
主动性	如果暂时没有分配给你明确的任务，你会做什么
良好的心理素质	假如你刚到一个工作单位，要学习的方面会很多，但领导不会因为你是一位新手，就对你降低要求，这时你会怎么做
自我认知能力	请在3分钟内谈谈你对自己的认识（考察对时间的控制能力、反应能力）

续表

规范要点	举例
适应能力	你认为比较理想的工作环境应该是什么样的
	你希望公司为你提供怎样的工作环境

上门服务规范主要有联系客户、上门准备及到达现场后的规范做法等，表 1.3.2 给出了不同要点对应的观测点和注意细则。

表 1.3.2 上门服务规范中不同要点对应的观测点和注意细则

要点	步骤	观测点	注意细则
联系客户和准备上门的规范做法	1	□自我介绍	礼貌表达，自我介绍清楚
	2	□约定上门时间。参考话术："今天我将在与您约定的××××（具体时段）为您提供上门服务，您看可以吗？"	描述清楚无歧义，在关键事件的表达上能让人准确理解
	3	□确认客户的具体地址及相应路线	礼貌询问
	4	□向客户致谢，参考话术："谢谢您，再见！"	态度礼貌，话语清晰
	5	□将备件、工具、单据等物品准备齐全、摆放有序	服务工程师的神情应当专注
	6	□整理头发、领带、衣领、皮鞋、裤脚	—
	7	□对着镜子审视自己，向自己露出一个自信、灿烂的笑容	能够体现出自信的形象
到达现场后的规范做法	1	□提前与客户联系。参考话术："您好，我是服务工程师×××，请问是×××先生（或女士）吗？我大约 5 分钟后到您那儿，一会儿见。"	描述清楚无歧义，在关键事件的表达上能让人准确理解
	2	□进门前整理头发、领带、衣领、皮鞋、裤脚	—
	3	□稳定情绪，深呼吸	—
	4	□轻按门铃 1 下或敲门 3 下后，后退 1 步，等待客户开门	—
	5	□面带微笑，介绍自己。参考话术："您好，我是服务工程师×××。"在介绍的同时举起胸卡，将胸卡有照片的一面朝向客户	自我介绍和举胸卡缺一不可，举胸卡后应适当停顿
	6	□主动穿鞋套，参考话术："请您等一下，我先把鞋套穿上。"	意思表达清晰，话语清晰
	7	□询问故障产品的位置，并跟随客户到达现场	服务工程师应当走在客户后面
现场维修及服务结束后的规范做法	1	□主动问询"我能看一下是什么问题吗？"认真聆听，不打断客户的描述，确认故障，主动解释故障原因	态度礼貌，表达意思完整清晰
	2	□检验装箱单及保修证书或发票	态度礼貌，神情专注
	3	□说明解决方案，征得客户同意，若要对硬盘进行操作，要请客户在维修记录单上签字认可	若故障为非硬盘问题，则签字确认可省去
	4	□打开机壳前要戴上防静电手环	—
	5	□修复验机时，请客户确认	—
	6	□擦拭机器、整理维修现场	—
	7	□讲述小常识，并问一。参考话术："您看问题已经解决了，我还能帮您做点什么吗？"	态度礼貌，神情专注
	8	□双手递出名片。参考话术："这是我们的联系方式，有问题再与我们联系。"	有名字的一面应面向客户，表达清晰
	9	□在客户引导下离开。参考话术："谢谢您的支持，再见。"	服务工程师应走在客户前面

二、上门服务礼仪与服务规范要点

规范一：联系客户及上门准备。

下面用表格的形式展示上门服务前联系客户及准备上门的主要流程和规范要点，如表 1.3.3 所示。

表 1.3.3　联系客户及准备上门的主要流程和规范要点

步骤	流　程
1	**关键点** ● 与客户确认故障信息，而不是询问 ● 确认客户地址 ● 提醒客户准备发票、保修证书及随机光盘（如果需要的话） **参考话术** "您好，我是服务工程师×××" "今天我将为您提供上门服务，请问您今天什么时候有时间？" "谢谢您，再见！"
2	**关键点** ● 在自我介绍后确定对方是否为客户本人 ● 再次确认客户地址及路线 **参考话术** "您好，我是服务工程师×××" "今天我将在与您约定的×××（具体时段）为您提供上门服务，您看可以吗？" "谢谢您，再见！"
3	申请所需备件，并检查是否准确，是否包装完整。 准备好维修工具、单据及小礼品。 整理好自己的仪容仪表并面带微笑。

续表

步骤	流程
(STOP)	✘ 没有说自己的名字 ✘ 因收费问题而意见不一至时，话语生硬 ✘ 没有笑容 ✘ 强行要求客户告知路线 ✘ 要求客户等着自己，态度生硬 ✘ 没有进行上门准备

规范二：到达现场。

下面用表格的形式展示上门服务人员在到达现场后的主要工作流程和规范要点，如表 1.3.4 所示。

表 1.3.4　到达现场后的主要工作流程和规范要点

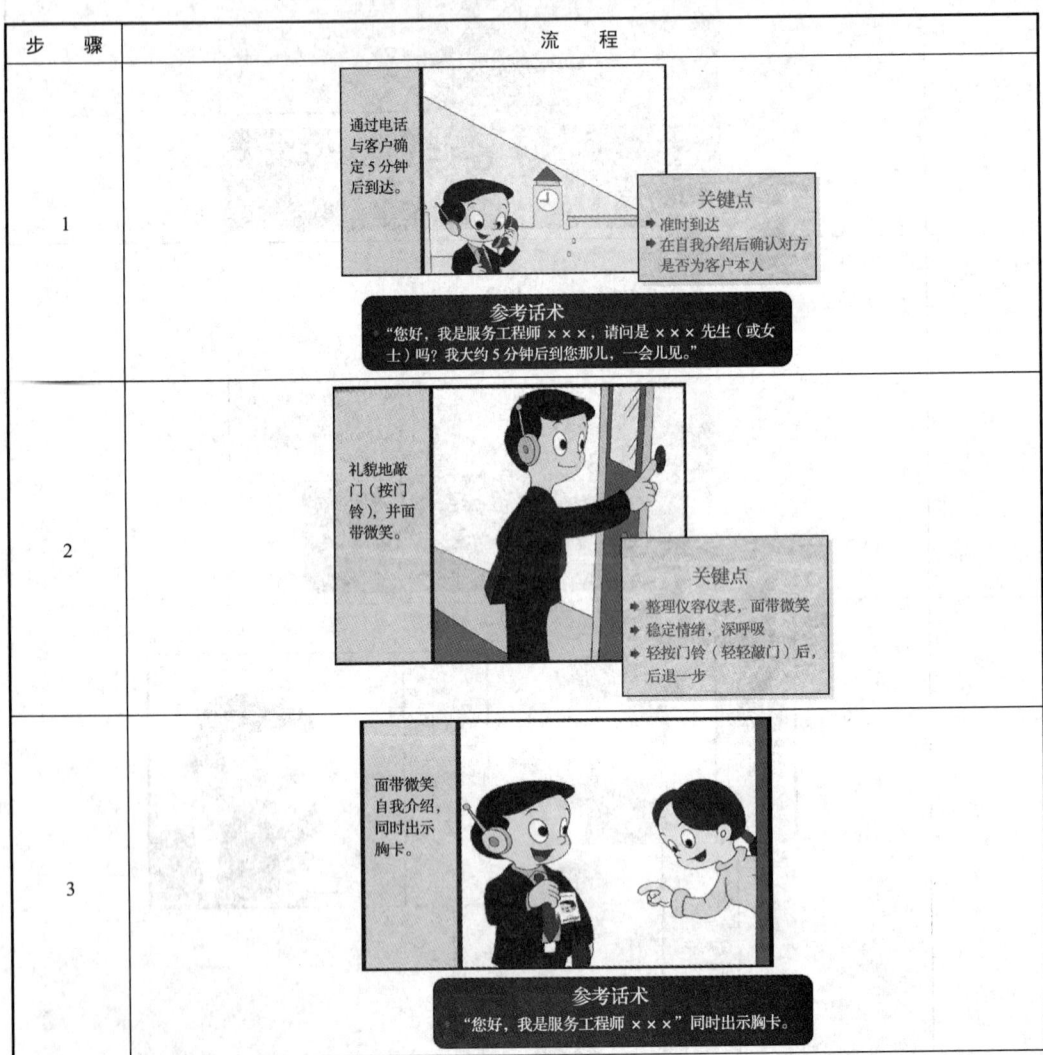

步骤	流程
1	通过电话与客户确定5分钟后到达。 **关键点** ➡ 准时到达 ➡ 在自我介绍后确认对方是否为客户本人 **参考话术** "您好，我是服务工程师×××，请问是×××先生（或女士）吗？我大约5分钟后到您那儿，一会儿见。"
2	礼貌地敲门（按门铃），并面带微笑。 **关键点** ➡ 整理仪容仪表，面带微笑 ➡ 稳定情绪，深呼吸 ➡ 轻按门铃（轻轻敲门）后，后退一步
3	面带微笑自我介绍，同时出示胸卡。 **参考话术** "您好，我是服务工程师×××"同时出示胸卡。

续表

步骤	流程
4	进门时按规定主动穿上鞋套，采用标准话术："请您等一下，我先把鞋套穿上。" **关键点** ➡ 跟随客户到达现场 **参考话术** "请您等一下，我先把鞋套穿上。"
STOP	✗ 没有提前联系 ✗ 仪容仪表不整齐 ✗ 没有后退一步 ✗ 进门后走在客户前面 ✗ 鞋套穿戴不整齐

规范三：现场维修及服务结束。

下面用表格的形式展示在现场维修及服务结束时的主要流程和规范要点，如表 1.3.5 所示。

表 1.3.5 现场维修及服务结束时的主要流程和规范要点

步骤	流程
1	请客户重现故障并确认，操作时应注意客户的感受。 **关键点** ➡ 确认故障 ➡ 解释故障 ➡ 操作前征得用户同意 ➡ 解释保修政策 **参考话术** 面对客户："我能看一下是什么问题吗？"

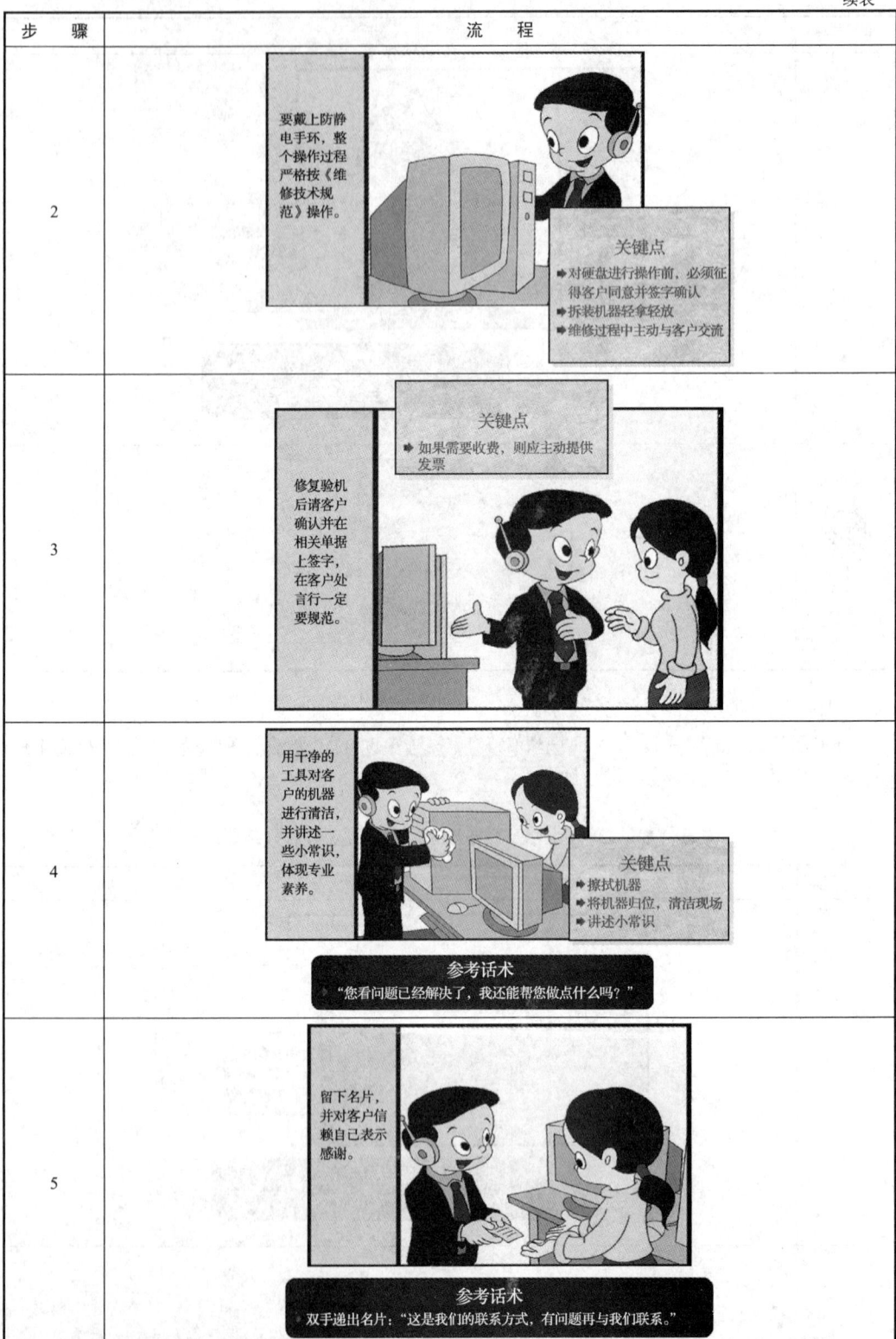

续表

步 骤	流 程
2	要戴上防静电手环，整个操作过程严格按《维修技术规范》操作。 **关键点** ➡ 对硬盘进行操作前，必须征得客户同意并签字确认 ➡ 拆装机器轻拿轻放 ➡ 维修过程中主动与客户交流
3	**关键点** ➡ 如果需要收费，则应主动提供发票 修复验机后请客户确认并在相关单据上签字，在客户处言行一定要规范。
4	用干净的工具对客户的机器进行清洁，并讲述一些小常识，体现专业素养。 **关键点** ➡ 擦拭机器 ➡ 将机器归位，清洁现场 ➡ 讲述小常识 **参考话术** "您看问题已经解决了，我还能帮您做点什么吗？"
5	留下名片，并对客户信赖自己表示感谢。 **参考话术** 双手递出名片："这是我们的联系方式，有问题再与我们联系。"

项目一 客户服务

续表

步　骤	流　　程
6	出门时走在客户的前面，在门口用标准话术向客户告别："谢谢您的支持，再见。" **关键点** ➡ 在客户引导下走在客户前面 **参考话术** ▸ 再次感谢客户："谢谢您的支持，再见。"
STOP	✘ 打断客户的描述 ✘ 接听电话时没有向客户致歉 ✘ 操作时有抖腿等习惯动作 ✘ 操作前没有征得客户同意 ✘ 解释故障原因不主动、不耐烦 ✘ 维修没有结束就联系别的客户 ✘ 借用客户家的电话 ✘ 没有维修完成就离开 ✘ 维修现场混乱 ✘ 没有亲情一招（招手） ✘ 刻意引导客户填写满意度调查问卷

任务实施

1. 根据老师设置的情境，作为电话客服接听客户的电话，进行有效沟通，并填写表 1.3.6。

表 1.3.6 作为电话客服进行有效沟通

客 户 问 题	维 修 装 备	上 门 日 期

2. 提前与客户联系，确认上门时间，并填写表 1.3.7。

表 1.3.7 确认上门时间

约定日期	上午	下午	晚上
改期			

特殊情况：

_____
_____
_____
_____
_____
_____
_____
_____

3. 上门服务，明确必要的礼节。

_____
_____
_____
_____
_____
_____
_____
_____

4. 记录服务过程中出现的问题和改进方法，并填写表 1.3.8。

表 1.3.8　服务过程中出现的问题和改进方法

服 务 项 目	服务中的问题	改 进 方 法

评价与分析

根据本任务的执行情况进行自评和教师评价。

自评：

教师评价：

补充：服务案例

（一）部件因非正常因素损坏时的处理方法

1．处理目标

让客户认同该故障是由于自己使用不当造成的，即"非正常因素损坏"，并同意付费维修或购买新备件，而放弃"免费维修"的要求。

2．处理步骤

（1）询问客户购买时机器的状况（确认购入时机器是完好的）。

相应话术：您在购机时有这种情况出现吗？（客户答：没有）这么说购机时机器是完好的？（获得客户确认）

（2）询问故障发生时间（确认是在客户使用过程中出现的问题）。

相应话术：您的机器是在什么时候发生故障的？故障表现是什么？您当时是在什么环境下使用的呢？

（3）结合前面客户所述的情况，与客户一同分析，使客户认可故障是由于自己使用不当造成的（相应话术见下文）。

（4）向客户提出购买建议（相应话术见下文）。

3．关键话术

从您描述的情况来看，您的计算机键盘在使用过程中可能意外进水了。根据保修政策，此类情况是无法免费保修的，只能通过付费维修或重新购买一个键盘来解决，您可以根据自己的需要进行选择。

4．可能出现的情况及处理方案

可能出现的情况及处理方案如表 1.3.9 所示。

表 1.3.9　可能出现的情况及处理方案

可能出现的情况	处 理 方 案
客户希望对损坏的键盘进行免费保修	工程师应和客户一起确认键盘为非正常因素损坏，让客户自己明白此类故障不在保修范围之内
客户提出有可能是购买前键盘就进水的疑问	向客户讲明：键盘进水后会立即损坏，因此，如果在购买前进水，那么在购买试机时即可发现
经解释后，客户不知所措	建议客户购买一个新键盘
客户希望对损坏的键盘进行付费维修	建议参照"有偿服务收费标准"

5．应注意的要点

此类故障的责任在客户，工程师在服务中更应注意态度，以获得客户对我们的信任和好感。

如果损坏的不是前述例子中的键盘，而是其他部件，则请参照"非正常损坏备件判定及接收标准"进行判断，并可通过解释和对比给客户分析（此处只需要知道参考哪些文档即可）。

（二）客户对工程师的判定不认可时的处理方法

1．处理目标

通过专业化解释消除客户的疑虑，并通过服务过程使客户进一步认同产品的质量，认同工程师的专业水平。

2．应注意的要点

客户对自己的设备格外在意是正常的，在服务中，要通过专业的分析说服客户，但勿流露出"这种问题没什么大不了"之意。

（三）已经维修过多次的处理方法

1．处理目标

通过工程师的专业化技能和热情服务赢得客户的好感，使客户重新建立对产品的信心，接受继续维修。

2．应注意的要点

勿简单地以"规定"搪塞客户，要处理好"情感"与"规定"的关系。

（四）客户对经销商不满时的处理方法

1．处理目标

消除客户的怒气，避免事态蔓延，通过积极处理，在维护好客户关系的同时，维护经销商的形象，进而维护品牌形象。

2．应注意的要点

不要把责任推到经销商身上，更不要和客户一起埋怨经销商；确保该客户问题得到一次性解决，不耽误其继续使用。

（五）因当前服务进程拖延，不能如约去下一个客户处上门服务时的处理方法

1．处理目标

通过及时、有效的处理维护好两边客户的关系。

2．应注意的要点

协调好两边客户及另一位被调用工程师（如果需要调用）的协作：讲清时间、方式、客户机器故障类型。在第一位客户处切忌说："时间来不及了，还有另一位客户在等着我。"

任务四　工作总结与评价

学习目标

1. 能按分组情况选派代表进行工作成果汇报，并进行自评和互评。
2. 能结合自身任务完成情况正确、规范地撰写工作总结。
3. 能对任务过程中出现的问题进行分析，并提出改进措施。

项目小结

本项目主要以客户服务为中心，介绍了三方面的内容：电话客服和网络客服、店面服务及上门服务所需掌握的基本知识和技能。电话客服部分分别从电话客服岗位描述和客户服务电话沟通技巧两方面进行介绍，首先介绍了电话客服的岗位职责、性质，以及在本部门工作中的重要作用；其次详细讲述了客户服务电话沟通技巧，掌握沟通技巧、通话礼仪是良好沟通的前提。店面服务部分分别从产品维修工作流程、接待客户并记录故障现象、检测并维修故障产品、填写维修记录单、产品测试、联系客户取回产品及店面礼仪与服务规范要点这些方面进行讲述。为了让学生能够深入了解维修工作流程，引入了一套在维修机构普遍应用的工作流程，并对这一典型职业活动中的每个环节进行细化，从而帮助学生对店面服务和维修机构的工作有更深的认识。上门服务部分分别对商务礼仪与服务规范、上门服务礼仪与服务规范要点进行了介绍，旨在强调工作的服务意识、主要的服务规范及要点，包括联系客户、上门准备及到达现场的规范做法。

评价总结

1. 自评、小组评价

（1）成果汇报设计。

_____
_____
_____
_____
_____
_____
_____

（2）互评。

2．教师评价

教师听取汇报后，对任务完成情况进行点评。

工作过程回顾及总结

1．回顾本任务的实施过程，对新学专业知识和技能进行归纳和整理，写出一篇不少于 800 字的工作总结。

2．整理一份《客户服务指南》，包含电话客服、网络客服、店面服务及上门服务相关内容。

综合评价表

综合评价表如表 1.4.1 所示。

表 1.4.1　综合评价表

考核项目	评价内容	配分（分）	评价分数		
			自我评价	小组评价	教师评价
职业素养	服务态度好，仪容仪表符合工作要求	6			
	安全意识、责任意识、服从意识强	6			
	积极参加教学活动，按时完成各项学习任务	6			
	团队合作意识强，善于与人交流沟通	6			
	自觉遵守劳动纪律，尊敬师长，团结同学	6			
	爱护公物，节约材料，管理现场符合 6S 标准	5			

续表

考核项目	评 价 内 容	配分（分）	评 价 分 数		
			自我评价	小组评价	教师评价
专业能力	专业知识扎实，有较强的自学能力	10			
	积极学习不同场景的服务话术，具有处理问题的能力	15			
	熟悉不同场景的工作流程	10			
工作成果	能够按照工作流程对客户进行服务，且服务态度好、能够处理客户提出来的问题	20			
	工作总结符合要求	10			
总分		100			
总评	自我评价×20%+小组评价×20%+教师评价×60%=	综合等级	教师（签名）：		

补充：专项实训

客户服务实训

一、实训目的

1. 掌握客户服务过程中的话术及说话技巧。
2. 掌握客户服务中的服务礼仪和规范。
3. 学习如何处理客户服务过程中遇到的问题。

二、实训要求

1. 每位学生都要参与到实训项目中，在实践中学习。
2. 学会发现问题并提出解决措施。

三、实训内容

1. 以 5~6 人为一小组，分组完成任务。
2. 每个小组思考一个情境，要求情境中包含电话客服和店面服务。
3. 反复斟酌其中的话术及其中会出现的问题，分小组进行演练，要求每个人分饰不同的角色。
4. 记录演练过程中出现的好的话术、典型的问题及问题的解决方法。
5. 分小组汇报。
6. 总结。

习　题

一、选择题

1. 客户服务主要包括4个阶段：接待客户、（　　）、挽留客户。
   A．理解客户、帮助客户　　　　　　B．欢迎客户、帮助客户
   C．欢迎客户、理解客户　　　　　　D．分析客户、理解客户

2. 在接听电话时，以下做法不正确的是（　　）。
   A．如果是转告，则只要记录留言人是谁即可
   B．等对方挂断电话再轻轻挂断
   C．最好能告知对方自己的姓名
   D．不使用"喂"回答

3. 当对方要找的人不在时，以下做法正确的是（　　）。
   A．应告知对方要找的人不在的理由，如出差
   B．如果对方询问，则应尽量详尽地告诉对方要找的人什么时间回来
   C．礼貌地询问对方的工作单位、姓名和职位
   D．以上做法都正确

4. 换位思考的能力即（　　），是为客户提供优质服务的必要条件之一。
   A．同情心　　　　B．同理心　　　　C．有形度　　　　D．信任度

5. 当客户有失误时，应该（　　）。
   A．直接对客户说"你搞错了"
   B．用"我觉得这里存在误解"来间接地说明客户的错误
   C．直接对客户说"这不是我的错"
   D．对客户说"怎么搞的，重新填"

6. （　　）是客户想象中可能得到的服务。
   A．客户对服务的预期　　　　　　　B．客户对服务的实际感受
   C．客户满意　　　　　　　　　　　D．客户忠诚

7. 理智型问题客户具有很强的推理能力和判断能力，只有在深思熟虑后才会做出决定，善于控制自己的情感，因此，在处理理智型客户的投诉时，应（　　）。
   A．以专业、权威的形象出现，并提供有理有据的解决方案
   B．有理有据，以理服人
   C．应耐心引导，使其说出真实想法
   D．态度要热情，多花一点时间倾听

8. 客服人员在向客户道歉时，以下说法不妥当的是（　　）。
   A．深感歉疚　　　B．非常惭愧　　　C．我真笨　　　　D．多多包涵

9. 下列哪一项是提问的目的？（　　）

　　A．帮助客户解答疑问

　　B．改善企业的客服形象

　　C．迅速而有效地帮助客户找到正确的需求

　　D．推销产品或服务

10. 客服人员必须具备良好的心理素质和职业道德，热情服务、真诚待客，符合服务标准化（　　）。

　　A．真诚服务原则　　　　　　　　B．主动服务原则

　　C．及时服务原则　　　　　　　　D．方便客户原则

11. 服务具有以下特点：（　　）。

　　A．生产、传递与消费同时发生

　　B．具有差异性

　　C．在服务过程中，客服人员与客户会相互影响

　　D．可储存

12. 按照电话礼仪的要求，客服人员在与客户通电话时，（　　）是应当避免的。

　　A．哗哗地翻纸　　　　　　　　　B．吃东西

　　C．回答身边同事的问题　　　　　D．做电话记录

13. 在处理客户投诉时，以下表述不恰当的是（　　）。

　　A．"不可能，绝对不会有这种事情发生"

　　B．"我绝没有说过那种话"

　　C．"这是我们公司的规定"

　　D．"我不大清楚"

14. 拨打电话的重点包括（　　）。

　　A．考虑客户此时是否有时间接听电话、是否方便接听

　　B．一般情况下，如果无急事，就非上班时间不打电话

　　C．如果对方不在，而事情又不重要或不需要保密，则可请代接电话人员转告

　　D．通话中，如果发生掉线、中断等情况，则应等待对方重新拨打

15. 复述技巧包括以下哪两方面（　　）。

　　A．复述事实　　B．复述情感　　C．复述姓名　　D．复述对话

二、判断题

1. 当不能满足客户的期望时，应向客户说明理由，并对客户表示理解。（　　）

2. 示意客户时，要用手心向上五指并拢的手势，不得用单指或手心向下的手势。（　　）

3. 通话中，如果发生掉线、中断等情况，则应由接听电话方重新拨打。（　　）

4. 每次跟踪服务后，需要对客户档案的信息进行更新，为下次服务做铺垫。（　　）

5．在处理客户投诉时，应首先清楚究竟谁对谁错，如果投诉事件的错不在公司，就不应该向客户道歉。（   ）

6．电话通话完毕，应等对方挂断电话再将电话轻轻挂断。（   ）

7．客服人员在处理客户投诉时，应全力说服客户，不是公司的错，而是客户的责任。（   ）

8．差异化服务只是指硬件设施上的区别和服务内容的多少，并非指服务态度的好坏。（   ）

9．为应付客户，我们可以对客户说"这是公司的规定"。（   ）

10．网络沟通中少用"我"字，多使用"您"或"咱们"这样的字眼。（   ）

三、简答题

1．假如你是客服主管，如果遇到现场工作人员与客户发生口角等情况，应该怎样处理？怎样杜绝此种情况再次发生？

2．客服工作会带来很大的压力，你应该怎样排解压力而使压力不会影响与客户的沟通呢？

3．你觉得客户服务在一个企业中处于什么位置？如果你是一个客服人员，你觉得把哪些方面的工作做好，将对提供优质的客户服务起到重要作用？

4．当遇到"难缠"的客户时，你将怎么处理？

5．论述倾听的技巧。

6．简述客户服务电话沟通的重要性。

7．请列举4种标准的致歉语。

项目二　智能手机技术服务

学习目标

1. 掌握智能手机技术服务规范，能够与售后服务部门进行沟通，了解报修手机的品牌、型号、故障现象及造成故障的原因，能够当场对故障手机进行核查，正确填写维修任务单。
2. 能够正确识别手机常用元器件及部件。
3. 能通过查询资料了解手机的分类、型号、结构及工作原理，并熟悉手机中常见英文标识的含义。
4. 能够说出手机常见故障的现象，并熟练掌握不开机、按键失灵等常见故障的维修流程。
5. 能够熟练使用常见手机维修工具拆装手机、使用万用表检测电压、使用稳压电源测试开机电流等。
6. 能够熟练使用防静电恒温焊台、热风枪等工具进行元器件的更换。
7. 能正确查找故障点，分析手机故障原因，并针对故障制定合理的维修方案。
8. 在维修过程中，严格遵守具体操作规范，特别是防静电的相关要求。
9. 能够进行手机功能测试，能对手机系统进行软件重装、升级等操作。
10. 手机故障排除后，能够对手机软/硬件设置进行全面检测，确保组装质量、确保软件设置合理。
11. 能够进行维修成本核算，并按照验收标准进行交付，让客户验收，并为客户讲解手机的使用、维护、保养知识。
12. 能够按照现场 6S 管理规范清点与维护工具，整理工作现场。
13. 能够独立撰写维修工作总结，阐述检修过程（包括出现的问题及解决方案等）。

建议学时

12 学时。

项目情境描述

手机售后维修站即将接收一批故障手机，故障主要表现为不开机、按键失灵等，要求维修人员接待客户，并根据客户反馈填写维修任务单、制定维修方案、排除手机故障。维修后，手机不再出现新的故障。

项目流程与活动

1. 接收手机维修任务（2学时）。
2. 分析故障原因并制定维修方案（4学时）。
3. 手机故障维修与验收（4学时）。
4. 工作总结与评价（2学时）。

任务一　接收手机维修任务

学习目标

1. 掌握智能手机技术服务规范，能够完成电话客服或店面客服的工作任务，能够与售后服务部门进行沟通，接收故障手机，了解报修手机的品牌、型号、故障现象及造成故障的原因，能够当场对故障手机进行核查，正确填写维修任务单。
2. 能通过查询资料了解手机的分类、型号、结构及工作原理，并熟悉手机中常见英文标识的含义。
3. 能够说出手机常见故障的现象，并熟练掌握不开机、按键失灵等常见故障的维修流程。

任务描述

手机售后维修站的店面客服人员收到故障手机。

任务分析

1. 接待客户。
2. 接收故障手机。
3. 填写维修任务单。

知识储备

一、职业概况与基本要求

智能手机技术服务人员的职业概况和基本要求如表2.1.1所示，其中，基本要求从安全知识、质量要求、操作规范、工艺标准、设备/工具故障辨识及保养、维护方法6方面进行描述。

表 2.1.1　智能手机技术服务人员的职业概况和基本要求

分　类	内　容	具 体 描 述
职业概况	职业名称	智能手机技术服务人员
	职业定义	对故障手机进行客户受理、故障检测和维修工作的人员
	职业环境	室内、常温
	职业能力特征	具有较强的学习、沟通和判断能力；手指、手臂灵活，动作协调
	适应对象	从事手机维修岗位的员工
基本要求	安全知识	① 了解国家安全生产方面的法律法规及安全生产方针（安全第一，预防为主，综合治理），法律法规包括《中华人民共和国安全生产法》《中华人民共和国劳动法》《危险化学品安全管理条例》《作业场所职业健康监督管理暂行规定》《中华人民共和国消防法》等 ② 学习并掌握安全管理基础知识，包括安全术语、安全色及安全标识、安全防火、安全防爆等 ③ 学习并具备消防设施的使用知识，包括消防栓、灭火器等 ④ 了解并掌握安全生产操作规程，包括维修作业指导书、所用设备及工具工装的安全操作规程等的内容 ⑤ 掌握安全用电基础常识，包括熟悉《安全用电管理暂行规定》及公司安全生产规章制度、所用设备及工具工装的载荷、维护保养知识、电源开关及配电箱开关的使用方法，以及防触电及触电事故的应急处置知识
	质量要求	① 严格执行规章制度，保质保量完成每日工作任务 ② 能确保维修服务质量，符合外观与功能检查检验标准 ③ 维修流程符合工艺规程 ④ 提高客户满意度
	操作规范	① 所用的防静电恒温焊台、热风枪等需要按照作业指导书要求按时进行检查 ② 当手机上使用的易损物料有变形、破损、脏污等现象时，需要更换新物料；对于所有更换下来的贵重物料，需要做好标识，待专业认定人员分析 ③ 在维修时，对于目测无法判定是否有 SMT 不良的 BGA 及芯片元器件，先进行 X-ray 检查，确认原因再进行维修，不可直接更换；所有接收的故障手机维修后，都需要将维修信息录入 MES（Manufacturing Execution System，制造执行系统）中，信息要详细真实；所有维修后的故障手机都需要进行外观检查；及时反馈故障手机的故障原因
	工艺标准	① 具备维修上岗资质 ② 所用仪表仪器都需要按时点检 ③ 维修后的 PCB 外观要符合《主板维修外观要求细则》、维修作业指导书、《手工焊接作业规范》的规定
	设备/工具故障辨识及保养	① 仪表正常开/关机 ② 防静电恒温焊台温度是否正常 ③ 综测仪各端子的连接方式 ④ 电动螺丝刀力矩是否正常 ⑤ 直流电源输出是否有故障 ⑥ 信号源和频谱分析仪测量是否准确 ⑦ 示波器准确性确认

续表

分 类	内 容	具 体 描 述
基本要求	维护方法	① 防静电恒温焊台点检 ② 电动螺丝刀的校准 ③ 万用表的校准 ④ 示波器自校准

二、手机相关基本知识

（一）手机的发展历史

1831 年，英国的法拉第发现了电磁感应现象，之后，麦克斯韦进一步用数学公式阐述了法拉第等人的研究成果，并把电磁感应理论推广到了空间。

第一代（1G）手机是指模拟移动电话，即 20 世纪八九十年代影视作品中出现的"大哥大"，如图 2.1.1 所示。1973 年 4 月 3 日，摩托罗拉前高管马丁·库帕打通了历史上第一个移动电话，他当时所用的这部电话是世界上第一款商用手机——摩托罗拉 DynaTAC 8000X 的原型。

1983年6月
摩托罗拉
DynaTAC 8000X

DynaTAC 8000X 重约 0.907kg，通话时间为 30min，销售价格为 3995 美元，是名副其实的最贵重的"砖头"，这也就是我们常说的大哥大的雏形

摩托罗拉3200
第一部进入中国市场的手机，其进入中国市场是在1987年，其造型设计和摩托罗拉DynaTAC 8000X基本一致

图 2.1.1　第一代手机

第二代（2G）手机使用 PHS、GSM 或 CDMA 这些十分成熟的标准，具有稳定的通话质量和合适的待机时间。GSM 数字网具有较强的保密性和抗干扰性，音质清晰、通话稳定，并具备容量大、频率资源利用率高、接口开放、功能强大等优点。在第二代手机的研发和销售上，诺基亚、摩托罗拉、索尼等一线品牌掌控硬件开发平台，我国手机品

牌波导和夏新等主要借助我国市场销售的优势迅速起量（主要与韩国公司进行 OEM/ODM 合作）。

手机发展历程（更新至 2013 年）如图 2.1.2～图 2.1.4 所示。

1995 年 1 月
中国市场上出现第一款 GSM 手机爱立信 GH337

GSM 手机即 2G 手机，GSM 数字网具有较强的保密性和抗干扰性，音质清晰、通话稳定，并具备容量大、频率资源利用率高、接口开放、功能强大等优点。GSM 手机问世后，各大手机生产商看好了这一新的商机，争相拓展这一市场上的份额，摩托罗拉不肯舍弃已有的市场，"抱死"模拟网络，以至于没能及时调整市场战略，其地位迅速下滑。与此同时，诺基亚、爱立信等厂商后来居上

1995 年
第一款揭盖式手机摩托罗拉 8900、9900 问世

此款手机体积小、轻便耐用，曾是白领女性的专宠

1998 年
第一款内置游戏的手机诺基亚 6110 问世

该款手机内置有贪吃蛇、记忆力、逻辑猜图 3 款游戏，其中贪吃蛇游戏一直流传至今，成为诺基亚手机的传统项目

诺基亚 6110 绿色的屏幕和软橡胶的数字键代表了一个时代，之后许多产品延续了类似的设计

1999 年 1 月
第一台折叠手机摩托罗拉"掌中宝"328c 问世

摩托罗拉 328c 的出现彻底改变了人们对手机的传统印象，奠定了摩托罗拉在折叠造型手机领域不可动摇的地位

1999 年 10 月
第一款内置天线机型诺基亚 3210 问世

它的出现让诺基亚直板机真正在国内站稳了脚跟，也为 2000 年 8210 的巨大成功奠定了坚实的市场基础

1999 年 2 月
第一款全中文手机摩托罗拉 CD928+ 问世

完全支持中文电话簿、中文短消息收发。在手机中文化的过程中，CD928+ 是当之无愧的功臣

2000 年 1 月
第一款支持 WAP（无线接入点）上网的手机诺基亚 7110 问世
首次把手机和互联网连接在一起

可储存 150 条短信、280 条备忘提醒、1000 条电话簿等强大的商务功能使其登上了商务手机的第一宝座。同时，诺基亚 7110 占手机正面 1/3 面积的超大屏幕让人眼前一亮，这在那个年代是绝无仅有的

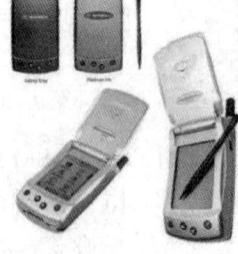

2000 年 3 月
智能手机的鼻祖摩托罗拉 A6188 问世

这款手机采用摩托罗拉自主研发的龙珠 16MHz CPU。支持 WAP1.1 无线上网，采用了 PPSM（Personal Portable Systems Manager）操作系统。这款手机是全球第一部具有触摸屏的手机，也是第一部支持中文手写识别输入的手机

图 2.1.2　手机发展历程（更新至 2013 年）（1）

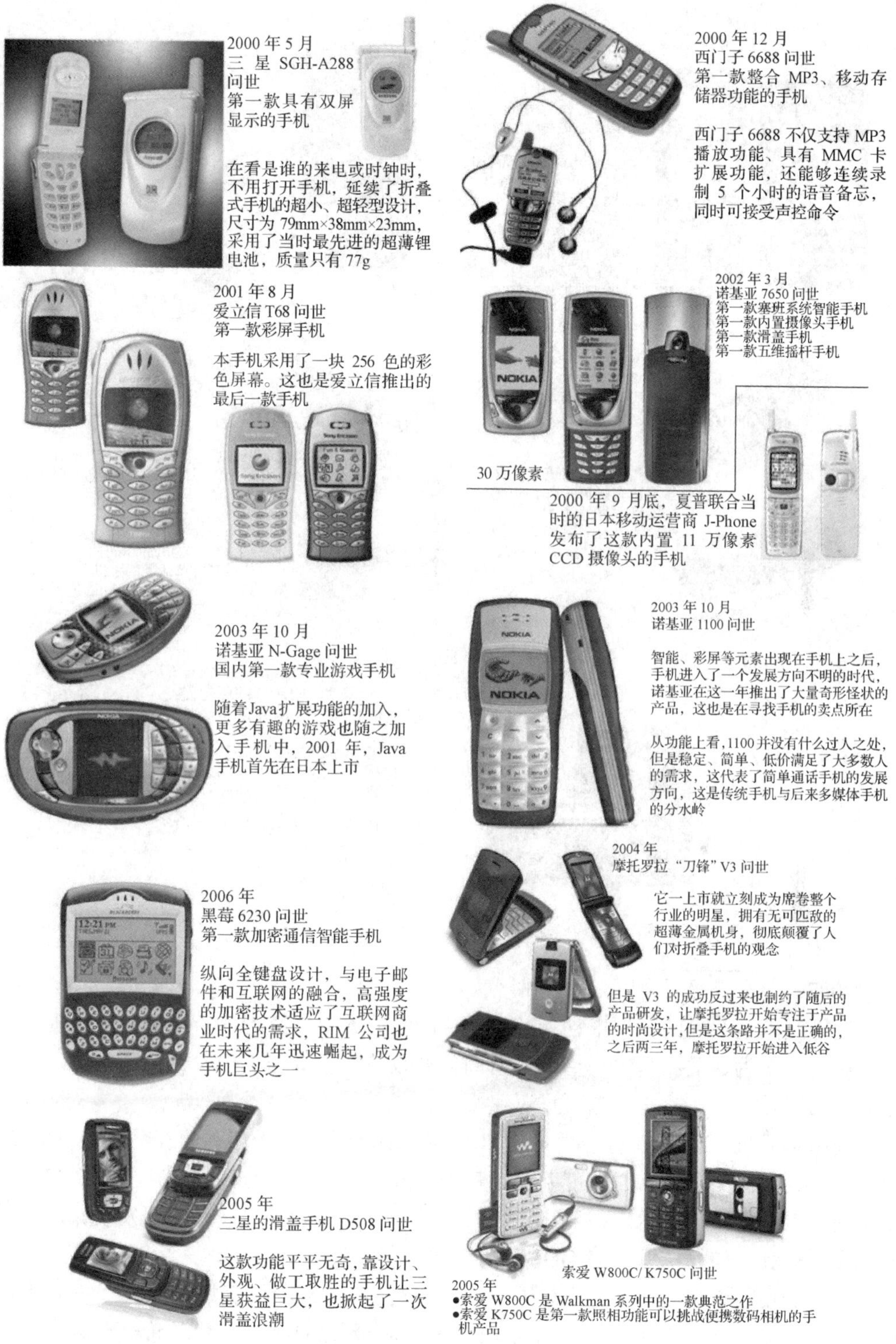

项目二 智能手机技术服务

2000 年 5 月
三星 SGH-A288 问世
第一款具有双屏显示的手机

在看是谁的来电或时钟时，不用打开手机，延续了折叠式手机的超小、超轻型设计，尺寸为 79mm×38mm×23mm，采用了当时最先进的超薄锂电池，质量只有 77g

2000 年 12 月
西门子 6688 问世
第一款整合 MP3、移动存储器功能的手机

西门子 6688 不仅支持 MP3 播放功能、具有 MMC 卡扩展功能，还能够连续录制 5 个小时的语音备忘，同时可接受声控命令

2001 年 8 月
爱立信 T68 问世
第一款彩屏手机

本手机采用了一块 256 色的彩色屏幕。这也是爱立信推出的最后一款手机

2002 年 3 月
诺基亚 7650 问世
第一款塞班系统智能手机
第一款内置摄像头手机
第一款滑盖手机
第一款五维摇杆手机

30 万像素

2000 年 9 月底，夏普联合当时的日本移动运营商 J-Phone 发布了这款内置 11 万像素 CCD 摄像头的手机

2003 年 10 月
诺基亚 N-Gage 问世
国内第一款专业游戏手机

随着 Java 扩展功能的加入，更多有趣的游戏也随之加入手机中，2001 年，Java 手机首先在日本上市

2003 年 10 月
诺基亚 1100 问世

智能、彩屏等元素出现在手机上之后，手机进入了一个发展方向不明的时代，诺基亚在这一年推出了大量奇形怪状的产品，这也是在寻找手机的卖点所在

从功能上看，1100 并没有什么过人之处，但是稳定、简单、低价满足了大多数人的需求，这代表了简单通话手机的发展方向，这是传统手机与后来多媒体手机的分水岭

2006 年
黑莓 6230 问世
第一款加密通信智能手机

纵向全键盘设计，与电子邮件和互联网的融合，高强度的加密技术适应了互联网商业时代的需求，RIM 公司也在未来几年迅速崛起，成为手机巨头之一

2004 年
摩托罗拉"刀锋"V3 问世

它一上市就立刻成为席卷整个行业的明星，拥有无可匹敌的超薄金属机身，彻底颠覆了人们对折叠手机的观念

但是 V3 的成功反过来也制约了随后的产品研发，让摩托罗拉开始专注于产品的时尚设计，但是这条路并不是正确的，之后两三年，摩托罗拉开始进入低谷

2005 年
三星的滑盖手机 D508 问世

这款功能平平无奇，靠设计、外观、做工取胜的手机让三星获益巨大，也掀起了一次滑盖浪潮

索爱 W800C/ K750C 问世
2005 年
●索爱 W800C 是 Walkman 系列中的一款典范之作
●索爱 K750C 是第一款照相功能可以挑战便携数码相机的手机产品

图 2.1.3　手机发展历程（更新至 2013 年）（2）

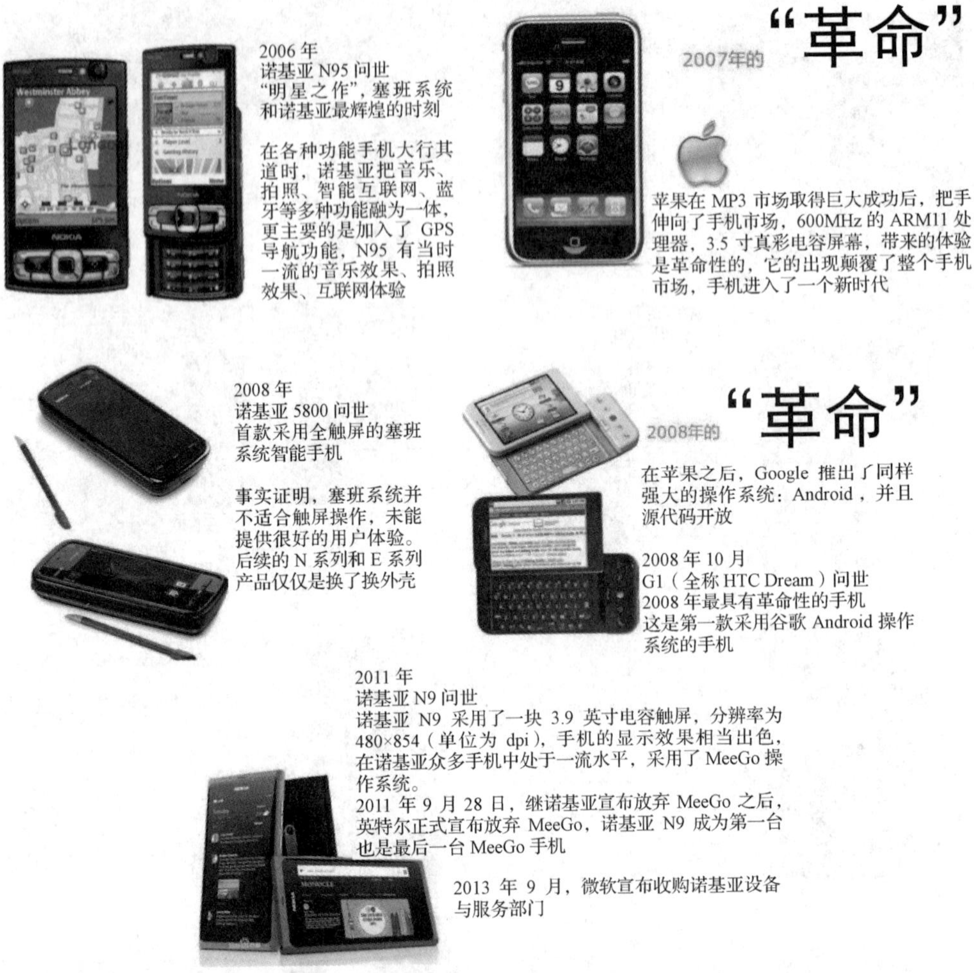

智能终端产品技术服务

2006 年
诺基亚 N95 问世
"明星之作"，塞班系统和诺基亚最辉煌的时刻

在各种功能手机大行其道时，诺基亚把音乐、拍照、智能互联网、蓝牙等多种功能融为一体，更主要的是加入了 GPS 导航功能，N95 有当时一流的音乐效果、拍照效果、互联网体验

2007 年的"革命"

苹果在 MP3 市场取得巨大成功后，把手伸向了手机市场，600MHz 的 ARM11 处理器，3.5 寸真彩电容屏幕，带来的体验是革命性的，它的出现颠覆了整个手机市场，手机进入了一个新时代

2008 年
诺基亚 5800 问世
首款采用全触屏的塞班系统智能手机

事实证明，塞班系统并不适合触屏操作，未能提供很好的用户体验。后续的 N 系列和 E 系列产品仅仅是换了换外壳

2008 年的"革命"

在苹果之后，Google 推出了同样强大的操作系统：Android，并且源代码开放

2008 年 10 月
G1（全称 HTC Dream）问世
2008 年最具有革命性的手机
这是第一款采用谷歌 Android 操作系统的手机

2011 年
诺基亚 N9 问世
诺基亚 N9 采用了一块 3.9 英寸电容触屏，分辨率为 480×854（单位为 dpi），手机的显示效果相当出色，在诺基亚众多手机中处于一流水平，采用了 MeeGo 操作系统。
2011 年 9 月 28 日，继诺基亚宣布放弃 MeeGo 之后，英特尔正式宣布放弃 MeeGo，诺基亚 N9 成为第一台也是最后一台 MeeGo 手机

2013 年 9 月，微软宣布收购诺基亚设备与服务部门

图 2.1.4 手机发展历程（更新至 2013 年）（3）

2007 年手机进入了智能手机新时代。

由于我国运营商的积极推动和芯片平台厂商的本土支持，3G 智能手机在我国增长迅速，联想、华为、酷派和中兴借助运营商补贴政策，以及与手机设计公司闻泰、龙旗、希姆通和华勤的合作，在中国市场迅速崛起。

在中国手机市场，4G 智能手机从 2013 年开始起步，由于运营商补贴开始逐步减少，所以通过运营商渠道销售的智能手机销量占比开始下滑，华为、OPPO、VIVO 和小米的手机销量借助公开市场渠道得到迅速增长，其中千元智能手机产品的研发设计主要通过与闻泰、华勤、与德、龙旗等 ODM 公司合作。

随着科技越来越发达，时代前进的步伐越来越快，5G 手机已经普及，此时，手机不再只是通话的工具，它承载了人们的生活需求和高新科技，其变化与价值更是惊人。

根据上述资料了解手机的发展史，总结各个时期流行手机的特点及功能，并填入表 2.1.2 中。

表 2.1.2　各个时期流行手机的特点及功能

序　号	手机品牌、型号	流　行　时　间	特点及功能
1			
2			
3			
4			
5			

（二）手机的类型

手机可分为智能手机和非智能手机两类。

所谓智能手机，就是指像个人计算机一样，具有独立的操作系统、独立的运行空间，可以由用户自行安装软件、游戏、导航等第三方服务商提供的程序，并可以通过移动通信网络实现无线网络接入。目前，智能手机的发展趋势是充分加入了人工智能、5G 等多项专利技术，使智能手机成为用途广泛的专利产品。

非智能手机一般指老年人和儿童使用的功能手机，能够满足许多消费者的基本生活要求，有些功能手机的功能比纯粹只能用来打电话及收发短信的手机要多，如能够拍照、播放音频文件、上网等。在功能手机上也可以运行一些应用程序，但多数为 Java 语言程序，这些程序多半基于 Java ME 或 BREW，这与 Java 的跨平台能力有关。

一般智能手机的性能比非智能手机的性能要好，但是非智能手机比智能手机性能稳定，智能手机的主频较高，运行速度快，处理程序任务更快速，功能强大，支持的第三方软件多，具有无线网络接入能力等特点，日常使用更加方便，但耗电量较高。而非智能手机的耗电量较智能手机低，部分非智能手机的最长待机时间可达 35 天；内置附加功能（如手电筒、录音机、简单的游戏、时钟及码表、收音机等），足以满足低需求的消费者；价格便宜；稳定性及收信质量较佳。

（三）手机的基本结构

常见智能手机的基本结构如图 2.1.5 所示。

1. 屏幕组件

屏幕组件一般由显示屏和电容式触摸屏组成，是智能手机的重要组成部分。显示屏是智能手机显示当前工作状态（电量、信号强度、时间、交互界面等）或输入人工指令的重要部件，位于智能手机正面的中央位置，是人机交互最直接的窗口。触摸屏是电容式触摸屏，电容式触摸屏技术利用对人体电流的感应工作，在两层 ITO 导电玻璃涂层上蚀刻出两个互相垂直的 ITO 导电线路模块，当电流经过驱动线中的一条导线时，如果外界有电容变化信号，就会引起另一层导线上电容节点的变化。电容值的变化可以通过与之相连的电路测量得到，经由 A/D 转换器转为数字信号，此信号经处理器运算，取得相应的坐标信息，进而达到定位的目的。

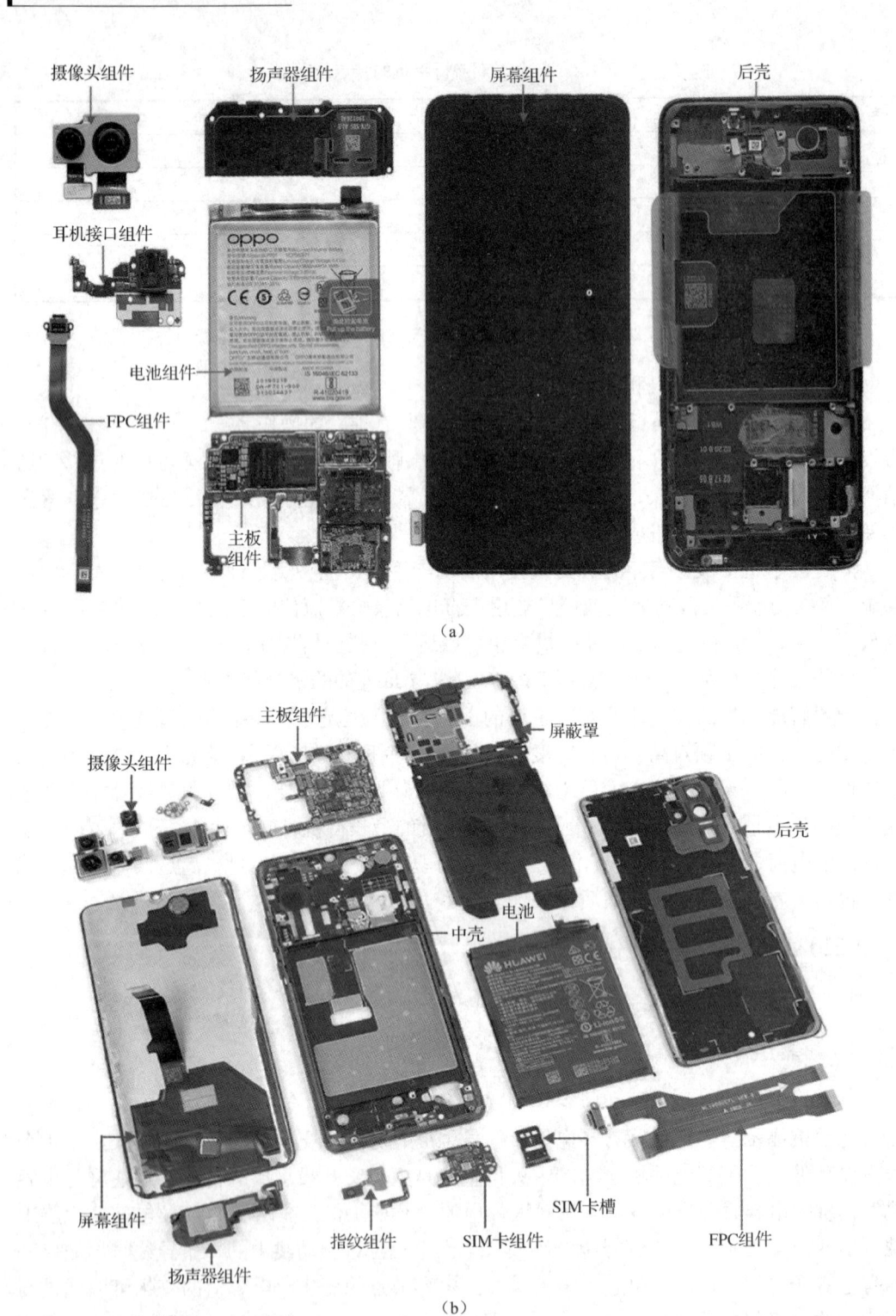

图 2.1.5 常见智能手机的基本结构

在智能手机中，与屏幕组件相关的要素主要有屏幕尺寸、屏幕色彩、屏幕类型等。

（1）屏幕尺寸。

智能手机屏幕尺寸指的是智能手机屏幕对角线的长度，而这个长度的单位使用的是英寸（in）。例如，某智能手机屏幕对角线的长度为 12.7cm，换算成英寸就是 5in，即这台智能手机是屏幕尺寸的 5in 的智能手机。注意：1in=2.54cm。

（2）屏幕色彩。

屏幕色彩实质上是色阶的概念。色阶是表示手机显示屏亮度强弱的指数标准，即通常所说的色彩指数。

（3）屏幕类型。

目前，主流的智能手机屏幕可归结为两类：LCD 与 OLED。这两种屏幕从原理上讲有着本质的区别，LCD 依赖背光面板发光，而 OLED 则采用自发光技术。

2．摄像头组件

智能手机的摄像功能指的是手机可以通过内置或外接的摄像头拍摄静态图片或短视频，作为智能手机的一项新的附加功能，摄像功能得到了迅速的发展。智能手机的摄像功能离不开摄像头组件。摄像头组件捕捉的影像通过数字信号处理芯片进行处理，送到应用处理器，通过显示屏显示出来。

3．扬声器组件

智能手机中的扬声器用来将模拟电信号转换为声音信号，是一个电声转换元器件，有时也称为喇叭。扬声器的特点是频率范围宽（20Hz～20kHz）、动态范围大、音质好、失真小。

4．指纹组件

智能手机的指纹组件其实是一个电容式指纹识别电路，利用硅晶圆与导电的皮下电解液形成电场，指纹的高低起伏会导致二者之间的压差出现不同的变化，借此可实现准确的指纹测定。这种方式的适应能力强，对使用环境无特殊要求，同时整个组件体积比较小，使得该技术在手机端得到了比较好的推广。

5．SIM 卡组件

SIM 卡是带有微处理器的芯片，内有 5 个模块，分别是 CPU（8 位/16 位/32 位）、程序存储器 ROM、工作存储器 RAM、数据存储器 EEPROM 和串行通信单元，这 5 个模块集成在一块集成电路板中。

6．电池组件

智能手机的电池是为手机提供电力的储能工具，由 3 部分组成：电芯、保护电路和外壳。

7. 主板组件

在智能手机中，主板组件通过多个接口排线和各功能组件连接，如电源开关排线、屏幕排线、前置摄像头排线、主摄像头排线、耳机/听筒排线、触控排线、底部按键排线等。

8. 外壳

外壳是智能手机的重要组成部分，根据手机的设计不同，可分为前壳、中壳、后壳等（有些手机只有前壳和后壳）。

9. FPC 组件

FPC 又称软性电路板、挠性电路板，是以聚酯薄膜等为基材制成的一种印制电路板，通过在可弯曲的塑料片上嵌入电路，在狭小的有限空间中摆放大量精密元器件，从而形成可弯曲的柔性电路板。

（四）手机的主要规格型号和参数

1. 手机的规格型号

每款手机都有特定的型号，不同手机生产厂商对手机型号的规定不同，查询手机型号的方法一般有以下几种。

方法一：通过产品入网许可标签查看。对于可拆卸电池的手机，该标签一般位于电池仓底，可打开后盖，拆下电池查看；对于电池不可拆卸的手机，该标签一般在出厂时粘贴在背部的保护膜上。

方法二：打开蓝牙设置，可以看到手机名称或设备名称，一般这个名称就是手机型号，一般情况下，该信息不允许用户随意修改。

方法三：对于智能手机，可以在系统设置的"关于设备"菜单中查询设备具体参数信息，其中就包含手机型号。

方法四：用数据线将手机和计算机连接起来，计算机上的"手机助手"等软件可自动检测手机型号。

2. 手机的参数

手机中有不同的参数，分别代表手机性能里不同的含义。

（1）处理器：一般数值越大越好。现在主流的处理器是八核/四核/双核处理器。

（2）操作系统：目前高端手机的主流操作系统是 Android 系统。Android 系统的性能稳定、运行速度快、适用范围广。另外，常见的操作系统还有苹果的 iOS 系统。

（3）电池：电池的耐久性也很重要，目前主流电池的容量大约是 3800 毫安，这是比较合适的，容量太大会引起爆炸；容量太小又不实用。

（4）存储参数（RAM）：存储参数越大，存储容量越大，手机性能越好。

（5）运行内存：这是运行在手机上的文件系统大小。手机打开的应用程序越多，就越容易卡住和崩溃，因此，运行内存越大越好，现在的主流运行内存是 4GB、6GB、8GB 和 12GB。

（6）屏幕分辨率：决定了手机显示的清晰度，分辨率越高，清晰度越高。

记录自己所用手机的相关参数，填在表 2.1.3 中，并与同学相互沟通，了解各个参数的含义。

表 2.1.3　手机的主要参数

手机品牌	
手机型号	
网络支持	
屏幕尺寸	
屏幕分辨率	
电池容量	
CPU 主频	
运行内存	
操作系统	
摄像头个数及分辨率	

任务实施

1. 客户进店，接待客户。

_____
_____
_____
_____
_____
_____
_____

2. 接收故障手机。

_____
_____
_____
_____
_____
_____
_____

3. 填写维修任务单，如表 2.1.4 所示。

表 2.1.4　维修任务单

任务名称				接单日期	
任务周期				接单人	
客户姓名		联系电话		验收日期	
维修负责人		联系电话		验收地点	
故障描述					
故障判断					
维修措施					
备注					

注：故障判断和维修措施可学习完任务二后填写。

评价与分析

根据本任务的执行情况进行自评和教师评价。

自评：

_____
_____
_____
_____
_____
_____
_____

教师评价：

_____
_____
_____
_____
_____
_____
_____

任务二 分析故障原因并制定维修方案

学习目标

1. 能够说出手机常见故障的现象，并熟练掌握不开机、按键失灵等常见故障的维修流程。
2. 能够熟练操作常见手机维修工具，并熟练使用手机维修工具拆装手机、使用万用表检测电压、使用稳压电源测试开机电流。
3. 能正确查找故障点，分析手机故障原因，并针对故障制定合理的维修方案。
4. 能够进行手机功能测试，能对手机系统进行软件重装、升级等操作。
5. 手机故障排除后，能够对手机软/硬件设置进行全面检测，确保组装质量、软件设置合理。
6. 能够进行维修成本核算，并按照验收标准进行交付，让客户验收，并为客户讲解手机的使用、维护、保养知识。

任务描述

接收故障手机后，能够分析故障原因并制定维修方案。

任务分析

1. 故障原因分析。
2. 维修方案制定。

知识储备

一、手机维修技术知识

（一）贴片元器件的认知

1. 贴片电阻

（1）外形。

① 普通贴片电阻。

普通贴片电阻的外观大多两端为银色（焊点）；中间为黑色（也有蓝色等其他颜色），一般为保险电阻或特殊电阻；侧面是白色的；底部也是白色的（只有电阻侧面是白色的，其他贴片元器件侧面都不是白色的），如图 2.2.1 所示。

②压敏电阻（VDR）：这是一种对电压变化反应灵敏的限压型元器件。压敏电阻的特点是：在规定的温度下，当电压超过某一临界值时，其阻值将急剧减小，通过它的电流将急剧增大，电压和电流不呈线性关系。

（2）贴片电阻的标志。

①有标志的电阻：前两位数为有效数字；第三位数为倍数，即有效数字后面0的个数，单位是Ω。

图2.2.1 普通贴片电阻

例如，201表示200Ω，225表示2200000Ω，即2.2MΩ。当阻值小于10Ω时，用R表示，将R看作小数点，如3R90表示3.9Ω，R22表示0.22Ω。

②没有标志的电阻：可采用测量法判断阻值大小，或者通过原理图识别阻值大小。

（3）电阻损坏故障现象。

①开路。电阻开路是维修中比较常见的故障，可用万用表的欧姆挡判断电阻是否开路。

②阻值变大。阻值变大后，流过该电阻的电流变小，造成部分电路工作不正常，可用万用表的欧姆挡测量阻值，从而判断阻值是否变大。

③接触不良。当电阻引脚与焊盘接触不良时，会使电路有时工作，有时不工作，可以通过补焊的方法来解决。

④阻值变小或短路。在维修工作中，很少遇到阻值变小或短路的现象，阻值变小或短路的原因可能是手机进水后，有污物附着在电阻表面。电阻本身几乎不可能出现阻值变小或短路的现象。

（4）电阻的检测。

①观察法：查看电阻外观是否受损、变形和烧焦变色，若有这些缺陷，则表明电阻已损坏。

②测量法：在实际故障检修中，如果怀疑电阻变质失效，那么此时不能直接在电路板上测量阻值，因为被测电阻两端存在其他电路的等效电阻，正确的方法是先将电阻从电路板上拆下再测量。如果所测电阻为0Ω，则表明内部短路；如果所测电阻无穷大，则表明内部有断路。

2．贴片电容

（1）外形。

①无极性贴片电容：表面颜色有黄色、浅灰色、白色等多种，且上下两个面的颜色一致；两端（也就是电容的焊点）的颜色为银白色，外形如图2.2.2所示。

②贴片钽电解电容：表面颜色一般为黑色或黄色，也有其他颜色，但是不多见。贴片钽电解电容的表面标注了电容容量和电容耐压值，外形如图2.2.3所示。

（2）电容的作用。

①耦合。在交流信号处理电路中，电容用于连接信号源和信号处理电路；或者作为

两个放大器的级间连接，用于隔断直流，让交流信号或脉冲信号通过，使前后级放大电路的直流工作点互不影响。信号通路中串联的电容都起耦合作用。

图 2.2.2　无极性贴片电容　　　　图 2.2.3　贴片钽电解电容

② 滤波。电容接在直流电压的正、负极之间，以滤除直流电源中不需要的交流成分，使直流电信号的波形平滑。电容的容量越大，滤波效果越好，滤波通常采用大容量的电解电容。

③ 旁路电容。在交直流信号处理电路中，将电容并联在电阻两端或由电路的某点跨接到公共电位上，为交流信号或脉冲信号设置一条通路，避免交流信号成分因通过电阻而产生压降衰减。

（二）贴片元器件的拆卸和焊接

1. 拆卸贴片元器件

（1）在用热风枪拆卸贴片元器件之前，一定要将手机电路板上的备用电池拆下（尤其在备用电池距离所拆贴片元器件较近时），否则，备用电池很容易受热爆炸，对人身构成伤害。

（2）将手机电路板固定在手机维修夹具上，仔细观察待拆卸的贴片元器件的位置。

（3）用小刷子将贴片元器件周围的杂质清理干净，向贴片元器件上加注少许助焊剂。

（4）安装好热风枪的细嘴喷头，打开热风枪电源开关，调节热风枪温度至 300℃左右，风速调至 3～4 挡。

（5）一只手用镊子夹住贴片元器件，另一只手拿稳热风枪手柄，使喷头与待拆焊贴片元器件保持垂直，距离为 1～2cm，沿贴片元器件均匀加热，喷头不可接触贴片元器件，待贴片元器件周围焊锡熔化后，用镊子将其取下。

2. 贴片元器件的焊接

（1）用镊子夹住待焊接的贴片元器件，放置到焊接位置，注意要放正，不可偏离焊点。若焊点上焊锡不足，则可用防静电恒温焊台在焊点上加注少许焊锡。

（2）打开热风枪电源开关，调节热风枪温度至 300℃，将风速调至 3～4 挡。使热风枪的喷头与待焊接的贴片元器件保持垂直，距离为2～3cm，沿贴片元器件均匀加热，待贴片元器件周围焊锡熔化后移走热风枪。

（3）焊锡冷却后移走镊子。

（4）用无水酒精或天那水将贴片元器件周围清理干净。

二、集成电路的认知

（一）集成电路的封装

1. SOP 封装

SOP 封装引脚数多在 28 个以下，且分布在芯片两边，有标志（如加点）处为 1 脚，后续按逆时针方向依次是 2 脚、3 脚、4 脚等。

2. QFP 封装

采用 QFP 封装的芯片 4 边都有引脚，引脚数较多，引脚排列以有标志（如加点）处为 1 脚，按逆时针方向排列。如果芯片表面无任何标志，就把芯片放正（表面字朝上），这样，左下角第 1 个引脚为 1 脚。

3. BGA 封装

采用 BGA 封装的芯片，引脚在芯片的底部，引线按阵列形式排列，以行线、列线来区分，因此引脚的数目远远超过引脚分布在芯片周边的封装；其整个底部直接与电路板连接。

（二）集成电路的拆装

1. SOP 封装和 QFP 封装芯片的拆卸

（1）用热风枪拆卸贴片芯片之前，一定要将手机电路板上的备用电池拆下，否则，备用电池很容易受热爆炸，对人身安全构成威胁。

（2）将手机电路板固定在手机维修夹具上，仔细观察待拆卸贴片芯片的位置和方位，并做好记录，以便焊接时恢复。

（3）用小刷子将贴片芯片周围的杂质清理干净，向贴片芯片引脚周围加注少许助焊剂。

（4）调好热风枪的温度和风速。温度一般调在 300℃左右，风速调到 3～4 挡。

（5）持热风枪沿贴片芯片周围引脚慢速旋转，均匀加热，喷头不可触及贴片芯片及其外围元器件，吹焊的位置要准确，且不可吹跑集成电路周围较小的元器件。

（6）待贴片芯片的引脚焊锡全部熔化后，用镊子将贴片芯片夹起来。

2. SOP 封装和 QFP 封装芯片的安装

（1）将焊点用平头烙铁整理平整，必要时，对焊锡较少的焊点应进行补锡，并用无水酒精清洁干净焊点周围的杂质。

（2）将更换的贴片芯片和手机电路板上的焊接位置对好，反复调整，使之完全对正。

（3）先用防静电恒温焊台焊好贴片芯片的 4 个脚，将其固定；再用热风枪吹焊其四周。焊好后应注意冷却，不可立即触碰贴片芯片，以免其发生位移。

（4）冷却后，检查贴片芯片的引脚有无虚焊，若有，则进行补焊，直至全部正常。

（5）用无水酒精将贴片芯片周围清理干净。

3．BGA 封装芯片的拆卸

（1）在贴片芯片上面加适量的助焊剂，既可防止干吹，又可帮助贴片芯片底下的焊锡均匀熔化，不伤害旁边的元器件。

（2）调节热风枪温度至 300℃左右，风速调至 3～4 挡，在贴片芯片上方约 2.5cm 处进行螺旋状吹，直到贴片芯片底下的锡球完全熔化，用镊子轻轻托起贴片芯片。

（3）取下贴片芯片后，焊盘和手机电路板上都有余锡，此时在手机电路板上加足量的助焊剂，用防静电恒温焊台将手机电路板上多余的焊锡去除，并适当上锡，使每个焊脚都光滑圆润。

4．BGA 封装芯片的植锡

（1）清洗：首先在贴片芯片的焊脚上加适量的助焊剂，用防静电恒温焊台将贴片芯片上的残留焊锡去除，然后用无水酒精或天那水清洗干净。

（2）固定：可以简单地采用双面胶将贴片芯片粘在桌子上来固定。

（3）上锡：选择稍干的锡浆，用刮刀挑适量锡浆到植锡板上，用力往下刮，边刮边压，使锡浆薄薄地、均匀地填充于植锡板的小孔中。在上锡过程中，要注意压紧植锡板，不要让植锡板和贴片芯片之间出现空隙，以免影响上锡效果。

（4）吹焊植锡：先将植锡板固定到贴片芯片上面，然后把锡浆刮到贴片芯片上面，压紧植锡板，将热风枪风速调大，温度调至 350℃左右，摇晃喷头，对着植锡板缓缓均匀加热，使锡浆慢慢熔化。当看见植锡板的个别小孔中已有锡球生成时，说明温度已经到位，这时应当抬高热风枪的喷头，避免温度继续上升，因为过高的温度会使锡浆剧烈沸腾，造成植锡失败，严重的还会使贴片芯片过热损坏。锡球冷却后，将植锡板与贴片芯片分离。这种方法的优点是一次植锡后，若有缺脚，或者锡球过大/过小等不良现象，则可进行二次处理，特别适合新手使用。

5．BGA 封装芯片的安装

（1）先将贴片芯片有焊脚的一面涂上适量的助焊剂，用热风枪轻轻地吹一吹，使助焊剂均匀分布于贴片芯片表面，为焊接做准备。

（2）将植好锡球的贴片芯片按拆焊前的定位位置放到手机电路板上，对准后，因为事先在焊脚上涂上了助焊剂，有一些黏性，所以贴片芯片不会移动。

（3）定位好后，进行焊接。把热风枪调节至合适的风速和温度，让喷头中央对准贴片芯片的中央位置，缓慢加热。当看到贴片芯片往下一沉且周围有助焊剂溢出时，说明锡球已和焊点融合在一起。这时可以轻轻晃动热风枪，使加热均匀充分，由于表面张力的作用，贴片芯片与手机电路板的焊点之间会自动对准定位。注意：在加热过程中，切勿按住贴片芯片，否则会使焊锡外溢，极易造成脱脚和短路。

（4）对已焊到手机电路板上的贴片芯片进行检查，主要是检查贴片芯片是否对准、角度是否相对应、与手机电路板是否平行、有无从周边溢出焊锡、短路等，如果有，则需要重焊。

三、智能手机基本电路

（一）射频接收电路

1. 射频接收电路的结构

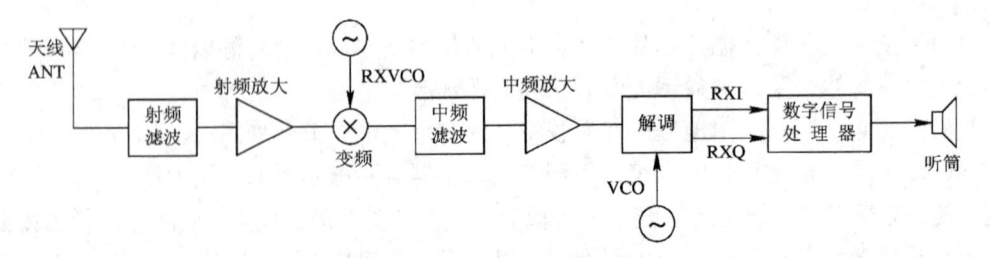

射频接收电路有 3 种基本结构：超外差一次变频接收电路、超外差二次变频接收电路、直接变频线性接收电路。

（1）超外差一次变频接收电路。

超外差一次变频接收电路只有一个混频电路。超外差一次变频接收电路框图如图 2.2.4 所示。

图 2.2.4　超外差一次变频接收电路框图

（2）超外差二次变频接收电路。

超外差二次变频接收电路有两个混频电路，第一中频信号与第二本机振荡信号（IFVCO）混频，得到第二中频信号。超外差二次变频接收电路框图如图 2.2.5 所示。

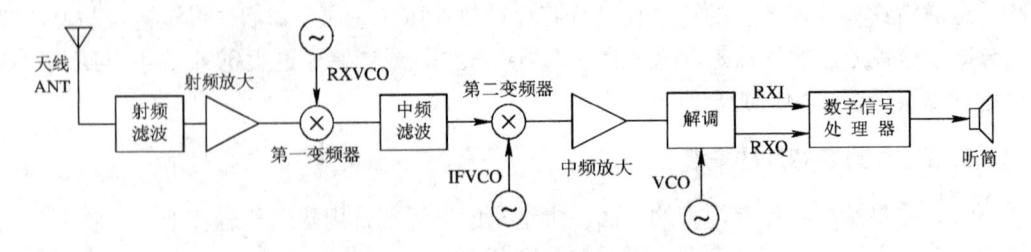

图 2.2.5　超外差二次变频接收电路框图

（3）直接变频线性接收电路。

在直接变频线性接收电路中，变频器输出的不是中频信号，而是 RXI/RXQ。直接变频线性接收电路框图如图 2.2.6 所示。

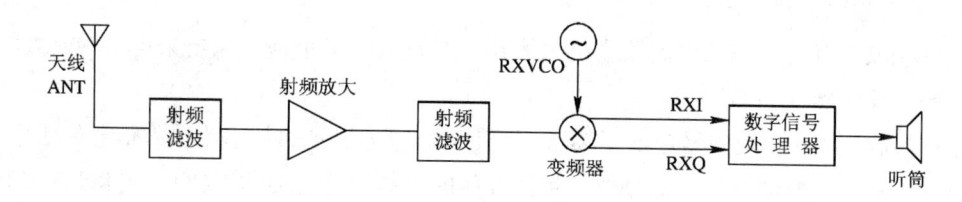

图 2.2.6　直接变频线性接收电路框图

2. 信号传输流程

天线感应空中的无线信号,经过天线匹配电路和射频滤波器滤波后,经低噪声放大器放大,放大的信号经过射频滤波后被送到变频器中。在变频器中,射频信号与来自本机振荡电路的压控振荡信号进行混频,得到中频信号。中频信号经中频滤波、中频放大后,在中频处理模块解调器中进行正交解调,得到 67.707kHz 模拟基带信号(RXI/RXQ)。RXI/RXQ 解调所用的本振信号通常由中频信号 VCO(IFVCO)处理得到。RXI/RXQ 在逻辑音频电路中先经数字信号处理器(DSP)处理,然后经 PCM 解码还原出模拟的语音信号,推动听筒发声。

3. 接收机各功能电路

(1)天线。

天线分为接收天线与发射天线,接收天线是把高频电磁波转化为高频电流信号的导体,发射天线是把高频电流信号转化为高频电磁波辐射出去的导体。手机天线既是接收天线又是发射天线。在电路图中,天线用字母 ANT 表示。

GSM 手机的天线工作在 900MHz 频段,DCS 手机的天线工作在 1800MHz 频段,GSM/DCS 双频手机的天线工作在 900MHz 和 1800MHz 两个频段。手机支持的信号频段越多,适用范围越广。

(2)天线开关。

天线开关切换的是频段,以及接收、发射状态,接在天线和射频电路之间,由 CPU 控制。

(3)滤波器。

手机的滤波器有双工滤波器、射频滤波器和中频滤波器等,大多是带通滤波器,即只允许一定频率的信号通过。

(4)放大器。

① 低噪声放大器(LNA)。

低噪声放大器主要完成两个任务:一是将天线接收的微弱射频信号进行放大,以满足变频器对输入信号幅度的需要,提高接收信号的信噪比;二是在低噪声放大三极管的集电极上加由电感与电容组成并联谐振回路,用来选出所需的频带,因此叫作选频网络或谐振网络。

② 中频放大器（IFA）。

中频放大器主要用来提高接收机的增益，接收机的整个增益主要来自中频放大器。

（5）变频器（VFD）。

在接收电路中，变频器是下变频器，即变频器输出信号的频率比输入信号的频率低；在发射电路中，变频器是上变频器，将待发射的中频信号与 UHFVCO（或 RXVCO）进行混频，得到最终发射信号。

（6）射频 VCO、中频 VCO（IFVCO）。

射频 VCO 给接收机提供第一本振信号。中频 VCO 给接收机的第二变频器提供本机振荡信号。

（7）解调器。

多数手机往往都对基带信号进行正交解调，得到 4 路基带 I/Q 信号，其中，I 信号为同相支路信号，Q 信号为正交支路信号，两者相位相差 90°，此即所谓的正交。从天线接收信号到 I/Q 信号解调，接收机完成全部任务。

判断接收机好坏就是测试 I/Q 信号，测到 I/Q 信号，说明前边各部分电路（包括本振电路）都没有问题，接收机已经完成接收任务。

（8）数字信号处理（DSP）。

接收基带（I/Q）信号在逻辑电路中经 GMSK 解调，先进行去交织、解密、信道解码等处理，再进行 PCM 解码，还原为模拟话音信号，推动听筒发声。

（二）射频发射电路

1. 射频发射电路的结构

射频发射电路有 3 种结构，一是带偏移锁相环的发射机，二是带发射上变频电路的发射机，三是直接变频发射机。

（1）带偏移锁相环的发射机电路框图如图 2.2.7 所示。

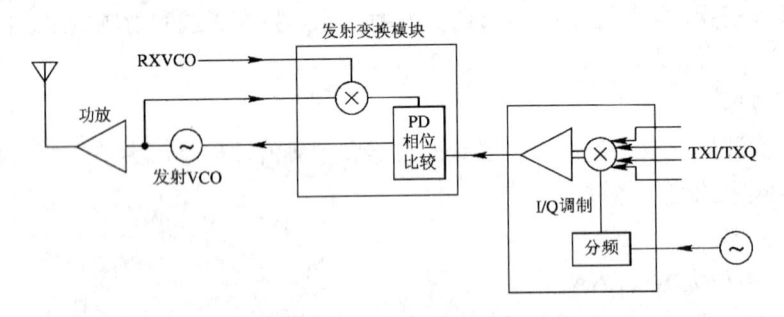

图 2.2.7 带偏移锁相环的发射机电路框图

（2）带发射上变频电路的发射机电路框图如图 2.2.8 所示。

（3）直接变频发射机的电路框图如图 2.2.9 所示。

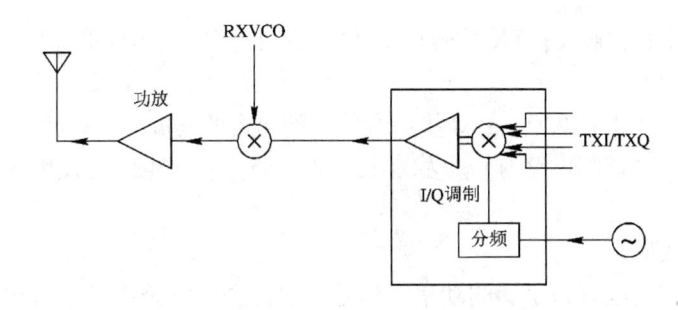

图 2.2.8　带发射上变频电路的发射机电路框图

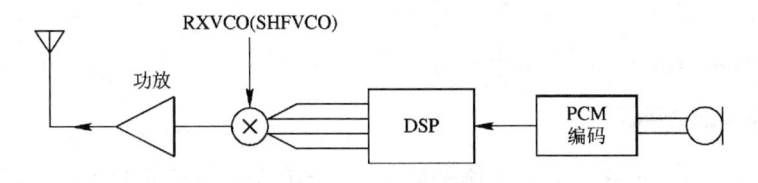

图 2.2.9　直接变频发射机的电路框图

2．信号传输流程

送话器将声音信号转化为模拟电信号，经 PCM 编码变为数字信号，该数字信号经数字信号处理（DSP）、高斯最小频移键控（GMSK）调制得到模拟基带信号（TXI/TXQ），该基带信号被送到发射电路；信号在中频模块内完成 I/Q（同相/正交）调制和中放，得到的中频信号经变频器处理得到发射射频信号，经功率放大器放大后，由天线发射出去。

3．发射机各部分功能电路

（1）发射音频通道。

送话器将声音信号转换为模拟电信号，经过 A/D 转换，变为数字信号，经过语音编码、信道编码、交织、加密、突发脉冲串等一系列处理，对带有发射信息、处理好的数字信号进行 GMSK 编码并分离出 4 路 I/Q 信号，送到发射电路。

（2）发射 TXI/TXQ 调制电路。

4 路 I/Q 信号在调制器中被调制在载波上，得到发射中频信号。

（3）射频电路。

4 路 TXI/TXQ 信号经过调制得到发射中频信号后，在鉴相器（PD）中，对与 TXVCO 和 RXVCO 混频后得到的差频信号进行鉴相，得到误差控制信号，用来控制 TXVCO 输出频率的准确性。

（4）发射本振信号调制电路。

发射本振信号的去向有两个：一路经过缓冲放大后送到前置功放电路，经过功率放大后从天线发射出去；另一路送回发射变频电路，在其内部与 RXVCO 经过混频后得到差频信号，以此作为发射中频信号的参考频率。

（5）环路低通滤波器。

环路低通滤波器的作用是平滑 CP-TX 信号，防止在进行信道切换时出现尖峰电压，防止对发射造成干扰,使 CP-TX 准确控制 TXVCO 振荡频率的精确性。

(6) 前置放大器。

前置放大器的作用有两点:一是将信号放大到一定的程度,以满足后级电路的需要;二是使发射本振信号调制电路有一个稳定的负载,防止后级电路对发射本振信号调制电路造成影响。

(7) 功率放大器。

功率放大器使天线获得足够的功率将信号发射出去。它是手机中负担最重、最容易损坏的元器件。

(8) 功率控制芯片。

功放的启动和功率控制是由一个功率控制芯片完成的,控制信号来自射频电路。

(三) 音频处理电路

手机的音频处理电路主要负责接收和发射音频信号,是实现语音交流的关键电路。

1. 音频处理电路的组成

从电路结构上来看,手机的音频处理电路主要由音频信号处理芯片、音频功率放大器、耳机信号放大器、受话器、扬声器、传声器、耳机接口等组成。

2. 音频处理电路的电路结构

目前,智能手机的音频处理电路主要有以下几种。

(1) 音频处理电路与电源电路集成在一起。

(2) 音频处理电路与微处理器(CPU)集成在一起。

(3) 音频处理电路与功率放大器集成在一起。

无论采用何种结构模式,其音频信号处理过程都是一样的。

3. 音频处理电路受话工作过程

受话时,先从射频电路解调出 67.768kHz 的接收基带信号,将其送到基带信号处理器内部进行数字窄带解调,分离出控制信号和音频信号;再对音频信号进行解密、去交织等处理;然后进行信道解码、语音解码,得到纯正的数字音频信号;最后送入音频信号处理器中进行 D/A 转换,还原出模拟音频信号,经过音频功率放大后推动听筒发声。若选择免提受话,则基带处理器会关闭听筒受话放大器,启动免提受话放大器,把音频信号功率放大后推动扬声器(SPK)发声。

4. 音频处理电路送话工作过程

送话时,话筒(传声器)先把声音转化为模拟电信号,通过电容耦合送入音频处理电路内部进行放大,经内部的多模转化器进行 A/D 转换,得到数字音频信号;再把数字音频信号送到基带处理器中,进行音频编码、信道编码、加密、交织等一系列处理后,送到基带处理器的数字窄带调制模块中进行调制,产生 67.768kHz 的 4 路发射基带信号;

最后送入射频处理器调制为射频信号发射出去。

（四）基带处理器与应用处理器

智能手机的处理器主要有基带处理器和应用处理器。其中，基带处理器是一个协议处理器，负责数据处理与储存，主要组件为数字信号处理电路、微控制器（MCU）、内存（SRAM、Flash）等单元；应用处理器主要负责手机的多媒体功能，包括图形（含3D）、声音、视频、照相等。目前，全球主要的手机处理器生产厂商包括高通、苹果、联发科、三星、展讯、德州仪器、Marvell、华为等。

1. 基带处理器

从电路结构上看，基带处理器主要由微控制器、存储器、接口电路、数字信号处理电路、时钟电路、复位电路、供电电路、按键电路等组成。

微控制器在智能手机的基带处理器电路中起着核心作用，手机的所有操作指令的接收和执行、各种控制功能、辅助功能等都在其控制下进行。

存储器相当于"仓库"，用来存放手机中的各种程序和数据。存储器一般包括程序存储器和数据存储器等。

接口电路是指基带处理器与外部电路、设备之间连接的通道及有关控制电路。接口电路主要包括 USB 接口、SIM 卡接口、I2C 总线接口等。

数字信号处理电路主要对各种数据信息进行处理，包括射频信号、语音数据信号、USB 数据信号、蓝牙数据信号、GPS 信号、无线网络信号、SIM 卡电路数据信号等。

基带处理器的基本工作条件包括工作电源、时钟信号、复位信号，它们分别由电源电路、时钟电路和复位电路提供。

电源电路主要由专门的电源控制芯片组成，为处理器提供所需的 1.8V 等工作电压。

时钟电路主要为处理器提供工作所需的时钟信号，一般由晶振、谐振电容和处理器内部的振荡器组成。

复位电路的工作就是为处理器提供复位信号。

按键电路一般包括开机键电路、菜单键电路、音量键电路等。

微控制器通过信号线与存储器进行信号传输和数据调用。微控制器通过控制总线（I2C 总线）对无线网络电路、音频处理电路、射频电路、GPS 电路、USB 接口电路、SIM 卡电路、电源电路及应用处理器等进行控制。

2. 应用处理器

从电路结构上看，应用处理器主要由核心处理器、存储器、图像处理器、多媒体处理器组成。

应用处理器的核心主要有半核、双核、四核、六核、八核等。目前，手机应用处理器多采用 ARM 架构，应用处理器完全独立在手机通信平台之外，灵活方便，缩短了设计流程。目前，手机中流行的数码拍照/录像与播放等功能都是由应用处理器完成的。

手机中的存储器主要包括数据存储器、程序存储器。数据存储器的作用主要是存储一些手机运行过程中需要暂时保留的信息，如暂时存储各种功能程序运行的中间结果，作为运行程序时的数据缓存区。数据存储器正常工作时必须与微控制器配合默契，即在由控制总线传输的指令的控制下，通过数据传输线与微控制器交换信息。程序存储器主要用来存储工作程序，即基本程序和功能程序。基本程序管理着整机工作，如各项菜单功能之间的有序连接与过渡的管理程序、各子菜单返回其上一级菜单的管理程序、根据开机信号线的触发信号启动开机程序的管理程序等。功能程序包括电话号码的存储与读出、铃声的设置与更改、短信息的编辑与发送、时钟的设置、录音与播放、游戏等菜单功能的程序。应用处理器通过信号线与存储器进行信号传输和数据调用。

图像处理器是手机图形图像显示的"总指挥"，尤其在操作系统界面渲染、游戏渲染、视频播放等方面起着举足轻重的作用。

多媒体处理器支持高清视频的录制与播放，以及高清环绕音频播放等多媒体功能的实现。

（五）电源电路

电源电路在手机电路中是至关重要的，作用是为手机各个单元电路提供稳定的直流电压，如果该电路出现问题，则会造成整个电路工作不稳定，甚至造成手机无法开机。由于电源电路工作在电流大、温度高的环境下，所以往往很容易出现问题。

手机的电源电路位于主电路板中，由于各品牌手机的主电路板设计不同，所以电源电路的位置也不相同。

1. 电源电路的组成

从组成结构上来看，手机电源电路主要由电源控制芯片、充电控制芯片、充电接口、电池及其插座、复位芯片、晶振、谐振电容、电源开关、场效应管、滤波电容、电感等组成。其中，电源控制芯片又称为电源管理芯片。电源控制芯片是电源电路的核心，负责控制整个电路。

充电控制芯片主要负责对电池进行充电，并实时监测充电的电压值。充电控制芯片可以保护电池免于过放电、过电压、过充、过温，可以有效保持电池正常工作和保护使用者的安全。

场效应管在脉冲信号的控制下，分时段导通和截止。通过改变导通和截止的实际比例，就可以改变输出的供电规格。经场效应管改变后的电能会储存到储能电感中。

2. 电池插座引脚的结构和功能

目前，手机电池插座的引脚有四脚和三脚两种。

（1）电池正极（VBATT）引脚负责供电。

（2）电池温度检测引脚检测电池温度。

（3）电池类型检测引脚检测电池是氢电池还是锂电池。目前，手机电池多为锂电池，因此，有的电池插座将该引脚省去变为三脚。

（4）电池负极（GND）引脚即手机公共地。

3．开关机键

开关机键主要用于触发手机电源电路工作。电源电路触发方式有两种：高电平触发和低电平触发。一般来说，开关机键与地相接的为低电平触发（大部分手机都使用该触发方式）。开机触发电压为 2.8～3V。

4．电源电路的工作过程

电源电路是为各个单元电路供电的主要电路。电源电路只有输出符合标准的电压，其他电路才能工作。也就是说，对于手机中的任何一个其他电路，只要电源电路的供电不正常，就会出现故障。电源电路是故障高发区。

手机所需的各种电压一般先由手机电池供给，电池电压在手机内部需要转换为多路不同电压值供给手机的不同部分。

当为手机安装上电池后，电池电压（一般为 3.7V）通过电池插座送给电源控制芯片，此时开关机键有 2.8～3V 的开机触发电压，在未按下开关机键时，电源控制芯片未工作，此时电源控制芯片无输出电压。当按下开关机键时，开关机键的其中一端对地构成回路，开关机键的电压由高电平变为低电平，此由高到低的电压变化被送到电源控制芯片内部的触发电路中，触发电路收到触发信号后，启动电源控制芯片，其内部的各路稳压器就开始工作，从而输出各路电压到各个电路。

5．手机的开/关机过程

（1）开机过程。

安装上电池后，电池电压加到电源控制芯片的输入引脚，其内部电源转换器产生约 2.8V 的开机触发电压并加到开机触发引脚上。

当按开关机键时，电源触发引脚电压被拉低，触发电源控制芯片工作并按不同电路的要求送出工作电压；同时，电源控制芯片送出一路比逻辑电压滞后 30ms 的复位电压，使逻辑电路复位，返回初始状态。另外，微控制器控制电源控制芯片送出时钟电压，使固有频率 13MHz 的晶体振荡，产生 13MHz 的时钟信号，输出给微控制器，作为运行时钟信号。此时微控制器具备了电源、复位、时钟等开机条件，于是它发送信号，命令字库调取开机程序，字库找到开机程序后，反馈信号给微控制器，并将开机程序通过总线传送到暂存器运行并自检，通过微控制器送出开机维持信号，使电源集成块维持工作，手机维持开机状态。

（2）关机过程。

手机正常开机后，微控制器的关机检测引脚有 3V 的电压，而在手机开机状态下按开关机键，关机二极管导通，把微控制器的关机检测引脚电压拉低，当微控制器检测到该电压变化超过 2s 时，确认要关机，于是命令字库运行关机程序，自检通过后，微控制器撤去开机维持电压，电源控制芯片停止工作，手机因失电而停止工作，手机关机。

6．电流法检测电源电路

（1）手机正常工作时，整机电源供电电流是随着各部分电路的工作时间变化的。一般情况下，按下开关机键，工作电流大致如下。

① 微控制器开始工作后，电流在 50mA 左右。

② 程序软件开始工作，电流为 60～100mA。

③ 搜索网络，电流在 200mA 左右。

④ 进入待机状态（显示屏背光灯熄灭），电流在 10mA 左右。

（2）在手机出现故障后，根据有无电流变化和变化大小，可判断出故障的大致方位。

下面对手机出现大电流不开机的情况进行说明。大电流不开机分为以下两种情况。

第一种情况，接上电源就出现大电流漏电故障，引起此故障的原因一般是手机上直接与电池正极相连的元器件损坏、漏电，如电源控制芯片、功率放大器、电源稳压器、场效应管、滤波电容等，其中功率放大器短路较常见。

第二种情况，按开关机键出现大电流反应，引起此故障的原因一般在电源的负载支路上，而损坏的元器件也较多样化，大的元器件如处理器、射频信号处理器、音频信号处理器、存储器等，小的元器件如升压稳压器、滤波电容、电阻等。

电流法检测电源电路的方法如下。

① 按开关机键后电流表指针不动，手机不能开机。这种情况大多出现在开机回路不正常的状态下，此时是开关机键、电池供电、电源电路及相关元器件出现故障。

② 按开关机键后电流表有指示，但不摆动，说明电源控制芯片、处理器等电路已经开始工作，软件程序有故障。

③ 按开关机键后电流达不到预期值，这种情况大多是因为发射通道出现故障。

④ 按开关机键能开机，但松手后关机。对于这种情况，故障多出现在开机维持信号电路。由于开机维持信号由处理器发出，因此，松手关机故障涉及的情况较多，应重点检查处理器、存储器、时钟电路、电源电路、软件等。

任务实施

_____
_____
_____
_____
_____
_____
_____
_____
_____
_____

1. 完成维修任务单的撰写（见任务一）。
2. 以小组为单位制定维修方案，并填写在表 2.2.1 中。

表 2.2.1　维修方案

任务名称		任务起止日期		方案制定日期	
序　号	维修步骤	具体工作内容	所需资料、材料及工具	负　责　人	参　与　人　员
1					
2					
3					
4					
5					

教师审核意见：

_____
_____
_____
_____
_____
_____
_____
_____

评价与分析

根据本任务的执行情况进行自评和教师评价。

自评：

教师评价：

任务三 手机故障维修与验收

学习目标

1. 能够熟练使用手机维修工具拆装手机、使用万用表检测电压、使用稳压电源测试开机电流等。
2. 能够熟练使用防静电恒温焊台、热风枪等工具进行元器件的更换。
3. 能正确查找故障点，分析手机故障原因，并针对故障制定合理的维修方案。
4. 在维修过程中，严格遵守具体操作规范，特别是防静电的相关要求。
5. 能够进行手机功能测试，能对手机系统进行软件重装、升级等操作。
6. 手机故障排除后，能够对手机软/硬件设置进行全面检测，确保组装质量、软件设置合理。
7. 能够进行维修成本核算，并按照验收标准交付，让客户验收，并为客户讲解手机的使用、维护、保养知识。
8. 能够按照现场 6S 管理规范清点与维护工具，整理工作现场。

任务描述

对故障手机进行维修，并与客户沟通，进而交付验收。

任务分析

1. 利用常见手机维修工具进行手机故障维修。
2. 按照验收标准执行交付验收，并为客户讲解手机的使用、维护、保养知识。

知识储备

一、手机维修方法和原则

（一）手机常见维修方法

（1）询问法：当拿到一部故障手机时，应首先询问客户是在什么情况下发生的故障，故障现象是什么，之前是否维修过。针对客户反映的情况及故障现象判断故障发生的位置。例如，对于摔过的手机，应考虑手机芯片虚焊、断点、元器件脱落、电路板断裂等；对于进水的手机，应考虑电源模块损坏，铜箔及引脚生锈、腐蚀、断线；对于被人修过的手机，应注意芯片是否动过或调换过、元器件是否装错等。

（2）直观法：通过先询问，再进行直观检查的方法，可以发现一些故障。例如，摔过的手机外壳有裂痕,重点检查电路板上对应处的元器件有无脱落、断线;手机进水重点检查主板上有无水渍或锈迹,引脚间有无杂物等;按键不正常,重点检查按键点上有无氧化(引起接触不良);用吹气法判断送话器是否正常。

(3)电阻法:平时注意收集手机某些部位的对地电阻值,如电池插座、供电滤波电容、SIM卡座、芯片焊盘、集成电路引脚等对地电阻值。在检修手机时,可根据某点对地电阻值的大小判断故障。例如,某一点对地的正常电阻值是 $10k\Omega$,如果故障手机此点的对地电阻值远大于 $10k\Omega$ 或无穷大,则说明此点已断路;如果对地电阻值为零,则说明此点已对地短路。另外,电阻法还用于判断电路中有无断线,以及元器件质量的好坏。

(4)电压法:正常手机中各点电压是一个固定的数值,一旦手机损坏,故障处的电压值必然发生变化,通过检测电压值是否正常,可以很快找到故障发生部位。如果某处电压为零,则说明供电电路有断路;如果某处电压比正常值低,只要供电正常,就说明负载有问题。另外,在测量电压时,还要注意是连续的直流供电,还是脉动直流供电。

(5)电流法:不同工作状态下的电流基本上是有规律的,如果手机出现故障,那么电流必然发生变化,有经验的维修人员通过不同的电流值可以大致判断出故障部位。如果加电即有几十毫安的电流,则说明与电源正极连接的元器件漏电;若加电后电流大于500mA,则说明CPU/电源/功率放大器/电源滤波电容等元器件被击穿短路。

(6)比较法:有比较才能鉴别,在检修手机时,若认为某些元器件的型号、位置、电压值、电流值或信号波形不正常,则可将其与同型号的正常手机的相同元器件进行比较,如二极管、三极管的位置,电阻、电容是否装错,阻值是否正常,某两点是否连接等,通过比较可很快查出故障。

(7)代替法:当怀疑某个元器件有问题时,可以从正常手机上拆下相同的元器件,进行替换,如果替换后故障排除,则说明原元器件已损坏;如果替换后故障仍然存在,则说明问题不在此元器件,应继续查找。代替法适用于手机中所有的元器件。

(8)温感法:此法常用于小电流漏电或元器件击穿引起的大电流的情况。例如,手机加电即有几十毫安的漏电,虽不影响使用,但电池待机时间大大缩短,在检修时,可提高供电电压,使漏电电流增大,用手或脸、唇等人体热敏感部位查找发热元器件,哪个元器件发热异常,就有可能是损坏了;也可用松香烟熏线路板,使元器件涂上一层白雾,加电后观察,哪个元器件雾层先消失,哪个就是发热元器件。如果手机加电即有 500mA 以上的大电流,则可调低电源电压,使电流不超过 200mA(不扩大故障),通电后用上述方法查找出发热元器件,予以更换。

(9)按压法:用于检修元器件接触不良或虚焊引起的各种故障。例如,当手机不能开机时,怀疑某个芯片虚焊,可对芯片两面适当用力按压,若按压某个芯片时可以开机,则说明此芯片虚焊,补焊即可。

(10)短路法:常用于手边缺少某些元器件时的应急修理。例如,当天线开关、高频放大器前后的滤波器、合路器、功放(功率放大器)等元器件损坏,而手边暂时没有这些元器件时，可直接把输入端和输出端短路（天线开关短路后，手机只能工作在一个频段），若短路后手机恢复正常，则说明该元器件损坏。

（11）断路法：对怀疑的电路进行断开分离，若断开后故障消失，则说明问题就在断开的电路上。例如，在加电出现大电流时，功放是直接采用电源供电的，此时可取下供电支路电感或电阻，如果不再出现大电流，则说明功放已击穿损坏。再如，不装SIM卡时手机有信号，装卡后无信号，怀疑功放有问题，此时同样可断开功放供电电路或功放的输入通路，若有信号，则证明功放已损坏。

（12）悬空法：主要用于检修手机的供电电路有无断路，简单实用，方便快捷。该方法的具体过程是：将维修电源的正极接到手机的地端（负极），维修电源的负极和手机的正极悬空不用，将维修电源的正极加到电路中所有能通过直流电的电路上，此时，用示波器或万用表的地端与维修电源的地端连接，测怀疑有断路的部位，若电压不为零，则说明没有断路；如果电压为零，就是有断路（或空点）。

（13）清洗法：手机进水或长时间使用进入灰尘，使元器件之间的绝缘电阻减小而造成一些故障，此时可用超声波清洗仪进行清洗。例如，三星手机出现"系统失败请与系统服务商联系"的提示时，大多是由尾插与外部设备连接的时钟、数据传输线上的元器件漏电或短路引起的，可先清洗尾插部分，若提示消失，则可不用进行其他操作；否则，可替换这些元器件。若因氧化引起按键失灵，则不用进行其他操作，可用天那水或无水酒精擦洗。

（14）波形法：手机正常工作时，电路在不同的工作状态下的信号波形是不同的。在检修故障时，用示波器检测信号波形是否正常，很快可判断出故障发生的部位。当检测不到信号时，先检测有无正常的接收基带信号，用来判断是射频电路还是逻辑电路的问题，若有正常的接收基带信号，则说明射频电路正常，问题出在逻辑电路中；在检修不发射故障时，同样可以检测有无正常的发射基带信号，以此来判断故障部位是逻辑电路还是射频电路。

（15）信号法：常用于检修手机射频电路，用信号发生器输入固定频率的信号，检测信号通路上有无正常的波形数据，以此来判断故障部位。例如，用导线在电源线上绕几圈，利用感应信号碰触手机的天线，检测接收通道上有无杂波，以此来判断故障。对于摩托罗拉手机，也可用测试卡或检修仪载入测试功能，检测手机的接收、发射等功能是否正常，还可以进入发射状态进行发射电路的检修。

（16）软件法：对于由供电电压不稳定、吹焊存储器时温度不当、软件程序本身问题、存储器本身性能不良使软件资料丢失或错乱而导致的不开机、无网络或其他软件故障，通常用免拆机维修仪重写软件资料来解决，若不联机，则可拆下字库芯片或码片，使用编程器编程，如果出现写不进或显示字库芯片损坏的现象，则说明存储器本身损坏。

（17）补焊法：手机在使用过程中出现虚焊或接触不良，引起多种故障，通过用放大镜观察或按压法判断出故障部位，进行补焊以解决问题。

（18）飞线法：在手机被摔或拆卸带有封胶的芯片时，焊盘掉点是经常发生的，除空点外,有用的掉点要通过连飞线来解决,通常是将与该点相连的引线或元器件用细漆包线连接后,在焊盘的掉点处用镊子把去掉绝缘的引线头弯成焊点大小的圆圈,用绿油把引线固定,在紫光灯(常用紫光灯验钞器)下烤 5min 左右即可。芯片以外的断线同样可以用连飞线的方法解决。

(19)天线法:在检修射频电路故障时,用长度在 10cm 左右的导线或锡丝、镊子、示波器探头作为假天线,分别连接在信号通路的输入端和输出端。如果在某元器件的输入端接上假天线后,手机正常工作,则说明假天线以后的电路正常;把假天线移到此元器件的输出端,如果手机不能正常工作,则说明问题出在此元器件上。

(20)调整法:对于由发射信号过强引起的发射关机,发射信号过弱引起的发射复位、重拨等故障,检修或更换功放、功率控制电路无效果,可适当调整相关电路中元器件的数值,从而达到修复目的。

(21)区分法:在检修因控制信号或供电电路不正常引起的故障时,可根据控制信号或供电电压的数值,把电路中相同的直流电压引过来,进行故障区域的区分。若加电后电路可以正常工作,则说明受控电路正常,问题出在控制信号或供电电路中;如果加电后电路仍不正常,则问题出在受控电路中。

(22)分析法:只有了解了手机的结构和工作原理,才能根据发生故障的现象进行分析、判断,很快找到故障部位。如果不懂手机的工作原理,全靠记忆和经验维修手机,对故障不会分析和判断,跳不出"一吹、二洗、三搬家"的圈子,那么可能会走不少弯路。

(23)综合法:任何事情都是熟能生巧的,维修手机也不例外。手机故障不是在硬件部分就是在软件部分,只要了解了手机的结构和工作原理,会分析和判断,综合运用多种维修技巧,配合相应的维修工具,修复手机故障也不是一件非常困难的事。

(二)手机常见维修原则

1. 清洁手机

现在手机发生故障有很多原因,其中一种原因就是使用环境太差,导致手机进水,或者手机里吸附了太多的灰尘,使电路板出现故障,如果是这些故障的话,那么往往会出现很复杂的表现,在进行维修的时候,没有办法进行正确的判断,因此,在维修之前,一定要先清洁好手机,确认不是这些原因导致的手机故障,这样能够大大减少工作量。如果在清洁完手机之后,手机还有故障,就要进行排查了。

2. 由外到内检查手机

在检查手机的时候,先从手机外部开始,再逐步深入内部:先检查一下手机的菜单是不是已经被人为地修改过了,有时候菜单的简单修改也有可能发生很大的问题,如果菜单没有问题,就需要检查一下电池、显示屏和卡座等有没有问题,在这些部位都确认正常的情况下,还需要仔细地观察,看手机的电路板有没有故障,因为手机电路板是高密度多层板，若有故障，很难检查出来，此时一定要认真地看。

3．补焊

现在手机的构造都比较特殊，虚焊已经是手机的通病了，特别是摔过的手机，有可能由于摔的力度太大而使手机里的很多零部件脱焊。

4．由静到动进行维修

静其实就是要先在手机不通电的情况下检查手机各部分接触是否良好，如果元器件有损坏，就要更换；而动就是要让手机通电，看它在工作状态下有哪些问题，一定不要盲目通电，不然有可能让故障扩大。手机的电源是整部手机的能量供应中心，在很多情况下，手机出现故障都是由于供电不够通畅导致的，在这种情况下，一定要仔细检查手机的电路，看能否正常供电，如果可以正常供电，就需要检查手机的其他问题，如不能够上网、不能够识别 SIM 卡等。

5．从简单到复杂

有很多人在参加手机维修培训时都会发现，手机出现故障往往不是单个原因导致的，而是多方面的原因导致的，因此，在维修的时候一定要认真对手机进行检测，先修好那些简单的故障，再找其他的故障原因。如果经过了上述步骤还找不到故障原因，那么可能是因为导致手机出现的故障的原因太复杂了，这时候就需要进一步认真地检查了。

二、手机维修常用工具

（一）焊台和热风枪

手机维修中使用最多的焊接设备是焊台和热风枪，有些特殊的场合还需要使用红外焊接设备。焊台和热风枪的使用是手机维修工程师必须掌握的基本技能之一。

1．防静电恒温焊台

防静电恒温焊台是手机等精密电子产品维修专用设备，其特点是防静电、恒温，而且温度可调，一般温度能在 200～480℃内可调。焊台手柄可进行更换和拆卸，方便手机维修的需要。常用防静电恒温焊台如图 2.3.1（a）所示。

2．热风枪

热风枪的手柄内部有一圈电热丝，主机内部有气泵和控制电路，通过导管将电热丝产生的热量以风为载体送出。在风枪口有一个传感器，对吹出的热风温度进行取样，将热能转换成电信号送到控制电路，以此来实现热风的恒温控制和温度显示。常用热风枪如图 2.3.1（b）所示。

热风枪面板右侧有一个风速调节按键，可以使风枪口输出的风速增大或减小。在同一温度（指设定温度）下，风速越小，风枪口送出的实际温度就越高；反之就越低。

热风枪面板左侧是温度调节按键，可调范围为100~480℃，可以改变热风枪输出的温度；面板中间有一个显示屏，显示的是设定温度、当前风枪口送出的实际温度和风速。

（a）防静电恒温焊台

（b）热风枪

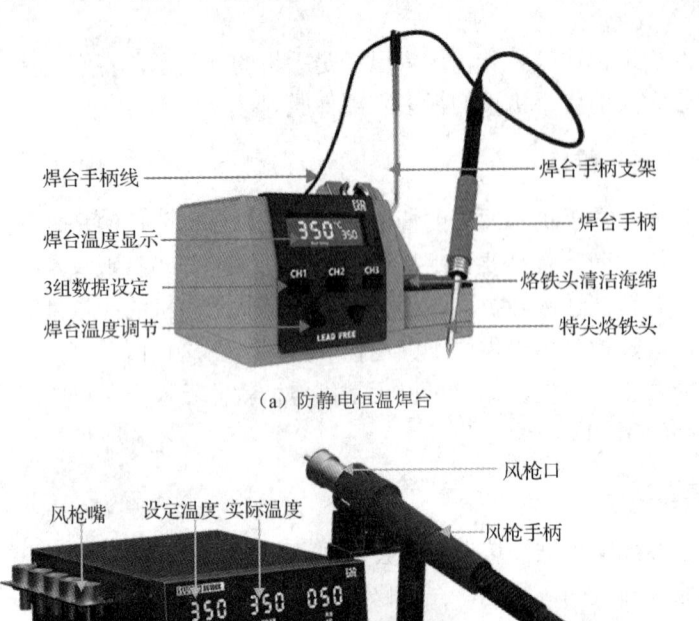

图2.3.1 常用防静电恒温焊台和热风枪

（二）焊接辅料

1. 焊锡丝

焊锡丝是由合金和助焊剂两部分组成的，合金成分一般为锡铅，是将助焊剂均匀地灌注到合金中间部位制成的。焊锡丝易熔，用于将元器件引线与印制电路板的连接点连接在一起。

锡（Sn）是一种质地柔软、延展性好的银白色金属，熔点约为232℃，常温下化学性质稳定，不易氧化，抗大气腐蚀能力强；铅（Pb）是一种较软的蓝灰色金属，熔点约为327℃，高纯度的铅耐大气腐蚀能力强，化学稳定性好，但对人体有害。

在锡中加入一定比例的铅和少量其他金属可制成熔点低、流动性好、对元器件和导线的附着力强、机械强度高、导电性好、不易氧化、抗腐蚀性好、焊点光亮美观的焊接辅料。

在手机维修中，一般选用Sn63Pb37（锡63%，铅37%）、截面直径为0.5mm的焊锡丝，这种焊锡丝的熔点为183℃，其内含有助焊剂。使用这种焊锡丝，焊接之后的残留物极少且具有相当高的绝缘阻抗，即使免洗也能拥有极高的可靠性。

2．助焊剂

助焊剂是在焊接工艺中促进焊接过程，同时具有保护作用、阻止氧化反应的化学物质，可减小熔融焊锡的表面张力，有利于焊锡的浸润。助焊剂可分为固体、液体和气体3类。

在手机维修中，使用最多的是固体助焊剂，这是一种黄色固态的膏体，根据焊接环境的不同分为有铅助焊剂和无铅助焊剂。常用助焊剂如图2.3.2（a）所示。

3．阻焊剂（绿油）

阻焊剂用于将焊料限制在需要的焊接区域。把不需要焊接的区域用阻焊剂覆盖起来，可保护印制电路板，使其在焊接时受到的热冲击小，不易起泡，同时防止桥接、拉尖、短路、虚焊等情况的发生。阻焊剂采用的是一种永久黏合的树脂基配方，通常为绿色。

在使用阻焊剂时，必须根据被焊件的面积大小和表面状态适量施用，用量过少会影响焊接质量；用量过多，残渣将会腐蚀元器件或使印制电路板的绝缘性能变差。常用阻焊剂如图2.3.2（b）所示。

4．锡浆

锡浆是将金属锡磨成很细的粉末，加上助焊剂制成的泥状物。锡浆按照温度分为低温锡浆、中温锡浆、高温锡浆。

低温锡浆的熔点为138℃，当贴片元器件无法承受200℃及以上的高温时，常使用低温锡浆焊接，其主要成分为锡铋合金。例如，在焊接手机主板排线或尾插时，可以将中温锡浆和低温锡浆混合使用，同时使用高温胶带保护好周围元器件，控制好热风枪温度和焊接时间。

中温锡浆的熔点在183℃左右，其合金成分为锡、银、铋等，锡粉颗粒度为25～45μm，主要用于焊接不能承受高温的元器件。对于电子产品元器件的焊接，特别是手机不能承受高温的主板元器件的焊接，控制好热风枪的温度及印制电路板的散热很重要，尤其在更换焊接排线、排线座时，锡浆与助焊剂的合理配合能够使焊接达到事半功倍的效果。

高温锡浆的熔点为210～227℃，其合金成分为锡、银、铜等，这些金属被研磨成微米级别的小颗粒，配合助焊剂、表面活性剂、触变剂等，按照一定比例混合制成锡浆。建议使用不含铅的锡浆，这样既有利于自己的身体健康又不会污染周围的环境。

高温锡浆的可靠性较高，焊接的元器件不容易脱焊，但是焊接难度较大，需要特殊设备配合才能完成。一般电子产品中特别重要的元器件使用高温锡浆焊接，此类元器件的周围还会使用密封胶加固，如应用处理器、内存、硬盘芯片等。在给BGA芯片植锡制作锡球时，切勿使用高温或低温锡浆，推荐使用中温锡浆。常用锡浆如图2.3.2（c）所示。

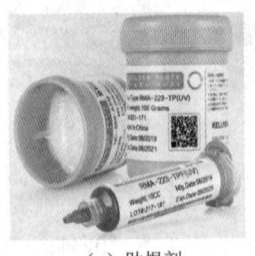

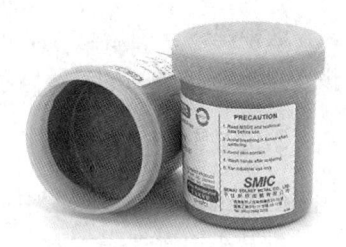

(a) 助焊剂　　　　　　　(b) 阻焊剂　　　　　　　(c) 锡浆

图2.3.2　常用助焊剂、阻焊剂和锡浆

（三）直流稳压电源

在手机维修工作中，直流稳压电源是必不可少的维修设备之一。它代替电池为手机供电，通过其上的电流表还可以方便地观察手机工作电流，为快速判断手机故障提供便利。

下面以速工3005直流稳压电源为例进行介绍。直流稳压电源功能如图2.3.3（a）所示，直流稳压电源面板功能如图2.3.3（b）所示。

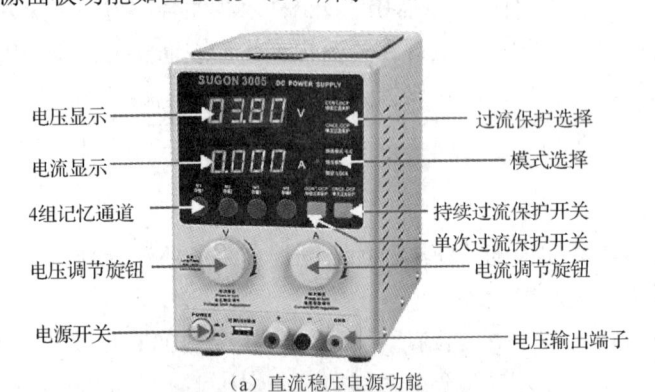

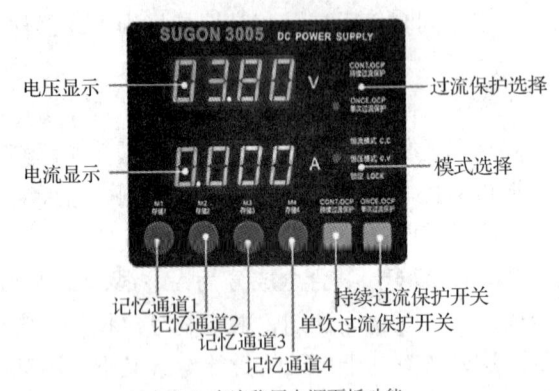

(a) 直流稳压电源功能

(b) 直流稳压电源面板功能

图2.3.3　速工3005直流稳压电源

速工3005直流稳压电源采用4位数字高清液晶显示，其中，电压显示部分用于显示直流稳压电源输出电压值；电流显示部分用于显示手机开机及工作时的电流值，有经验的工程师通过观察电流表示数就可以判定故障部位。速工3005直流稳压电源拥有4组记忆通道，可同时存储电压、电流或持续过流保护和单次过流保护设置。电压调节旋钮是多级调节旋钮，可快速精准地调整输出电压值，单次按下该旋钮可对电压位移进行精确调节，长按该旋钮可锁定/解锁输出电压值。电流调节旋钮也是多级调节旋钮，可快速旋转而精准调节输出电流值，单次按下该旋钮可进行电流精确调节。速工 3005 直流稳压电源有单独的 USB 输出接口，可调节电源的电流进行 USB 输出，可充当移动电源使用。

电压输出端子用来输出直流电压：红色为正极，黑色为负极。在手机维修中，一般会使用配套的电池卡扣，直接将直流稳压电源输出的电压接到电池卡扣上，使用时，将电池卡扣直接扣到主板电池卡扣位置就可以代替电池为手机供电。

（四）万用表

万用表又称为复用表、多用表、三用表、繁用表等，是电力电子等部门不可缺少的测量仪表，一般以测量电压、电流和电阻为主。万用表按显示方式可分为指针万用表和数字万用表。它是一种多功能、多量程的测量仪表，一般可测量直流电流、直流电压、交流电流、交流电压、电阻和音频电平等，有的还可以测量电容量、电感量及半导体的一些参数等。

万用表由表头、测量电路及转换开关 3 个主要部分组成，依工作原理可分为模拟万用表和数字万用表两种，数字万用表现已成为主流。与模拟万用表相比，数字万用表的灵敏度高、精确度高、显示清晰、过载能力强、便于携带、使用也更方便简单。常见数字万用表的结构如图 2.3.4 所示。

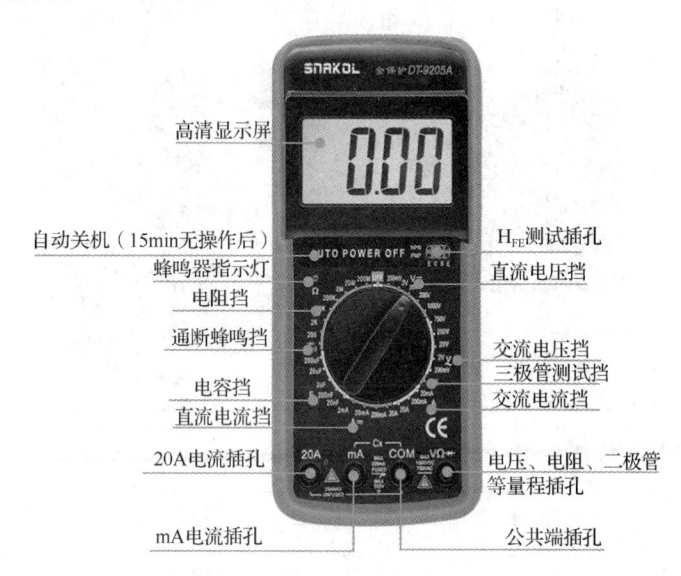

图 2.3.4　常用数字万用表的结构

（1）使用前应熟悉万用表的各项功能，根据被测量的对象，正确选用挡位、量程及表笔插孔。

（2）当被测数据大小不明时，应先将量程开关置于最大值处，而后由大量程向小量程切换。

(3）在测量某电路电阻时，必须切断被测电路的电源，不得带电测量。

(4）在使用万用表进行测量时，要注意人身和仪表设备的安全，测试中不得用手触摸表笔的金属部分，不允许带电切换挡位开关，以确保测量准确，避免发生触电和烧毁仪表等事故。

（五）数字示波器

示波器是利用数据采集、A/D 转换、软件编程等一系列技术制造的高性能产品。示波器也分为模拟示波器和数字示波器两种，现在使用比较广泛的是数字示波器。数字示波器一般支持多级菜单，能提供给用户多种选择，有多种分析功能。还有一些数字示波器可以提供存储功能，实现对波形的保存和处理。常见数字示波器的结构如图 2.3.5 所示。

数字示波器的使用方法如下。

先将信号接入数字示波器，注意：接入信号的幅值不要超过数字示波器的量程。操作时应注意以下几点。

(1）数字示波器的两个按键。

AUTO：自动设置功能，用于调节各种控制值，以产生适宜观察的输入信号显示。

RUN/STOP（运行/停止）：数字示波器正在采集触发后的信息/数字示波器已停止采集波形数据。

(2）信号显示控制。

水平控制旋钮 Horizontal 的操作：该旋钮可改变水平刻度和波形位置。屏幕水平方向的中心是波形的时间参考点，左右旋动该旋钮按键，波形左右移动。

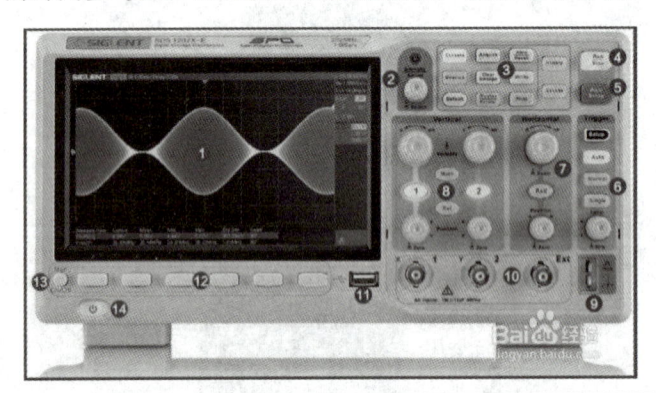

编号	说明	编号	说明
①	屏幕显示区	⑧	垂直通道控制区
②	多功能旋钮	⑨	补偿信号输出端/接地端
③	常用功能区	⑩	模拟通道和外触发输入端
④	运行/停止	⑪	USB Host 端口
⑤	自动设置	⑫	菜单软键
⑥	触发控制系统	⑬	Menu On/Off 软键
⑦	水平控制系统	⑭	电源软开关

（a）前面板

图 2.3.5 常见数字示波器的结构

① 手柄。
垂直拉起该手柄，可方便提携设备。当不需要时，向下轻按即可。
② 锁孔。
可以使用安全锁通过该锁孔将设备锁在固定位置。
③ LAN 接口。
通过该接口将设备连接到网络中，对其进行远程控制。
④ Pass/Fail 或 Trig Out 输出接口。
当数字示波器产生一次触发时，可通过该接口输出一个反映数字示波器当前捕获率的信号，或者输出 Pass/Fail 检测脉冲。
⑤ USB Device。
该接口可用于连接计算机，通过上位机软件对数字示波器进行控制。

(b) 后面板

图 2.3.5 常见数字示波器的结构（续）

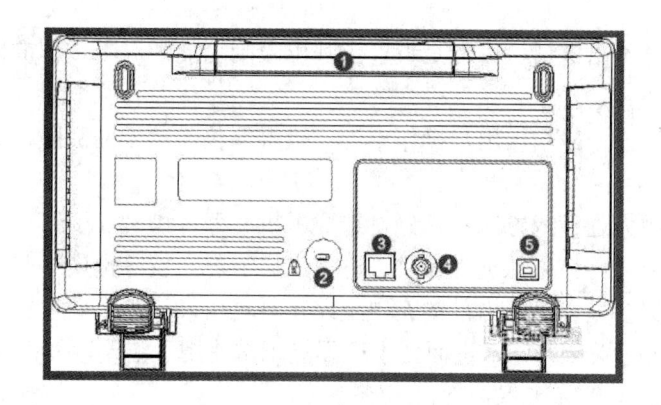

垂直控制旋钮的操作：显示波形，调节垂直标尺和位置，以及设定输入参数，每个通道都需要单独调节，通过调节该旋钮，可使波形上下移动。

（3）触发模式。

"触发"就是使数字示波器的扫描与被观测信号同步，从而显示稳定的波形。数字示波器的基本触发模式有 3 种：自动模式（Auto）、正常模式/常规模式（Norm）、单次模式（Single）。

在自动模式下，不论是否满足触发条件，数字示波器都会扫描，在屏幕上都可以看到有变化的扫描线，这是这种模式的特点。在正常模式/常规模式下，只有当满足触发条件时，数字示波器才扫描，如果没有触发，就不扫描。在单次模式下，扫描一旦产生并完成，数字示波器的扫描系统即进入休止状态，即使后面再有满足触发条件的信号出现，也不再扫描。

三、常见故障举例

（一）故障分类

1. 引起手机故障的原因

（1）菜单设置有误：严格地说，这并不是故障。例如，无来电反应，可能是机主设置了呼叫转移；打不出电话，可能是设置了呼出限制功能。对于类似的问题，可先采用总复位来尝试解决。

（2）使用不当：一般指因用户操作不当、错误调整而造成的故障，比较常见的有如下几种。

由于操作时用力过猛或方法不正确，造成手机元器件破裂、变形，以及由于模块引脚脱焊等造成的故障。另外，机壳摔裂、进水、显示屏断裂等也属于此类故障。

用劣质充电器会损坏手机内部的充电电路，甚至引发事故；对手机菜单进行非法操作，使某些功能处于关闭状态，进而使手机不能正常使用；错误输入密码导致 SIM 卡被锁后，盲目尝试造成 SIM 卡保护性自闭锁。

常见故障手机如图 2.3.6 所示。

图 2.3.6　常见故障手机

手机是非常精密的高科技电子产品，应当在干燥、温度适宜的环境下使用和存放，否则，就可能使手机发生故障。

有些手机是经过拼装、改装而成的，质量不太好；有的手机虽然也是数字手机，但并不符合 GSM 规范，无法长期正常使用。

2．常见手机故障分类

（1）手机完全不工作，其中包括不能开机，即接上电源后，按下手机开关机键无任何反应，可能为供电、充电及电源部分故障。

（2）手机不能正常开机，即按下手机开关机键后能检测到电流，但无开关机正常提示信息，如按键照明灯、显示屏照明灯全亮，显示屏显示启动信息，振铃器有开机后自检通过的提示音等，这可能为手机软件故障。

（3）手机能正常开机，但有部分功能无法使用，如按键失灵、显示不正常、无声、不送话等，这可能为手机收发部分故障。

这 3 类故障之间有着千丝万缕的联系。例如，手机软件影响电源供电系统、收发通路锁相环电路、发射功率等级控制、收发通路分时同步控制等，而收发通路的参考晶体振荡器又为手机软件工作提供运行时钟信号。

（二）常见故障维修流程

1．手机按键故障

手机按键故障参考维修流程如图 2.3.7 所示。

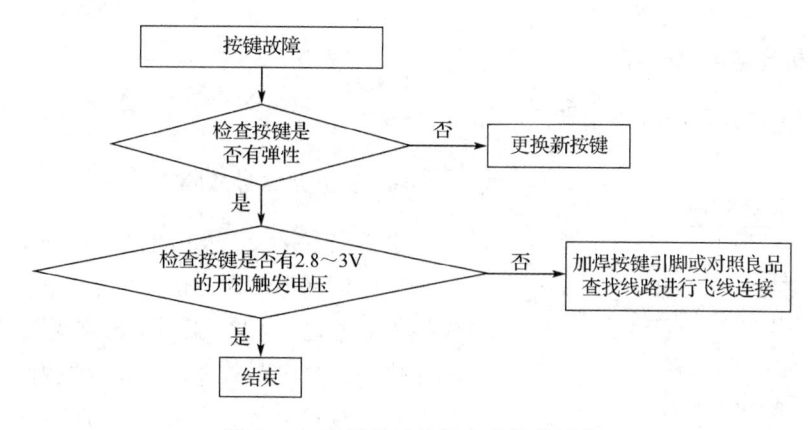

图 2.3.7　手机按键故障参考维修流程

2. 手机软件故障

手机在使用过程中，有时会由于中病毒、软件故障、刷机失败等导致不能正常工作，在这种情况下，一般可以通过强制升级来使手机恢复正常工作。

小提示：

不是所有的手机异常都能通过强制升级进行修复，如某些硬件损坏故障只能依靠更换元器件等方法来解决。

一般来说，手机生产厂商的手机都配备有专门的升级和刷机软件来实现手机的软件维护功能。

3. 手机蓝牙或 Wi-Fi 故障

手机蓝牙或 Wi-Fi 故障参考维修流程如图 2.3.8 所示。

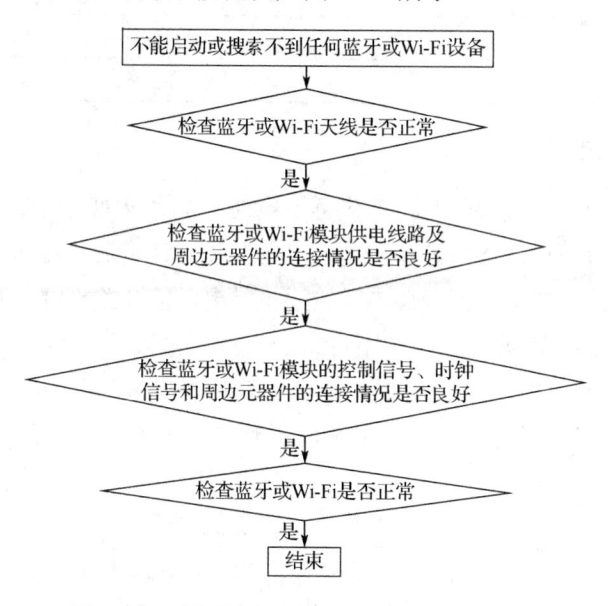

图 2.3.8　手机蓝牙或 Wi-Fi 故障参考维修流程

4. 手机充电电路故障

手机充电电路故障维修参考流程如图 2.3.9 所示。

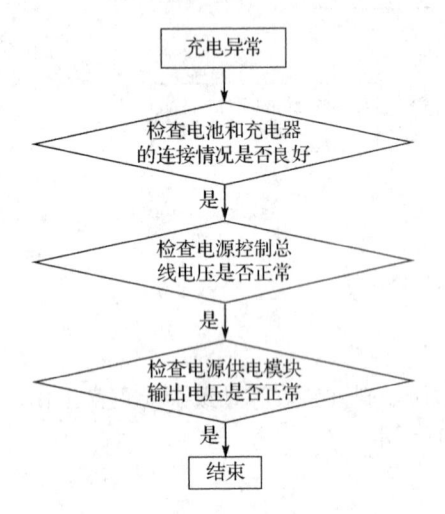

图 2.3.9 手机充电电路故障维修参考流程

5. 手机无信号故障

手机只有接收、发射电路都正常，才能注册到移动通信网络实现通信，而且手机工作时一般先接收后发送，因此，当手机出现无信号故障时，应先排除接收电路故障，再排除发射电路故障。一般判定接收电路是否正常的方法有：通过观察手机有无场强信号来判定，如果有场强信号，则接收正常（有些手机不插 SIM 卡时不显示场强信号）；通过观察手机有无接收电流来判定，如果有接收电流，则接收电路良好；进入"网络选择"菜单中的"手动搜网"，进行手动搜索，若能搜索到注册网络，则说明接收电路良好。手机无信号故障维修思路如表 2.3.1 所示。

表 2.3.1 手机无信号故障维修思路

故 障 现 象	故 障 原 因
无接收信号	接收电路元器件故障或 CPU 故障
信号差	接收电路总的元器件衰减大
无发射信号	功放、发射本振电路（TX-VCO）的中频放大器故障
发射信号弱	功放故障
收发信号全无	接收和发射电路的公共部分故障

6. 手机不开机故障

（1）当手机出现不开机故障时，应先拆下电池，检查电池引脚是否接错，再检查电池是否已损坏。在拆下电池接直流稳压电源之前，先确认直流稳压电源输出电压是否为电池标称电压值；然后接上直流稳压电源给手机供电，按开关机键，看能否开机。

（2）排除由电池损坏或引脚接触不良引起不开机故障后，利用直流稳压电源上的电流表观察电流的变化情况（当出现大电流时，应马上断电以免扩大故障范围），可能出现的故障现象有电流为零、电流正常但不开机或电流异常等。手机不开机故障维修参考流程如图 2.3.10 所示。

（3）手机不开机故障的常见现象及原因如表 2.3.2 所示。

(a)

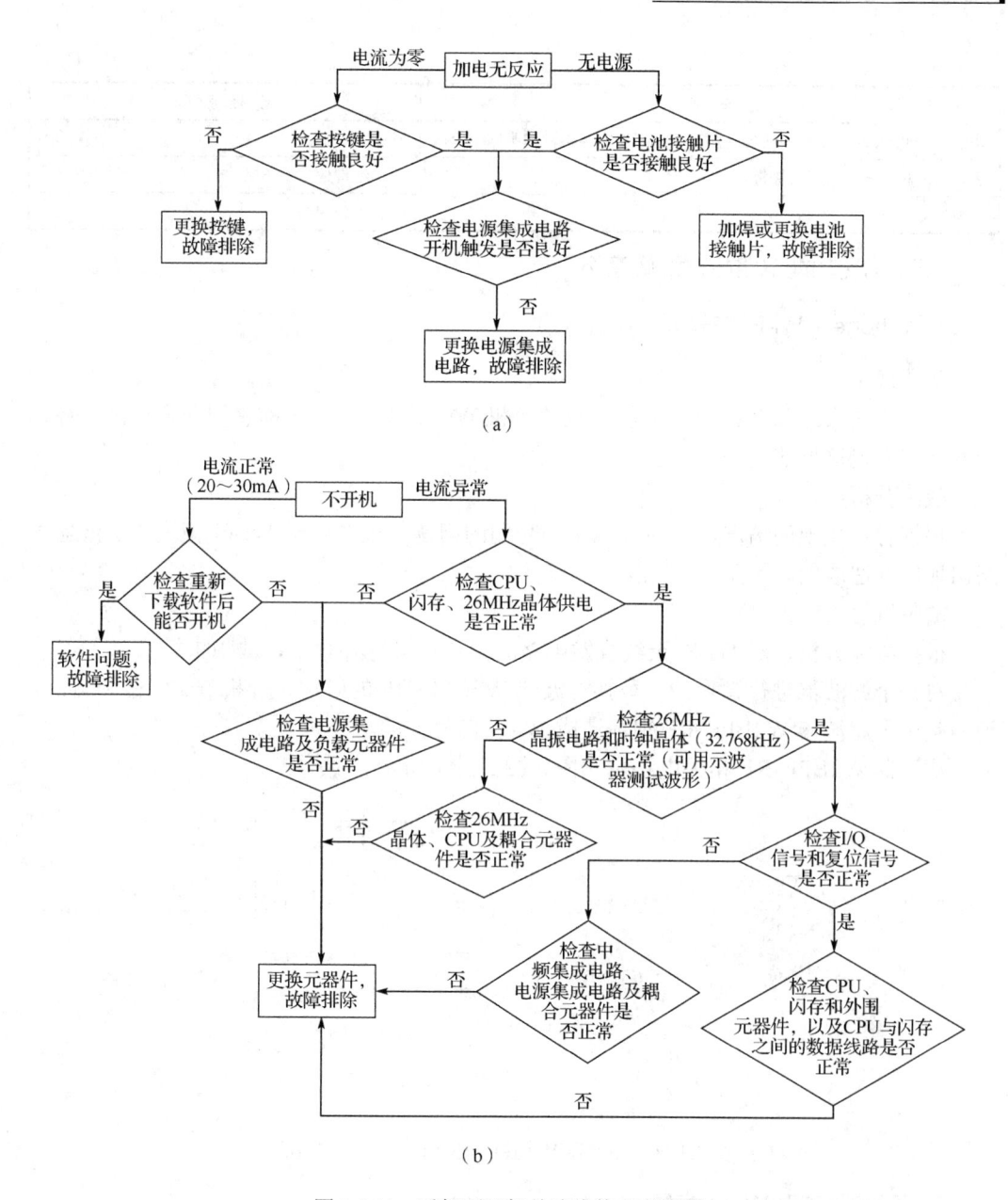

(b)

图 2.3.10 手机不开机故障维修参考流程

表 2.3.2 手机不开机故障的常见现象及原因

故 障 现 象	故 障 原 因
手机漏电	元器件漏电、电源漏电、电路板污损
无电流反应	电源电路不工作
电流偏大	元器件损坏
电流偏小（小于 20mA）	电源集成电路损坏
电流正常（约 50mA）但仍无法开机	时钟信号异常

续表

故 障 现 象	故 障 原 因
电流在 100mA 左右定格，或者回落至 10mA 左右定格，但不回零	软件故障
手机可开机，但一松手就关机	开机维持信号不正常
开机困难	开关机键污损

（三）常见功能电路故障维修案例

1. iPhone 7 Wi-Fi 信号弱

故障现象：

某客户送来一部 iPhone 7 手机，反映手机 Wi-Fi 信号弱，之前使用一直正常，摔过一次后就出现这样的问题了。

故障分析：

根据客户反映的情况，出现 Wi-Fi 信号弱的问题一般是由于 Wi-Fi 模块的滤波器电路出现问题造成的。

故障维修：

根据故障分析，对 Wi-Fi 天线收发电路的元器件进行补焊后，故障未排除。

对几个滤波器进行替换，在替换滤波器 W2BPF_RF 的时候，开机测试，故障排除，说明是由于滤波器 W2BPF_RF 损坏造成 Wi-Fi 信号弱的。

滤波器 W2BPF_RF 相关电路示意图如图 2.3.11 所示。

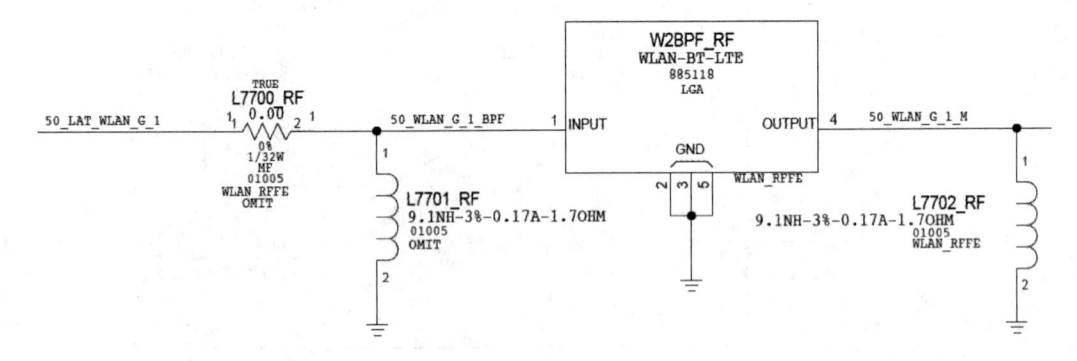

图 2.3.11　滤波器 W2BPF_RF 相关电路示意图

2. iPhone 7 无 Wi-Fi 信号

故障现象：

某客户送修一部 iPhone 7 手机，之前一直正常使用，突然就出现了无 Wi-Fi 信号的问题，手机没有进水，也没有摔过（Wi-Fi 功能无法启用，菜单选项是灰色的，其他功能正常）。

故障分析：

根据客户反映的问题，因为之前一直正常使用，无进水、摔过问题，所以分析认为可能是电路工作条件不满足，从而出现了问题。

故障维修：

使用万用表分别测量 WLAN_RF 的供电电压、C7601_RF 上的 PP1V8_SDRAM 电压、C7602_RF 上的 PP_VDD_MAIN 电压，结果均正常。

在测量 C7604_RF 上的电压的时候，用万用表表笔拨动 L7600_RF，发现其松动，仔细观察发现已经断裂。L7600_RF 为 WLAN_RF 内部 LDO 电路的滤波电感，如果开路，则会出现供电不正常现象。

更换 L7600_RF 以后，开机测试 Wi-Fi 功能正常。

L7600_RF 相关电路示意图如图 2.3.12 所示。

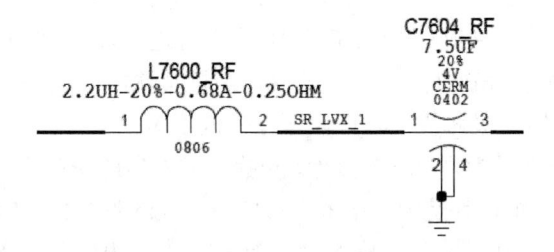

图 2.3.12　L7600_RF 相关电路示意图

3．iPhone 7 手机的 NFC 功能失效

故障现象：

某客户送修一部 iPhone 7 手机，反映 NFC 功能无法使用，开始以为是设置问题，但经反复操作后，该功能仍无法使用。

故障分析：

根据客户反映的问题，分析认为，故障应该出在 NFC 电路中，首先检查 NFC 电路供电、控制信号是否正常。

故障维修：

拆机后仔细观察手机主板，未发现有进水、摔过现象；检查各路供电，发现 SE2LDO_RF 无输出电压；检查发现输入电压 PP_VDD_MAIN 及控制信号均正常，更换 SE2LDO_RF 后，开机测试 NFC 功能正常。

SE2LDO_RF 相关电路示意图如图 2.3.13 所示。

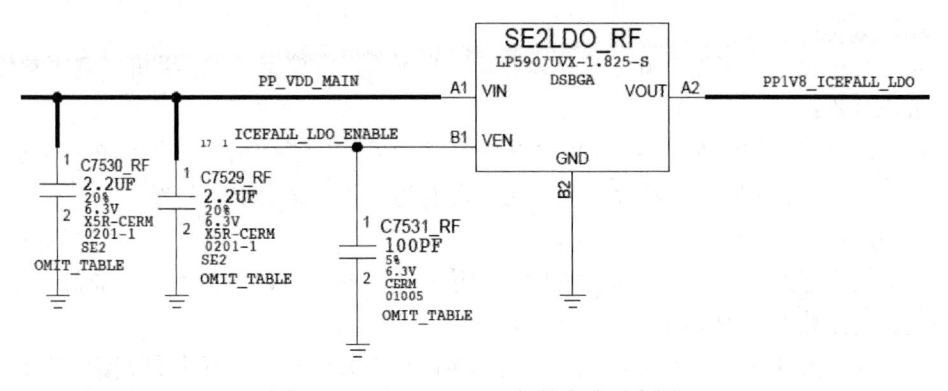

图 2.3.13　SE2LDO_RF 相关电路示意图

4．iPhone 7 手机 NFC 短路引起大电流

故障现象：

某客户送修一部 iPhone 7 手机，反映手机轻微进水后发烫，之后没有继续使用，现送来维修。

故障分析：

根据客服反映的问题，分析认为，故障应该出在供电电路上，首先检查各功能电路供电是否正常，重点检查是否存在进水痕迹。

故障维修：

拆机后仔细观察手机主板，发现 NFC_RF 附近有进水痕迹，加电开机，电流在 500mA 以上，检查过程中发现 NFBST_RF 芯片烫手，测量其输出电压为 1.1V（正常应为 5V）；测量 C7517_RF 的对地二极体值，发现比正常值低很多。

更换 NFBST_RF 芯片后，故障未排除，更换电容 C7517_RF 后故障排除，测量发现电容 C7517_RF 短路，分析认为是由于电容 C7517_RF 短路造成 NFBST_RF 芯片发烫的。

NFBST_RF 芯片是升压电路，输入电压为 3.7V，输出电压为 5V，用来给 NFC_RF 芯片供电。

NFBST_RF 芯片相关电路示意图如图 2.3.14 所示。

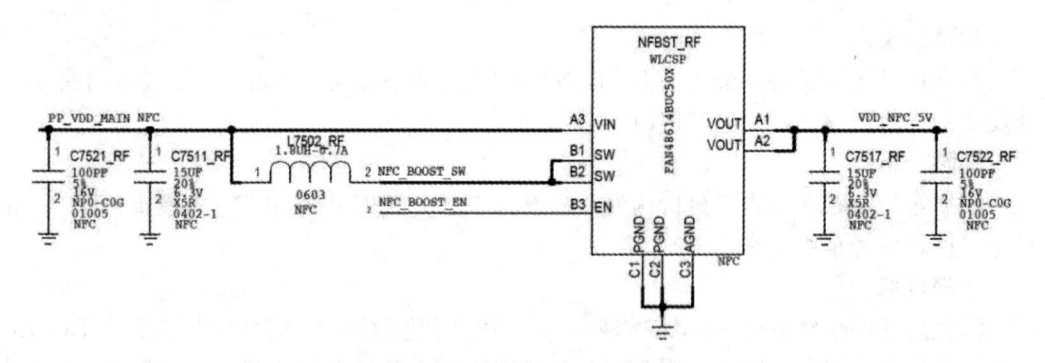

图 2.3.14　NFBST_RF 芯片相关电路示意图

5．华为 P30 手机蓝牙功能故障

故障现象：

某客户送修一部华为 P30 手机，其蓝牙功能无法正常使用，之前手机一直正常使用。

故障分析：

根据客户反映的问题，检查发现 Wi-Fi 功能也无法正常使用，在华为 P30 手机中，蓝牙和 Wi-Fi 功能由同一个芯片控制，因此可能是公共电路出现了问题。

故障维修：

拆机检查蓝牙电路周围，未发现明显的进水、维修痕迹，主板看起来非常干净，分别测量天线回路、时钟电路，未发现异常。

检查各路供电电压，也正常，更换蓝牙/Wi-Fi 模块 U5100 后，开机测试蓝牙功能正常。

蓝牙/Wi-Fi 模块 U5100 的位置如图 2.3.15 所示。

图 2.3.15　蓝牙/Wi-Fi 模块 U5100 的位置

6．华为 P30 手机 GPS 功能失灵

故障现象：

某客户送来一部华为 P30 手机，称 GPS 功能失灵，无法正常使用，平时不怎么用，也不知道什么时候出现的问题。

故障分析：

GPS 电路和蓝牙、Wi-Fi 电路均由同一个芯片控制，首先测试蓝牙和 Wi-Fi 功能，均正常，因此应该是 GPS 信号接收电路出现了问题。

故障维修：

拆机后分别检查 GPS 信号接收电路元器件，发现滤波器 Z5403 焊盘脱落，短接后，开机测试 GPS 功能正常。

GPS 信号接收电路如图 2.3.16 所示。

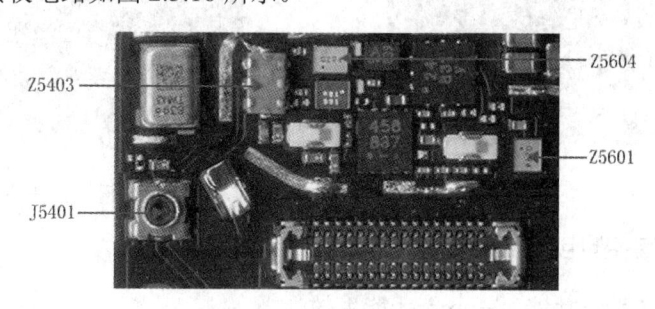

图 2.3.16　GPS 信号接收电路

7．华为 P30 手机闪光灯故障

故障现象：

某客户送来一部华为 P30 手机，手机闪光灯不工作，拍照时没有任何反应，之前一直正常使用，没有磕碰过，也没有进水。

故障分析：

闪光灯电路相对比较简单，主要检查闪光灯、驱动芯片、供电电压、控制信号等是否正常。

故障维修：

单独给闪光灯芯片 J1902 加电，闪光灯能够正常点亮，怀疑驱动芯片有问题，检查驱动芯片 U1901 的供电电压，正常，更换一个驱动芯片后，开机测试闪光灯功能正常。

闪光灯电路如图 2.3.17 所示。

8. iPhone XS Max 手机后置摄像头失灵，广角和长焦功能都无法使用

故障现象：

某客户送来一部 iPhone XS Max 手机，后置摄像头失灵，广角和长焦功能都无法使用，手机没有维修过。

故障分析：

根据客户反映的情况，分析认为后置摄像头组件出现问题，主板摄像头电路异常，考虑先替换后置摄像头组件。

故障维修：

替换后置摄像头组件后，故障仍然存在，说明故障不是由后置摄像头组件引起的。使用万用表分别测量摄像头接口 J3900 对地二极体值，发现 27 引脚、28 引脚的对地二极体值为无穷大，这两个引脚为 1.1V 供电引脚，检查外围电路元器件，发现摄像头接口 J3900 附近一个电感开路，更换后摄像头功能正常。

摄像头接口 J3900 的位置如图 2.3.18 所示。

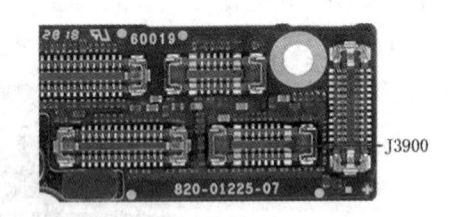

图 2.3.17　闪光灯电路　　　　图 2.3.18　摄像头接口 J3900 的位置

（四）常见传感器电路故障维修案例

1. iPhone 7 指纹功能、Home 功能失效

故障现象：

某客户送修一部 iPhone 7 手机，故障现象为指纹功能、Home 功能失效，手机摔过以后就出现这个问题了。

故障分析：

出现指纹功能、Home 功能失效现象，可能是它们的公共电路部分出现了问题，考虑先检查指纹接口 J3801。

故障维修：

检查指纹接口 J3801，发现其松动，补焊后，使用万用表的二极管挡分别测量各个触

点的对地二极体值，发现均正常。开机测试，手机各功能正常。

指纹接口 J3801 各引脚如图 2.3.19 所示。

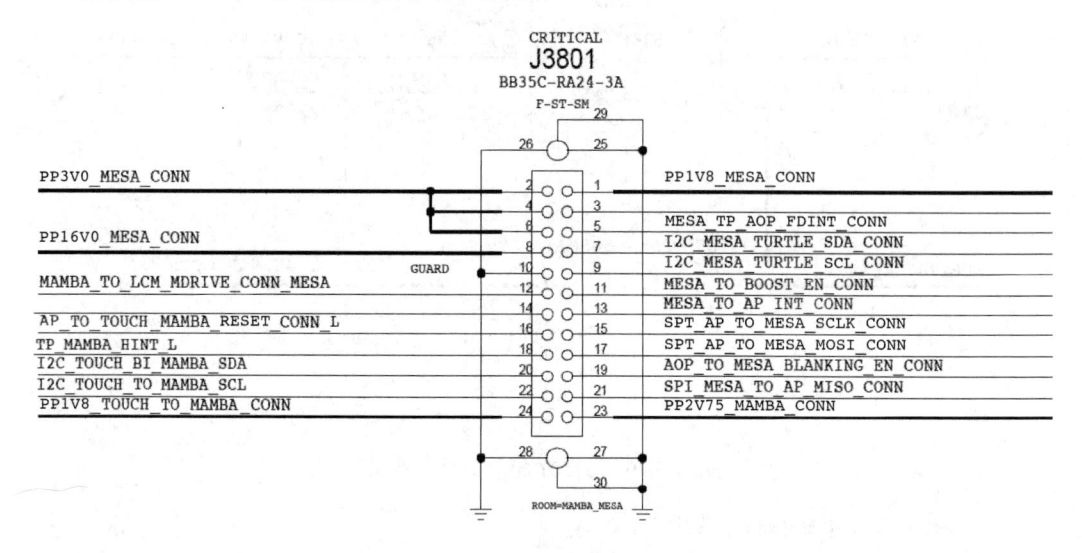

图 2.3.19　指纹接口 J3801 各引脚

在维修过程中，应合理使用二极体值测量法，因为它是有效判断故障部位的好方法。二极体值测量法的主要操作是：首先把万用表调到二极管挡，然后将红色表笔接地、黑色表笔接待测量的位置，最后看万用表上的读数即可。此方法一般用于测量各个基本电压点是否对地短路，以及控制信号和 AD 信号线是否短路和开路。

2．iPhone 7 照相功能失灵

故障现象：

某客户送修一部 iPhone 7 手机，之前一直正常使用，突然出现后置摄像头不工作的故障。

故障分析：

根据客户反映的情况，应该重点检查摄像头电路供电是否正常，电路是否有元器件损坏。

故障维修：

拆开手机，测量后置摄像头接口 J4501 的供电电压，发现 PP2V9_UT_AVDD_CONN 供电电压不正常，只有 0.1V（正常应该为 2.95V）。

检查发现 U2501 的输入电压 PP_VDD_BOOST 正常，控制信号 PP2V8_UT_AF_VAR 正常，分析认为 U2501 虚焊或损坏，补焊后，仍然无输出电压。

将 U2501 拆下后，短接其 A2、B1 引脚，开机，测试后置摄像头，功能正常。

在应急维修的时候，可以将 U2501 的 A2、B1 引脚短接，其电路原理非常简单，B1 引脚的控制信号为 2.8V，A2 引脚的输出电压为 2.95V，二者非常接近。

U2501 相关电路示意图如图 2.3.20 所示。

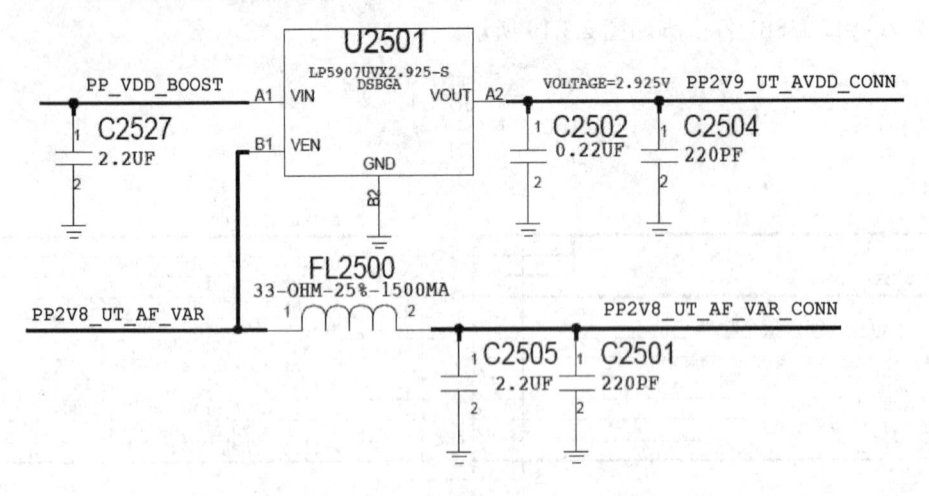

图 2.3.20　U2501 相关电路示意图

3. 华为 P30 手机指南针故障

故障现象：

某客户送修一部华为 P30 手机，指南针失灵，无法使用。

故障分析：

根据客户反映的情况，应该重点检查指南针电路供电是否正常，电路是否有元器件损坏。

故障维修：

先测量 J2905 上的供电电压（正常应为 1.8V）是否正常，经测量发现供电电压正常；再分别测量 I2C 总线各点电压，均为 1.8V，也正常。更换指南针芯片后，故障排除。

指南针故障测试点如图 2.3.21 所示。

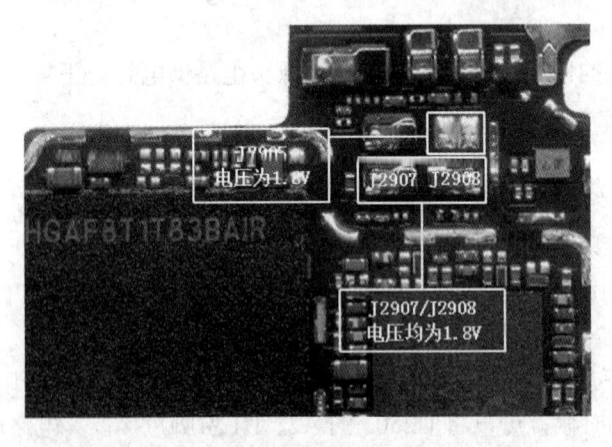

图 2.3.21　指南针故障测试点

4．华为 P30 手机环境光传感器故障

故障现象：

某客户送修一部华为 P30 手机，无法自动调整屏幕亮度，手机没有磕碰或摔过的痕迹。

故障分析：

根据客户反映的情况，应该重点检查环境光传感器电路是否有元器件损坏、I2C 总线是否正常、供电是否正常。

故障维修：

为了方便起见，先代换前壳组件，代换后故障排除；再装好原壳，环境光传感器竟然也工作正常了，怀疑是主板弹片出现了问题。

在维修环境光传感器故障时，如果代换前壳组件后仍然无法排除故障，则需要检查供电电压、I2C 总线是否正常。

环境光传感器测试点如图 2.3.22 所示。

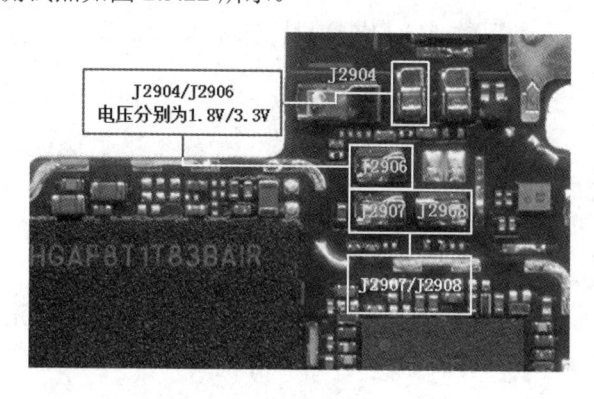

图 2.3.22　环境光传感器测试点

5．华为 P30 手机前置摄像头失效

故障现象：

某客户送来一部华为 P30 手机，前置摄像头无法使用，无法自拍，手机摔过一次后就出现这样的问题了。

故障分析：

根据客户反映的情况，应重点检查前置摄像头相关元器件是否正常、供电是否正常、信号是否正常、I2C 总线是否正常。

故障维修：

根据维修从简的原则，先从最简单的入手，先代换前置摄像头，代换前置摄像头后，故障没有排除。

分别测量前置摄像头接口 J2002 的对地二极体值，未发现异常；开机测量 J2002 的 27 引脚、36 引脚电压，结果不正常，更换前置摄像头供电芯片后，开机，前置摄像头功能正常。

前置摄像头接口 J2002 的位置如图 2.3.23 所示。

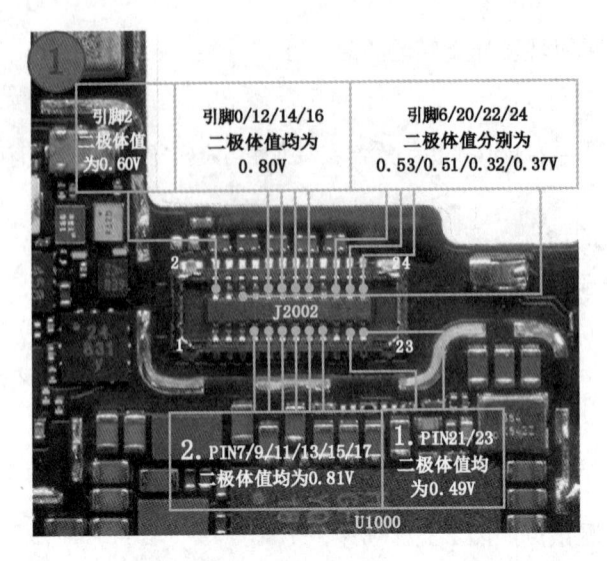

图 2.3.23　前置摄像头接口 J2002 的位置

6. 华为 Mate 20 X 手机加速传感器功能失灵

故障现象：

某客户送来一部华为 Mate 20 X 手机，加速传感器功能失灵，导致手机的很多功能无法使用。

故障分析：

根据客户反映的情况，应重点检查加速传感器相关元器件是否正常、供电是否正常、信号是否正常、I2C 总线是否正常等。

故障维修：

拆机检查供电电压和 I2C 总线电压，均正常，同样，挂在 I2C1 总线上的其他元器件的功能也都正常，分析认为可能是加速传感器芯片 U2602 的问题，更换 U2602 芯片后，加速传感器功能一切正常。

加速传感器芯片 U2602 相关电路示意图如图 2.3.24 所示。

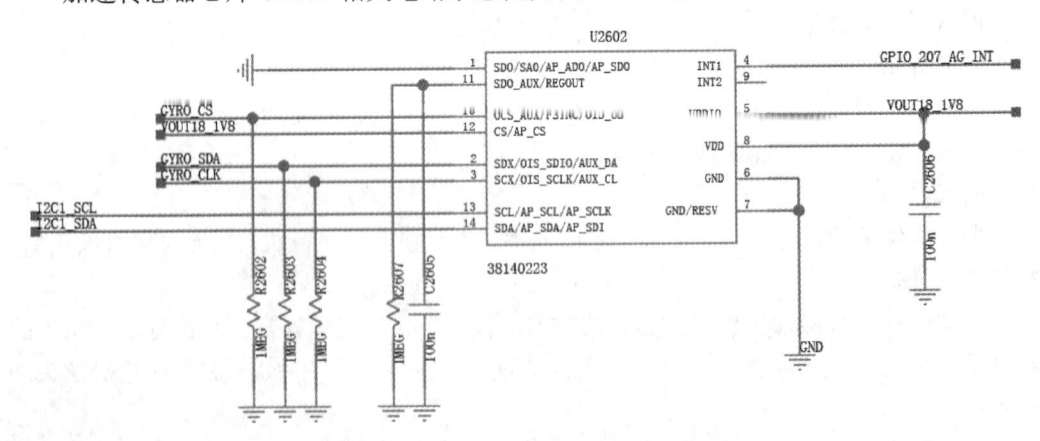

图 2.3.24　加速传感器芯片 U2602 相关电路示意图

7. 华为 Mate 20 X 手机霍尔传感器失效

故障现象：

某客户送来一部华为 Mate 20 X 手机，导致手机皮套功能无法使用，非常不方便。

故障分析：

根据客户反映的情况，应重点检查霍尔传感器或皮套是否正常（皮套磁铁是否脱落）等。

故障维修：

首先更换皮套，故障没有排除；然后使用带有磁性的螺丝刀靠近霍尔元器件 U201，发现没有高电平信号输出，更换霍尔元器件 U201 后，手机皮套功能正常。

霍尔传感器相关电路示意图如图 2.3.25 所示。

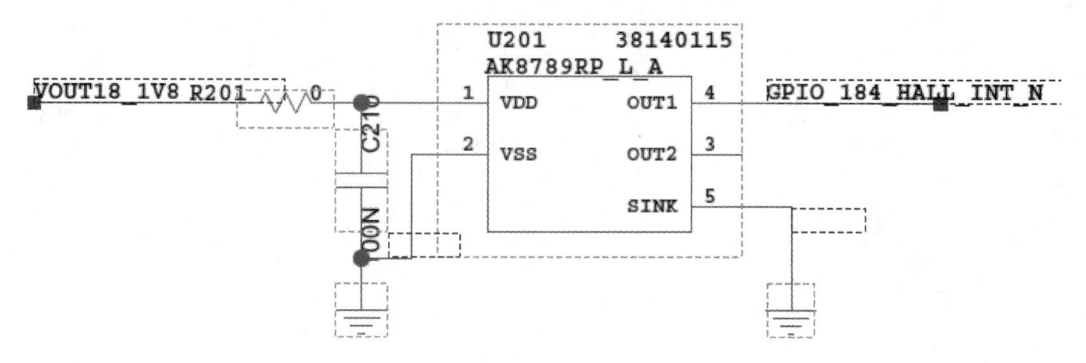

图 2.3.25　霍尔传感器相关电路示意图

8. 华为荣耀 V20 手机后置主摄像头不工作

故障现象：

某客户送来一部华为荣耀 V20 手机，后置主摄像头不工作，手机之前一直正常使用，没有磕碰或摔过。

故障分析：

根据客户反映的情况，应重点检查后置主摄像头电路，主要检查供电、信号等是否正常。

故障维修：

拆机替换后置主摄像头后，故障未排除；测量后置主摄像头接口 J1901 的对地二极体值，未发现异常；测量后置主摄像头接口 J1901 的 24 引脚的供电电压，结果偏低（正常为 1.1V），该电压由电源管理芯片 U1000 输出。检查 1.1V 供电电路元器件，未发现异常，更换电源管理芯片 U1000 后，故障排除。

后置主摄像头接口 J1901 的位置如图 2.3.26 所示。

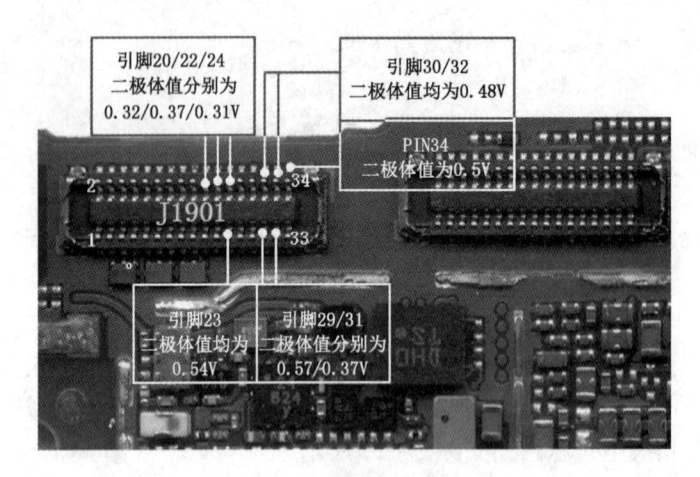

图 2.3.26　后置主摄像头接口 J1901 的位置

任务实施

（根据分配到的手机的故障进行撰写，并填写故障维修过程记录单。）

_____
_____
_____
_____
_____
_____
_____
_____

1．填写故障维修过程记录单

故障维修过程记录单如表 2.3.3 所示。

表 2.3.3　故障维修过程记录单

序　号	维修过程记录	备　注
1		
2		
3		
4		
5		
6		

2．维修后的检查调试

手机故障排除并完成整机组装后，对照样机检查手机有无连焊等安全隐患、手机通话功能是否正常等。

(1) 检查元器件有无连焊等安全隐患,并做好记录。

(2) 拨打"112"电话,检查手机的通话功能,并做好记录。

3. 成本核算

对手机维修成本进行核算,并与市场报价进行比较,分析成本偏高或偏低的原因。

(1) 根据维修材料估算材料成本。

(2) 根据维修工时估算人工成本。

(3) 根据实际情况估算其他成本。

4. 交付验收

根据验收标准进行验收、评分,并填在表2.3.4中。

表2.3.4 交付验收

序号	验收项目	验收标准	配分(分)	评分	备注
1	手机机壳的外观	无新划痕、破损、裂缝、油污,外观整洁、干净、美观	30		
2	螺钉组装	螺钉位置准确、方向正确	10		
3	触摸屏的灵敏度	多点触摸、点击准确、显示清晰	20		
4	通电运行	能正常使用(通话、音乐等)	40		
客户对项目验收评价(成绩)					

5. 记录问题，讨论解决方法

记录验收过程中存在的问题，小组讨论解决问题的方法，并填在表 2.3.5 中。

表 2.3.5　验收中存在的问题及解决方法

序　号	验收中存在的问题	解 决 方 法
1		
2		
3		
4		
5		

6. 整理工具，清理现场

根据领料单清点所有工具，检查是否有损坏，若无损坏，则应交还收发处；若有损坏，则应及时汇报，同时整理剩余的元器件及材料，一并交还收发处。清理现场，填写元器件、材料及工具归还清单，如表 2.3.6 所示。

表 2.3.6　元器件、材料及工具归还清单

序　号	元器件、材料及工具名称	型号及规格	数　量	备　注
1				
2				
3				
4				
5				
收发处负责人 （签字）		年　月　日	团队负责人 （签字）	年　月　日

评价与分析

根据本任务的执行情况进行自评和教师评价。

自评：
_____
_____
_____
_____
_____
_____
_____
_____
_____

教师评价：
_____
_____
_____
_____
_____
_____
_____
_____
_____

任务四　工作总结与评价

学习目标

1．能按分组情况选派代表进行工作成果汇报，并进行自评和互评。
2．能结合自身任务完成情况正确、规范地撰写工作总结。
3．能对任务完成过程中出现的问题进行分析，并提出改进措施和办法。

项目小结

本项目主要以智能手机技术服务为主线，从手机售后的前台接待、维修工程师维修、客户取机验收 3 方面进行讲解，让读者对整个手机售后服务的分工和工作内容更加了解，最终实现能够用常用的工具进行常见手机故障的检修。

评价总结

一、自评、小组评价

（一）成果汇报设计

_____
_____
_____
_____
_____
_____
_____

（二）互评

_____
_____
_____
_____
_____
_____
_____

二、教师评价

教师听取汇报后,对任务完成情况进行点评。

_____
_____
_____
_____
_____
_____

工作过程回顾及总结

1. 回顾本任务的实施过程,对新学专业知识和技能进行归纳与整理,写出一篇不少于 800 字的工作总结。

2. 编写一份《手机维护保养手册》,此手册包含使用手机的注意事项,以及手机的维护保养方法等。

综合评价表

综合评价表如表 2.4.1 所示。

表 2.4.1 综合评价表

考核项目	评价内容	配分(分)	评价分数 自我评价	评价分数 小组评价	评价分数 教师评价
职业素养	劳动保护用品穿戴完备,仪容仪表符合工作要求	5			
职业素养	安全意识、责任意识、服从意识强	6			
职业素养	积极参加教学活动,按时完成各项学习任务	6			
职业素养	团队合作意识强,善于与人沟通	6			
职业素养	自觉遵守劳动纪律,尊敬师长,团结同学	6			
职业素养	爱护公物,节约材料,管理现场符合 6S 标准	6			
专业能力	专业知识扎实,有较强的自学能力	10			
专业能力	操作积极,训练刻苦,具有一定的动手能力	15			
专业能力	技能操作规范,注重维修工艺,工作效率高	10			
工作成果	产品维修符合工艺规范,产品功能满足要求	20			
工作成果	工作总结符合要求,维修成本低	10			
总分		100			
总评	自我评价×20%+小组评价×20%+教师评价×60%=	综合等级	教师(签名):		

补充：专项实训

手机贴片元器件的拆卸与焊接

一、实训目的

1. 熟练掌握手机贴片元器件的拆卸和焊接方法。
2. 熟悉手机贴片元器件的结构。
3. 能熟练使用热风枪和防静电恒温焊台。

二、实训设备及材料

热风枪、防静电恒温焊台、焊锡丝、镊子、焊锡膏、助焊剂、清洁水、手机主板。

三、实训内容

手机贴片电阻、电容、电感的拆卸与焊接。

四、实训方法及步骤

1．拆卸贴片元器件

（1）在用热风枪拆卸贴片元器件之前，一定要将手机电路板上的备用电池拆下（特别是当备用电池距离所拆贴片元器件较近时），否则，备用电池很容易受热爆炸，对人身安全构成威胁。

（2）将电路板固定在手机维修夹具上，仔细观察待拆卸的贴片元器件的位置。

（3）用小刷子将贴片元器件周围的杂质清理干净，向贴片元器件上加注少许助焊剂。

（4）安装好热风枪的细嘴喷头，打开热风枪电源开关，调节热风枪温度至 300℃左右，将风速调至 3～4 挡。

（5）一只手用镊子夹住贴片元器件，另一只手拿稳热风枪手柄，使喷头与待拆焊贴片元器件保持垂直，距离为 1～2cm，沿贴片元器件均匀加热，喷头不可接触贴片元器件。待贴片元器件周围焊锡熔化后，用镊子将其取下。

2．贴片元器件的焊接

（1）用镊子夹住待焊接的贴片元器件并放置到焊接位置，注意要放正，不可偏离焊点。若焊点上焊锡不足，则可用防静电恒温焊台在焊点上加注少许焊锡。

（2）打开热风枪电源开关，调节热风枪温度至 300℃左右，将风速调至 3～4 挡。使热风枪的喷头与待焊接的贴片元器件保持垂直，距离为 2～3cm，沿贴片元器件均匀加热，待其周围焊锡熔化后，移走热风枪。

（3）焊锡冷却后移走镊子。
（4）用无水酒精或天那水将贴片元器件周围清理干净。

集成电路的拆卸与焊接

一、实训目的

　　熟练掌握手机 BGA 封装芯片拆卸、植锡及焊接的方法；熟悉手机 BGA 封装芯片的结构；熟练使用热风枪和防静电恒温焊台。要求学生能在 10 分钟内保质保量地完成指定 BGA 封装芯片的拆卸与焊接操作。

二、实训器材与工作环境

　　（1）手机主板若干，具体种类、数量由指导教师根据实际情况确定。
　　（2）手机维修夹具、热风枪、防静电恒温焊台。

三、实训内容

　　（1）拆卸手机主板上的 BGA 封装芯片。
　　（2）BGA 封装芯片的植锡操作。
　　（3）焊接 BGA 封装芯片。

习 题

一、选择题

1. GSM 手机的频道间相互间隔（　　）。
   A. 0.2kHz　　B. 0.2MHz　　C. 2MHz　　D. 2kHz
2. CDMA 是指（　　）。
   A. 时分多址　　B. 频分多址　　C. 码分多址　　D. 双时分多址
3. 防静电鞋的作用是（　　）。
   A. 防止静电产生　　　　　　B. 屏蔽，防止静电放射
   C. 防止人体触电　　　　　　D. 移走人体电荷
4. 当静电电压高于（　　）时，一般零件都可能损坏或降低绝缘等级。
   A. 25V　　B. 100V　　C. 50V　　D. 60V
5. 为什么工艺要求在焊接前要先对 PCB（印制电路板）进行预热（　　）。
   A. 加快焊锡融化　　　　　　B. 使焊点美观
   C. 防止焊点虚焊　　　　　　D. 除湿
6. 良好的焊接要求焊点表面有金属光泽，吃锡面在 80% 以上，爬锡高度最低应超过端头的（　　）。
   A. 3/2　　B. 60%　　C. 50%　　D. 80%
7. BGA 的含义是（　　）。
   A. 四方阵列封装　　　　　　B. 四方扁平封装
   C. 球形栅格阵列封装　　　　D. 小外形封装
8. 移动台的硬件结构可分为两大部分：射频部分和（　　）。
   A. 结构部分　　B. 基带部分　　C. 电路部分　　D. 主板部分
9. 把频率较高的信号变为频率较低的信号的方法称为（　　）。
   A. 分频　　B. 倍频　　C. 混频　　D. 失频
10. 手机在（　　）的控制下，按照 GSM 系统的要求及各种存储器中程序的安排工作。
    A. CPU　　　　　　　　　　B. 手机软件
    C. 内部设置　　　　　　　　D. 外部要求

二、判断题

1. 开机是指为手机加上电源后，按手机的开关机键约 2s 后，手机进入开机自检及查找网络的过程。（　　）
2. 手机漏电是指给手机装上一个刚充满电的电池，开机后，手机提示电压不够，同时显示屏上电池电量指示灯不停地闪烁，并发出报警声。（　　）

3．阻抗是指含有电阻、电感和电容的电路对直流电所起的阻碍。（   ）
4．电阻按材料分为碳膜电阻、金属膜电阻、绕线电阻。（   ）
5．D/A 转换电路又称模拟数字转换器，是将模拟量或连续变化的量进行量化（离散化），将其转换为相应的数字量的电路。（   ）
6．滤波是一种只传输信号中所需的频谱而滤除其他频谱的频率选择技术。（   ）
7．电阻按性质分为光敏电阻、压敏电阻、热敏电阻、保险电阻。（   ）
8．电容的容抗随信号频率的升高而增大，随信号频率的降低而减小。（   ）
9．高频放大电路的主要作用是将天线接收的微弱信号放大，提高接收机的灵敏度。（   ）
10．先将从中频输出的 RXI、RXQ 信号送到调制解调器中进行解调，之后进行信道解码、D/A 变换；再送到音频放大集成模块进行放大；最后用放大音频信号推动听筒发声的过程被称为发送音频处理过程。（   ）

三、填空题

1．对于手机中普通贴片电阻的颜色，绝大多数中间是_____色的，外形是_____状，侧面是_____色的，底部是_____色的，两端是_____色的。
2．_____就是把两个或两个以上具有相同阻值的电阻组合在一起的复合电阻。
3．手机电阻阻值变小或短路的原因可能是手机_____后，有污物附着在电阻表面。
4．贴片多层陶瓷电容是_____极性电容，贴片钽电解电容是_____极性电容。
5．滤波电容接在直流电压的正负极之间，作用是滤除直流电源中不需要的_____成分，使直流电平滑。
6．_____二极管在手机中主要用作背景灯及信号指示灯。
7．对于有标志的电阻，201 表示_____Ω，225 表示_____Ω，5R1 表示_____Ω。
8．在电路图中，天线通常用字母_____表示。
9．智能手机电路板上的主要芯片都采用_____形式焊接在电路板上。
10．当采用直流稳压电源给手机供电时，应先调整直流稳压电源的_____，再将电源线接到手机上，以免烧坏手机。

四、简答题

1．简述送话器的检测方法。
2．简述受话器的检测方法。
3．简述振动器的检测方法。
4．简述手机 BGA 封装芯片的拆卸步骤。
5．简述手机 BGA 封装芯片的安装步骤。

项目三　智能家居技术服务

学习目标

1. 掌握智能家居技术服务人员服务规范，能够与售后服务部门进行沟通，了解智能家居的品牌、型号、故障现象及造成故障的原因，能够当场对故障设备进行核查，并正确填写维修任务单。

2. 能够正确识别智能家居常用设备功能与通信方式。

3. 能够通过查询资料了解智能家居设备的分类、型号、结构及工作原理，并熟悉智能家居系统中常见英文标识的含义。

4. 能够说出智能家居设备常见故障的现象，并熟练掌握针对语音控制无应答、设备不工作等常见故障的维修流程。

5. 能够熟练操作智能家居设备常见维修工具，并熟练使用串口工具等进行设备测试、使用万用表检测电压等。

6. 能够熟练使用防静电恒温焊台、热风枪等工具进行元器件的更换。

7. 能正确查找故障点，分析智能家居设备故障原因，并针对故障制定合理的维修方案。

8. 在维修过程中，应严格遵守具体操作规范。

9. 能够进行智能家居设备功能测试，能对智能家居软件系统进行重装、升级等操作。

10. 排查出智能家居故障后，能够对智能家居软/硬件进行全面检测，确保硬件连接正确、软件设置合理。

11. 能够进行维修成本核算，并按照验收标准进行交付，让客户验收，并为客户讲解智能家居设备的使用、维护、保养知识。

12. 能够按照现场 6S 管理规范清点与维护工具，整理工作现场。

13. 能够独立撰写维修工作总结，阐述检修过程、检修过程中出现的问题及解决方案等。

建议学时

12 学时。

工作情境描述

智能家居售后网点收到了一个智能家居设备维修订单，根据客户描述，主要表现为设备不工作、语音控制无应答等，要求维修人员联系客户进行现场考察，并根据客户反馈填写维修任务单、制定维修方案、排除智能家居设备故障。维修后，智能家居系统不再出现新的故障。

工作流程与活动

1. 接收智能家居设备维修任务（2学时）。
2. 分析故障原因，制定维修方案（4学时）。
3. 智能家居设备故障维修与验收（4学时）。
4. 工作总结与评价（2学时）。

任务一　接收智能家居设备维修任务

学习目标

1. 掌握智能家居技术服务人员服务规范，能够完成电话客服或店面客服的工作任务；能够与售后服务部门进行沟通，准确查找故障设备，了解报修智能家居设备的品牌、型号、故障现象及造成故障的原因；能够当场对故障设备进行核查，并正确填写维修任务单。
2. 能够通过查询资料了解智能家居设备的分类、型号、结构及工作原理，并熟悉智能家居系统中常见英文标识的含义。
3. 能够说出智能家居设备常见故障的现象，并熟练掌握针对语音控制无应答、设备不工作等常见故障的维修流程。

任务描述

智能家居售后网点的店面客服收到有客户报修故障智能家居系统。

任务分析

1. 接待客户。
2. 实地考察故障智能家居设备。
3. 填写维修任务单。

知识储备

一、职业概况与基本要求

智能家居技术服务人员的职业概况与基本要求如表3.1.1所示，对于基本要求，从安全知识、质量要求、操作规范、工艺守则标准、设备/工具故障辨识及保养、维护方法 6 方面进行了有关描述。

表 3.1.1　智能家居技术服务人员的职业概况与基本要求

分类	内容	具体描述
职业概况	职业名称	智能家居设备维修员
	职业定义	对用户智能家居设备进行客户受理、故障分析和维修工作的人员
	职业环境	室内、常温
	职业能力特征	具有较强的学习、沟通和判断能力；手指、手臂灵活，动作协调
	适应对象	从事智能家居系统维修岗位员工
基本要求	安全知识	① 了解国家安全生产方面的法律法规及安全生产方针（安全第一，预防为主，综合治理），法律法规包括《中华人民共和国安全生产法》《中华人民共和国劳动法》《危险化学品安全管理条例》《作业场所职业健康监督管理暂行规定》《中华人民共和国消防法》等 ② 学习并掌握安全管理基础知识，包括安全术语、安全色及安全标识、安全防火、安全防爆等 ③ 学习并具备消防设施的使用知识，包括消防栓、灭火器等 ④ 了解并掌握安全生产操作规程，包括维修作业指导书、所用设备及工具工装的安全操作规程 ⑤ 掌握安全用电基础常识，包括熟悉《安全用电管理暂行规定》，以及公司安全生产规章制度，所用设备及工具工装的载荷、维护保养知识，电源开关及配电箱开关的使用方法，防触电及触电事故的应急处置知识
	质量要求	① 严格执行规章制度，保质保量完成每日工作任务 ② 能确保维修服务质量，符合外观与功能检查检验标准 ③ 维修流程符合工艺规程 ④ 提高客户满意度
	操作规范	① 所用的防静电恒温焊台、热风枪等需要按照作业指导书要求按时进行检查 ② 当智能家居设备上使用的易损物料有变形、破损、脏污等现象时，需要更换新物料，对于所有更换下来的贵重物料都需要做好标识，待专业认定人员分析 ③ 改动电路时，严禁带电操作。所有进行过维修的智能家居设备在维修后都需要将维修信息尽快录入系统中，信息要详细真实；所有维修后的设备都需要进行外观检查；及时反馈异常故障设备的异常原因
	工艺守则标准	① 具备维修上岗证资质 ② 所用仪表仪器需要按时点检 ③ 维修后的 PCB 外观要求要符合《PCB 维修外观要求细则》、维修作业指导书、《手工焊接作业规范》的规定
	设备/工具故障辨识及保养	① 仪表正常开/关机 ② 防静电恒温焊台温度是否正常 ③ 设备硬件连接确认 ④ 串口工具软件是否正常 ⑤ 直流电源输出是否正常 ⑥ 信号源和频谱分析仪测量是否准确 ⑦ 示波器准确性确认

续表

分类	内容	具体描述
基本要求	维护方法	① 防静电恒温焊台点检 ② 串口工具的设置 ③ 万用表测量 ④ 示波器自校准

二、智能家居系统相关基础知识

（一）智能家居的发展史

智能家居的概念起源很早，自从世界上第一幢智能建筑于1984年在美国出现后，美国、加拿大等经济比较发达的国家先后提出了各种智能家居的方案。美国和一些欧洲国家在这方面的研究一直处于世界领先地位，日本、韩国、新加坡也紧随其后。

目前，随着社会经济水平的不断提高，人们对生活环境的要求越来越高，与之相配套的智能家居产品越来越受到房地产企业、用户的青睐。在市场需求增长之时，不少家电企业、IT企业、安防企业纷纷转型，投身到这个新兴市场中，推出照明控制、远程监控、智能窗帘等智能家居类产品，以满足人们的个性化需求。

智能家居在我国至今已经历了几十年的发展，从最初的梦想，到今天真实地走进我们的生活，经历了一个艰难的过程。智能家居在我国的发展经历了以下几个阶段，分别是萌芽期、开创期、徘徊期、融合演变期。以下是这4个阶段的大致时间节点。

1. 萌芽期（1994—1999年）

萌芽期是智能家居在我国的第一个发展阶段，此时，整个行业还处在一个概念熟悉、产品认知的阶段，没有出现专业的智能家居生产厂商，只有深圳有一两家美国X-10智能家居的代理销售，从事进口零售业务，产品多销售给居住在国内的欧美用户。

2. 开创期（2000—2005年）

在开创期，国内先后成立了50多家智能家居研发生产企业，主要集中在深圳、上海、天津、北京、杭州、厦门等地。智能家居的市场营销、技术培训体系逐渐完善起来。在此阶段，国外智能家居产品基本没有进入国内市场。

3. 徘徊期（2006—2010年）

2005年以后，由于上一阶段智能家居企业的"野蛮成长和竞争"，给智能家居行业带来了极大的负面影响，包括过分夸大智能家居的功能而实际上无法达到宣传效果、厂商只顾发展代理商却忽略了对代理商的培训和扶持而导致代理商经营困难、产品不稳定、使用户投诉率高。行业用户、媒体开始质疑智能家居的实际效果，市场销售也出现了增长减缓甚至部分区域出现销售额下降的现象。2006年以后，20多家智能家居生产企业退出了这一市场，各地代理商结业转行的也不在少数。许多坚持下来的智能家居企业在这几年也经历了缩减规模的痛苦。而在这一时期，国外的智能家居品牌进入了我国市场，现在活跃在市场上的国外主要智能家居品牌都是在这一时期进入我国市场的，如罗格朗、霍尼韦尔、施耐德等。国内部分存活下来的企业也逐渐找到自己的发展方向，如天津瑞朗、青岛爱尔豪斯、海尔、科道等。

4．融合演变期（2011—2020年）

2011年以来，市场明显看到了增长的势头，而且大的行业背景是房地产受到调控。智能家居的放量增长说明此行业进入了一个拐点，由徘徊期进入了新一轮的融合演变期。

2011—2015年，智能家居一方面进入了一个相对快速的发展阶段；另一方面，协议与技术标准开始主动互通和融合，行业并购现象开始出现甚至成为主流。

2016—2020年是智能家居行业发展极为快速却最不可捉摸的时期，由于住宅家庭成为各行业争夺的焦点市场，所以智能家居作为一个承接平台成为各方力量争夺的目标。

（二）智能家居的类型

根据不同的场景可以将智能家居产品分成以下几类：智能中控系统、电器影音系统、安防监控系统、环境监测系统、监控医疗系统、情境模式系统。

1．智能中控系统

智能中控系统对智能网关、智能音箱、智能开关、无线开关、移动终端设备进行管理。

2．电器影音系统

电器影音系统对智能灯光、智能插座、家用电器、电器伴侣进行管理和控制。

3．安防监控系统

安防监控系统对智能门锁、门磁传感器、摄像头、天然气报警器、机械手进行管理和控制。

4．环境监测系统

环境监测系统对人体运动传感器、温湿度传感器进行管理和数据采集，对窗帘电机进行管理和控制。

5．监控医疗系统

监控医疗系统对身体监测设备进行管理，以图表的方式直观地展现监测采集的身体数据。

6．情境模式系统

情境模式系统指智能窗帘、智能空调、智能温控系统。

(三)智能家居的特点

智能家居先通过各种感知技术接收探测信号并予以判断,然后给出指令,让家庭中各种与信息相关的通信设备、家用电器、家庭安防、照明等装置做出相应的动作,以便更加有效地服务用户并减少用户的劳务量。

它涉及对家庭网络内所有的智能家具、设备和系统的操作、管理及集成技术的应用,其技术特点主要有以下几点。

1. 通过家庭网关及系统软件建立智能家居平台系统

家庭网关是智能家居局域网的核心部分,主要完成家庭内部网络各种不同通信协议之间的转换和信息共享,以及与外部通信网络之间的数据交换。另外,家庭网关还负责家庭智能设备的管理和控制。

2. 统一的平台

家庭智能终端用计算机技术、微电子技术、通信技术将家庭智能化的所有功能集成起来,使智能家居建立在一个统一的平台上。首先,实现家庭内部网络与外部网络之间的数据交互;其次,保证能够识别通过网络传输的指令是合法的,而不是"黑客"的非法入侵。因此,家庭智能终端既是家庭信息的交通枢纽,又是信息化家庭的"保护神"。

3. 通过外部扩展模块实现与家用电器的互联

为实现家用电器的集中控制和远程控制功能,家庭智能网关通过有线或无线的方式,按照特定的通信协议,借助外部扩展模块控制家用电器或照明设备。

4. 嵌入式系统的应用

以往的家庭智能终端绝大多数是由单片机控制的。随着新功能的增加和性能的提升,将处理能力大大增强的具有网络功能的嵌入式操作系统和单片机的控制软件程序做了相应的调整,使之有机地结合成完整的嵌入式系统。

(四)国内外智能家居发展模式的差异

居住环境不同:我国人口密集,居住环境多是小区群;而欧美国家地广人稀,居住环境多为独立式的别墅。由于国内外居住环境有巨大的差异,因此对智能家居在功能需求上会有明显的差异。

销售模式不同:欧美国家的智能家居产业已经趋于成熟,智能家居已经成为他们的日常消费用品。他们配备专业化的人员进行安装和售后服务,已经进入类似国内的家电行业销售模式。而国内的智能家居销售模式多半是通过厂商订购和渠道经销商来交易的,且国内的消费者对智能家居的认知度还不够高。

经济实体不同:智能家居在国外已有很强的配套运作能力,也形成了比较完善的售后服务体系,总体的行业发展成熟度较国内好。

产品细分功能不同:国外智能家居产品细化程度更高,用户可以根据自身实际情况选择适合自己的那一款,且国外智能家居操作更加简便,能够实现用户 DIY,整个系统的功能并非集中在一个智能终端上。而国内的智能家居功能固定化、统一化,大部分不能满足用户多样化的需求。

推广模式不同:国外的推广模式以用户为主导,可根据用户的爱好和需求配套产品。而国内以开发商为主导,大部分用户只能被动接受开发商已经配套好的智能家居产品,用户很难自己购买产品进行组织安装。

(五)国内智能家居面临的问题

国内智能家居面临的问题主要表现在以下 5 方面。

(1)国内智能家居还没有相关部门制定出统一的行业标准,很多中小型企业"各自为政",研发的产品之间不具备兼容性,消费者购买的智能家居产品可能存在质量问题,这种片面性可能会导致消费者不再信任智能家居。

(2)技术人员没有进行深入的市场调研,开发的产品虽然在技术上具有先进性,但是实用性差、操作复杂,与市场需求脱节。

(3)技术研发需要投入大量的资金,一些中小型企业没有能力持续创新,难以形成规模化生产,造成产品价格居高不下的局面。

(4)国内部分消费者对于智能家居概念模糊,认知不清,无法成为智能家居的潜在客户。

(5)非功能需求产生的溢价,消费者并不认可。数据显示,第一,目前市面上的产品的人机交互体验差;第二,从业者认为,现在还没有真正挖掘用户的刚需应用场景;第三,全屋智能家居系统尚未形成,产品之间无法互联互通,缺乏联动性。

(六)智能家居的未来发展趋势

(1)物联网生态的建立。智能家居设备的互联性将进一步强化,从而推动家庭物联网生态的建立。预计未来几乎所有智能家居设备都将接入家居互联平台,并且部分智能家居设备能够支持两种及以上互联平台。

(2)语音识别。随着智能音箱市场的快速发展,语音平台逐渐承接家居互联的作用。

(3)智能电视。智能电视将成为除智能音箱外的另一个重要家庭设备入口。预计 3 年后,将有 25%的智能电视能够控制其他家庭设备。基于家庭环境和需求的复杂多样性,智能家居生态体系的入口并非是单一的,多入口、多圈层的生态体系会成为发展趋势。

(4)家庭场景自动化。随着家庭场景自动化的需求逐渐涌现,家庭环境、安全和控制类设备市场将迎来快速增长期。预计近 3 年增速将达到 60%。以智能摄像头、智能门锁、智能插座及智能照明为代表的家庭安全控制类产品将迎来迅速发展。

(5)语音助手。语音助手的渗透率将逐渐提高,并将更广泛地搭载在多种类别的智能家居设备上。2018 年,语音助手在智能家居市场出货量中的搭载率为 28%。越来越多的智能家居设备将配备语音助手,其中主要以智能音箱、智能电视为主,未来将更多应用在智能插座、智能摄像头及智能网关等产品上。

（6）图像识别。图像识别技术将广泛应用于家庭安全监控产品。预计 3 年后，将有 10%的家庭安全监控产品实现面部识别功能，从长远看，这将引导智能家居增值服务模式的建立。图像识别技术将使得未来家庭安全监控产品不仅能够识别人体形态，还能够对用户身份进行准确判断，从而提高监控效率和交互体验。

（7）屏幕交互。屏幕将越来越多地应用于智能家居设备，并推动新的产品形态的出现。尽管语音交互在智能家居领域一直是焦点，但屏幕交互依然发挥着重要作用。二者之间不是相互替代的关系，而是互补关系。屏幕将更多地应用于智能音箱、智能冰箱及家庭安全监控类设备，并催生新的产品形态的出现，如搭载语音助手及网关功能的智能面板等。

任务实施

1. 客户进店,接待客户。

_____
_____
_____
_____
_____
_____

2. 实地考察故障智能家居系统。

_____
_____
_____
_____
_____
_____

3. 填写维修任务单(注意:故障判断和维修措施可学习完任务二后填写),如表 3.1.2 所示。

表 3.1.2 家居故障维修任务单

任务名称			接单日期	
任务周期			接单人	
客户姓名		联系电话		验收日期	
维修负责人		联系电话		验收地点	
故障描述	
故障判断	
维修措施	
备注	

评价与分析

根据本任务的执行情况进行自评和教师评价。

自评：

教师评价：

任务二　分析故障原因，制定维修方案

学习目标

1．能够说出智能家居设备常见故障的现象，并熟练掌握针对语音控制无应答、设备不工作等常见故障的维修流程。

2．能正确查找故障点，分析智能家居设备故障原因，并针对故障制定合理的维修方案。

3．能够进行智能家居设备功能测试，能对智能家居软件系统进行重装、升级等操作。

4．排查出智能家居故障后，能够对智能家居软/硬件进行全面检测，确保硬件连接正确、软件设置合理。

5．能够进行维修成本核算，并按照验收标准进行交付，让客户验收，并为客户讲解智能家居系统的使用、维护、保养知识。

任务描述

排查出故障后，能够分析故障原因，并制定维修方案。

任务分析

1．故障原因分析。
2．制定维修方案。

知识储备

一、电子产品故障分类

在电子产品的检修过程中，常把电子产品的故障分为 3 类。

1．通电调试前的故障

通电调试前的故障是指在焊接装配时出现错误而造成的故障。电子产品的生产工艺过程是元器件采购→筛选测试→元器件老化→产品焊接→整机装配→调试→整机老化→检验。产品在进入调试工序时，必须保证元器件焊接、导线连接及结构件装配正确无误，无焊虚、漏焊、桥接、短路等现象。也就是说，电路的电气性能正常，基本可以正常工作。就收音机来讲，装接完成后，接通电源就可收到电台广播信号，这时才能进行调试，否则就要转到检修这道工序。此类故障的特点是电子产品从未正常工作过，存在焊接装配错误。

2. 正常工作后的故障

电子产品维修多指正常工作后的故障，是电子产品在正常使用一段时间后出现的故障。导致此类故障产生的原因很多，如电子产品到达使用寿命、元器件老化、由于不正常操作电子产品而造成元器件损坏、电路的虚焊及焊点的腐蚀等，这些都可以使电子产品出现故障而无法正常工作。

3. 人为故障

人为故障一般是指在维修电子产品时造成的故障，初学者特别容易造成此类故障。经常出现的人为故障有：在维修电子产品时，怀疑元器件损坏而拆下进行检修、重新焊装；在更换元器件时，将元器件极性装反；在不了解电路的情况下，将脱焊的导线焊错位置。因此，在检修可能存在人为故障的电子产品时，应对照原理图认真检查新换上或拆卸过的元器件。有经验的维修人员通过观察焊点，可以很快发现被换过的元器件，并认真检查、消除人为故障。

二、智能家居维修技术知识

智能家居故障可以分为硬件故障、软件故障与网络故障。

（一）硬件故障

无论开发什么物联网设备，几乎每个物联网设备的硬件组成都是基本类似的。物联网使用的3个最突出的硬件组件如下。

（1）传感器：收集来自周围环境的数据。

（2）微控制器：接收来自传感器的数据并处理，决定对接收的不同类型信息的正确响应。

（3）介质：通过在不同的传输模块之间传输信息来将信息传输到云端，使之成为可能的微组件是一些无线电芯片、网络协议和无线模块。

在智能家居系统中，硬件故障主要有以下几种。

1. 设备正常老化

所有的电子设备都有使用期限。在产品使用达到一定年限后，产品内部元器件的功能可能减退甚至丧失，导致系统故障。解决此问题需要排查出电路中出现故障的元器件并进行替换，对于使用时间较长的硬件系统，出现故障时建议整体更换，以维持使用稳定性。

2. 设备设计缺陷

在产品生产销售初期，可能存在部分产品缺陷却未在产品测试阶段发现，当产品投放到实际环境中运行时，受到多种不可预测的外界因素的干扰后，可能出现故障，暴露产品缺陷，此类问题随着产品的更新迭代会得到较好的解决。在出现此类问题时，应及时联系厂商，以尽量获取应急解决方法。

3. 电源故障

商用级的硬件系统一般内设电源电路，具有防雷电、防高压、防过载、防漏电、稳压等功能。当电路中突然出现高电压时，具备保护功能的智能设备可以及时断电，当保护性能比较弱或电源参数变化超出阈值时，很有可能会造成电路损坏，从而出现故障。因此，设备在使用前，务必查看并确认产品是直流供电还是交流供电，以及相对应的电压，并根据电流大小选择合适的导线。

4. 机械性损伤

产品受到剧烈震荡、重击等影响后，可能导致硬件电路发生断裂、短路等损伤，造成硬件系统瘫痪，无法实现预定功能。

因此，当智能产品出现硬件故障时，想要查找故障原因，应首先查看硬件电路是否完整，再查看电源系统是否正常，最后通过万用表、示波器等工具查找元器件故障。需要特别注意的是，在改动电路时，严禁带电操作。

（二）软件故障

当软件系统出现故障时，可以先尝试重装软件，如果不能解决，则联系软件开发人员，进行程序调试。

（三）网络故障

对于网络出现的故障，要针对具体的网络采用不同的处理措施，如 Wi-Fi 网络要先检查当前 Wi-Fi 是否可用、ZigBee 网络要先检查设备之间是否成功组网等。

智能家居的连接方式如下。

1. 有线方式

有线方式即采用线缆连接网关和被控设备。

有线方式的缺点如下。

（1）系统一旦设计好就已经定型，后期扩展系统需要重新布线。

（2）必须在装修过程中施工。

（3）控制器端的信号线很多，遇到问题时排查相当困难。

（4）布线繁杂、工作量大、成本高、维护困难、不易组网。

2. 无线方式

（1）蓝牙方式。

蓝牙是一种支持设备短距离（一般在 10m 内，在实际应用中，有效稳定距离为 6m）通信的无线电技术，能在包括移动电话、PDA、无线耳机、笔记本电脑、相关外设等众多设备之间进行无线信息交换。蓝牙是由瑞典爱立信等 5 家公司为开展标准化活动而提出的近距离无线（2.4GHz）数据通信技术。1998 年 5 月，爱立信、IBM、英特尔、诺基亚、东芝 5 家公司开始进行近距离无线通信技术的标准化活动，目标是实现最高数据传输速率 1Mbit/s（有效传输速率为 721kbit/s），最大传输距离达 10m，用户不必经过允许便可利用 2.4GHz 的 ISM（工业、科学、医学）频带，在其上设立 79 个带宽为 1MHz 的信道，用每秒钟切换 1600 次的频率、滚齿（hobbing）方式的频谱扩散技术来实现电波的收发，这就是蓝牙技术的由来和特点。

使用蓝牙技术进行通信的设备分为决定频率滚齿模式的"主叫方"和它的通信对手"受取方"，主叫方可同时与 7 台受取方通信。因此，可以把主叫方连同 7 台受取方共 8 台设备连接成名为 Piconet（锯齿网）的子网，Piconet 内的受取方可以同时作为两个以上 Piconet 的受取方。1999 年 7 月，蓝牙公布了正式规格 Bluetooth Version 1.0。目前，蓝牙标准化团体 Bluetooth SIG（蓝牙技术联盟）的成员企业已增加到 800 家以上。

为了使蓝牙得到普及，使用蓝牙技术的厂家关心两个问题，一是使收发设备低价格化，二是国家对可利用频率带宽的规定。这两个问题是推广蓝牙的关键。

由于采用了较低的数据传输速度和较近的传输距离，因此，蓝牙设备可以实现低价格化、低耗电化。蓝牙模块刚推出时价格较高，随着大量生产和采用高频 CMOS 技术，其价格大幅降低。另外，关于频率带宽的规定，各国政府也在积极放宽对 2.4GHz 频带使用的限制。

蓝牙是一个开放性的短距离无线通信技术标准。它可以用来在较短的距离内取代目前多种线缆连接方案，穿透墙壁等障碍，通过统一的短距离无线链路，在各种数字设备之间实现灵活、安全、低成本、小功耗的语音和数据通信。

蓝牙系统一般由天线单元、链路控制（固件）单元、链路管理（软件）单元和蓝牙软件（协议栈）单元组成。

蓝牙技术规范包括协议和应用规范两部分。整个蓝牙协议体系结构可分为 4 层，即核心协议层、线缆替代协议层、电话控制协议层和采纳的其他协议层。

蓝牙涉及一系列软/硬件技术、方法和理论，包括无线通信与网络技术、软件工程、软件可靠性理论、协议的正确性验证、形式化描述和一致性与互联测试技术、嵌入式实时操作系统、跨平台开发和用户界面图形化技术、软/硬件接口技术，以及高集成、低功耗芯片技术。

蓝牙设备依靠专用的蓝牙微芯片使设备在短距离范围内发送无线电信号，以此来寻找另一个蓝牙设备，一旦找到，相互之间便开始通信。目前，蓝牙的研制者主要寻求其 ASIC（Application Specific Integrated Circuit，专用集成电路）的解决方案，包括射频和基带两部分。现在已有多种将基带 ASIC 和射频 ASIC 做成一个电路模块的方案，预计很快将会进入批量生产的阶段。蓝牙系统的大部分通信协议可用软件实现，加载到 Flash RAM 中即可进行工作。

蓝牙的缺点是通信距离太短，同时，它属于点对点通信，因此，对智能家居的要求来说，根本不适用。

（2）Wi-Fi。

Wi-Fi 是一种短程无线传输技术，是能够在数百米范围内支持互联网接入的无线电信号。它的最大特点就是方便人们随时随地接入互联网。

WLAN 是无线局域网络的简称，全称为 Wireless Local Area Network，是一种利用无线技术进行数据传输的系统，该技术的出现能够弥补有线局域网的不足，达到网络延伸的目的。

Wi-Fi 是无线保真的缩写，英文全称为 Wireless Fidelity，在无线局域网范畴是指"无线兼容性认证"，实质上是一种商业认证，也是一种无线联网技术，与蓝牙技术一样，同属于在办公室和家庭中使用的短距离无线技术。同蓝牙技术相比，它具备更高的传输速率和更远的传输距离，已经广泛应用于笔记本电脑、手机、汽车等领域中。

Wi-Fi 是无线局域网联盟的一个商标，仅保障使用该商标的商品之间可以互相合作，与标准本身实际上没有关系，但因为 Wi-Fi 主要采用 IEEE 802.11b 协议，所以人们逐渐习惯用 Wi-Fi 来称呼 IEEE 802.11b 协议。从包含关系上来说，Wi-Fi 是 WLAN 的一个标准，Wi-Fi 包含于 WLAN 中，属于采用 WLAN 协议的一项新技术。

Wi-Fi 在使用之初，在安全性方面非常脆弱，很容易被别有用心的人截取数据包，因此，安全方面成了政府和商业用户使用 WLAN 的一大隐患。WAP（无线应用协议）是由我国制定的无线局域网中的安全协议，采用国家密码管理局批准的公开密钥体制的椭圆曲线密码算法和秘密密钥体制的分组密码算法，实现了设备的身份鉴别、链路验证、访问控制和用户信息在无线传输状态下的加密保护。2009 年 6 月，在 ISO/IEC JTC1/SC6 会议上，WAPI 国际提案首次获得包括美、英、法等 10 余个与会国家成员体的一致同意，将以独立文本形式推进其为国际标准。目前，在我国加装 WAPI 功能的 Wi-Fi 手机等终端可入网检测并获取进网许可证。

Wi-Fi 的缺点：对于智能家居应用，其缺点很明显，即功耗高、组网专业性强。高功耗对于随时随地部署低功耗传感器是非常致命的缺陷，因此，Wi-Fi 虽然非常普及，但在智能家居的应用中只起到辅助补充或接入的作用。

（3）无线射频技术 RF：315MHz/433MHz/868MHz/915MHz。

无线射频技术广泛应用在车辆监控、遥控、遥测、小型无线网络、工业数据采集系统、无线标签、身份识别、非接触 RF 等场所，也有厂商将其引入智能家居系统。

无线射频技术的缺点：抗干扰能力弱、组网不便、可靠性一般，在智能家居中的应用效果差强人意，乏善可陈，最终被主流厂商抛弃。

（4）ZigBee 技术。

ZigBee 技术是 IEEE 802.15.4 协议的代名词。根据这个协议规定的技术是一种短距离、低功耗的无线通信技术。ZigBee 技术的特点是近距离、低复杂度、自组织、低功耗、低数据传输速率，主要适合用于自动控制和远程控制领域，可以嵌入各种设备。

ZigBee（紫蜂）这一名称来源于蜜蜂的 8 字舞，蜜蜂是靠飞翔和抖动翅膀来与同伴传递花粉所在方位信息的，即蜜蜂依靠这样的方式构成了群体中的通信网络。

ZigBee 技术是一种双向无线通信技术，主要用于距离短、功耗低且传输速率不高的各种电子设备之间进行数据传输，以及典型的有周期性数据、间歇性数据和短反应时间数据的传输。ZigBee 过去又称为"HomeRFLite""RF-EasyLink"或"FireFly"无线电技术，目前统一称为 ZigBee 技术。

IEEE 802.15.4 技术标准是 ZigBee 技术的基础，但 ZigBee 不仅只是 IEEE 802.15.4 的名字，因为 IEEE 802.15.4 仅处理低级 MAC 层和物理层协议，而 ZigBee 联盟对其网络层协议和 API 进行了标准化，完整的 ZigBee 协议套件由应用层、网络层、数据链路层和物理层组成。其中网络层和应用层的协议由 ZigBee 联盟制定。IEEE 802.15.4 负责物理层和数据链路层标准。

网络功能是 ZigBee 最重要的特点，也是它与其他无线局域网标准不同的地方。在网络层方面，其主要工作在于负责网络机制的建立与管理，并具有自我组态与自我修复功能。在网络层中，ZigBee 定义了 3 个角色：第一个是网络协调者，负责网络的建立，以及网络位置的分配；第二个是路由器，主要负责找寻、建立及修复信息包的路由路径，并负责转送信息包；第三个是末端装置，只能选择加入其他已经形成的网络，可以收发信息，但不能转发信息，不具备路由功能。在同一个 WPAN 中，可以存在 65536 个 ZigBee 装置，彼此可通过多重调点的方式传递信息。为了在用电、复杂度、稳定性与实现难易度等因素中取得平衡，网络层采用的路由算法共有 3 种：以 AODV 算法建立随意网络的拓扑架构，以摩托罗拉 Cluster-Tree 算法建立星状拓扑架构，利用广播的方式传递信息。因此，人们可根据具体应用需求选择合适的网络架构。为了降低系统成本，IEEE 定义了两种类型的装置：全功能装置（FFD）、简化功能装置（RFD），可构成多种网络拓扑结构。

ZigBee 是应用于无线监测与控制应用的全球性无线通信标准，强调简单易用、近距离、低速率、低功耗（长电池寿命）且极廉价的市场定位，主要嵌入在消费性电子设备、家庭和建筑物自动化设备、工业控制装置、计算机外设、医用传感器、玩具和游戏机等设备中，支持小范围的基于无线通信的控制和自动化等。在工业控制、家庭自动化、医疗护理、智能农业、消费类电子和远程控制等领域拥有广阔的应用前景。

ZigBee 的优点如下。

（1）更高的安全性（采用 AES-128 加密算法，在全球目前还没有攻破的先例）。

（2）更可靠的稳定性（拥有跳频、直续扩频和网络自愈功能；蜂窝型结构；使用越广泛，稳定性能越好，适合于大面积布网）。

（3）更强大的组网能力（拥有星状网、树状网、网状网等多种组网方式；组网能力强大，理论上能达到 65000 多台设备）。

（4）低功耗：ZigBee+策略节能技术能做到 2～3 年更换一次电池，只有真正的低功耗，才适合全无线。

当前物联网智能家居行业的高端品牌企业主流采用 ZigBee 技术作为终端网络选择，搭建起智能家居和智能家居系统，构建安全、稳定、节能的智能控制系统。

三、智能家居的系统组成及主要设备

常见的智能家居系统由以下几部分组成：智能中控系统、电器影音系统、安防监控系统、环境监控系统、安全监测系统。

（1）智能中控系统的主要设备有智能网关、智能开关面板、智能语音面板及智能音箱。

智能网关：是家居智能化的心脏，通过它实现系统信息的采集、信息输入、信息输出、集中控制、远程控制、联动控制等功能。

智能网关由 AC/DC 电源、处理器、ZigBee 模组、以太网接口和按键/指示灯几部分组成，如图 3.2.1 所示。其中，AC/DC 电源用于给各个元器件供电；ZigBee 模组和处理器用于建立 ZigBee 网络、执行相应的程序动作；以太网接口用于与 Internet 进行通信；按键/指示灯用于检测外部触发信号及设备通信和工作状态指示。

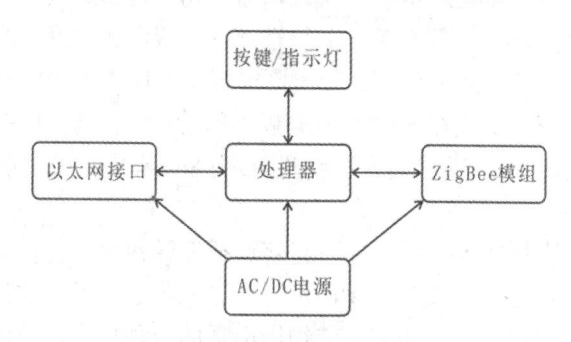

图 3.2.1　智能网关组成框图

智能开关面板：可以在原有机械控制开关的基础上加入控制模块，远端通过手机、计算机等终端，控制家里的开关状态，能定时和进行智能控制。智能开关面板采用电容式触摸感应技术，替代了传统的机械按键，具有使用寿命长、抗噪性能好、密封隔离、防水防尘、外观时尚新颖等优点，如图 3.2.2 所示。

图 3.2.2　智能开关面板

智能语音面板：智能语音独特的人机交互功能可以成为智能家居的总指挥，可以是家庭消费者用语音上网的一个工具，如点播歌曲、上网购物，或者了解天气；也可以对智能家居设备进行控制，如打开窗帘、设置冰箱温度、提前让热水器升温等。

智能音箱：是音箱升级的产物，也是家庭消费者用语音上网的一个工具，如点播歌曲、上网购物，或者了解天气。另外，它也可以对智能家居设备进行控制，如打开窗帘、设置冰箱温度、提前让热水器升温等。智能音箱如图 3.2.3 所示。

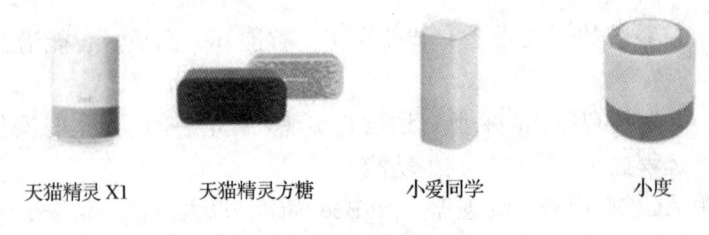

天猫精灵 X1　　　　天猫精灵方糖　　　　小爱同学　　　　小度

图 3.2.3　智能音箱

（2）电器影音系统的主要设备有万能遥控器、智能灯组及智能插座。

万能遥控器：一般，空调、电视机、机顶盒、功放等影音设备可以通过万能遥控器进行远程控制或联动控制，只需在手机上轻轻一点，或者用语音来轻松控制这些电器的开关，甚至可以进行场景模式的设置，如电影模式，相应电器会联动开启。

智能灯组：照明控制是现在家庭使用最频繁的功能，目前，智能照明控制呈现的方式有开关控制和调色控制，通过调光能够进行明亮的调节，通过调色能够进行氛围的调节。

智能插座：往原有插座上一插，即可将普通插座转换为智能插座。家里一般会有电饭煲、计算机、洗衣机等用电设备，我们可以通过控制这些设备的用电通路来实现对这些设备的控制。通俗地说，智能插座是节约用电量的一种插座，节能插座的理念很早之前就已经生成，但是技术上还有待进步。有的高档节能插座不仅节省用电，还能保护电器，可通过 Wi-Fi、ZigBee、蓝牙等方式与手持装置互联，主要功能为远端开关、语音操控，如图 3.2.4 所示。

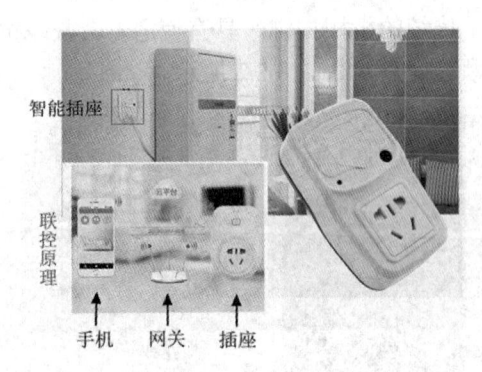

图 3.2.4　智能插座

（3）安防监控系统的主要设备有智能门锁、智能摄像头及门窗传感器。

智能门锁：可以通过指纹、密码、卡、App 远程等方式开锁，还能进行门锁状态上报及触发联动。

智能摄像头：安防设备一般有传感器和摄影头，传感器感应环境变化，可以通过摄像头来联动进行人脸识别、报警等。

门窗传感器：检测门窗开合状态并实现触发联动。

（4）环境监控系统的主要设备有智能窗帘电机、环境检测面板、温湿度传感器及人体红外传感器。

智能窗帘电机：可以控制窗帘的打开和关闭，可以通过遥控器或手机 App 的方式进行远程控制。智能窗帘是带有一定自我反应、调节、控制功能的电动窗帘，如根据室内环境状况自动调光线强度和空气湿度、平衡室温等，有智能光控、智能雨控、智能风控三大突出特点。电动窗帘实现窗帘的智能化控制。电动窗帘的种类非常多，并且窗帘导轨需要定制，定制需求和安装对工程人员的要求比较高。智能窗帘电机如图 3.2.5 所示。

图 3.2.5 智能窗帘电机

环境检测面板：通过内置传感器检查室内空气中的 PM2.5、CO_2、VOC 等的浓度，并通过网络传输给云端；用户可以随时随地查看家中的空气情况，同时可以通过自动化设置联动空调、新风、地暖等设备。

温湿度传感器：通过内置传感器检查室内空气的温度、湿度，并通过网络传输给云端；用户可以随时随地查看家中空气的情况，同时可以通过自动化设置联动空调、新风、地暖等设备。

人体红外传感器：通过对红外光信号进行监测，能够监测人运动时的痕迹，通过无线通信技术与智能家居系统联动。任何物质，只要它本身具有一定的温度（高于绝对零度），就能辐射红外线。人体红外传感器测量时不与被测物体直接接触，因而不存在摩擦，并且具有灵敏度高、响应快等优点。传感器顶部的长方形窗口加有滤光片，可以使人体发出的波长为 9～10μm 的红外线通过，而其他波长的红外线则被滤除，这样便提高了抗干扰能力。

（5）安全监测系统的主要设备有智能机械手、无线按钮及燃气传感器。

智能机械手：主要用于管道阀门的控制，通过无线通信模块，可以与水浸传感器、燃气传感器等联动，当发生危险事件时，主动预防危险源。

无线按钮：可以作为智能家居系统的输入设备，用于控制智能家居系统中的各类设备；也可以作为紧急按钮，通过设置可以与报警服务进行联动。

燃气传感器：用来进行天然气的安全检测，可以为家庭的安全增砖添瓦，让用户不仅仅在家里，甚至在有网络的任何地方，都可以随时知道家里的安全情况。燃气传感器在安装的时候，要注意先确定所检测的气体是比空气重还是比空气轻，比空气重的气体如液化石油气，比空气轻的气体如天然气、人工煤气、沼气等。根据燃气的轻重，在合适的地方安装探测器。当探测器用于探测比空气重的气体时，安装于高出地面 0.3～1.0m 处，并距气源半径小于或等于 1.5m；当探测比空气轻的气体时，安装于低于天花板 0.3～1.0m 处，并距气源半径小于或等于 1.5m。

某燃气传感器的产品参数如下。

产品名称：智能可燃气体报警器。

产品型号：SG30。

产品尺寸：ϕ86mm×29.6mm。

探测气体：天然气（甲烷）。

工作电压：AC 110～220V。

报警浓度：(8%±2%)LEL。

报警方式：声光报警，声音>72dB（1m）。

联网方式：ZigBee 自组网。

无线组网距离：小于或等于 80m（空旷环境）。

工作环境：−10～+55℃。

环境湿度：最高为 95%RH。

任务实施

1. 完成智能家居故障维修任务单的撰写(见任务一)。

_____
_____
_____
_____
_____
_____
_____
_____
_____
_____
_____
_____
_____

2. 以小组为单位制定维修方案,如表 3.2.1 所示。

表 3.2.1 维修方案

任务名称		任务起止日期		方案制定日期	
序号	维修步骤	具体工作内容	所需资料、材料及工具	负责人	参与人员
1					
2					
3					
4					
5					

评价与分析

根据本任务的执行情况进行自评和教师评价。
自评：

教师评价：

任务三　智能家居设备故障维修与验收

学习目标

1. 能够熟练操作智能家居设备常见维修工具，并熟练使用智能家居设备维修工具拆装设备，如使用万用表检测电压、使用稳压电源测试开机电流等。
2. 能够熟练使用防静电恒温焊台、热风枪等工具进行元器件的更换。
3. 能正确查找故障点，分析智能家居设备故障原因，并针对故障制定合理的维修方案。
4. 在维修过程中，应严格遵守具体操作规范，特别是防静电的相关要求。
5. 能够进行智能家居设备功能测试，能对智能家居软件系统进行重装、升级等操作。
6. 排查出智能家居设备故障后，能够对智能家居软/硬件进行全面检测，确保硬件连接正确、软件设置合理。
7. 能够进行维修成本核算，并按照验收标准进行交付，让客户验收，并为客户讲解智能家居设备的使用、维护、保养知识。
8. 熟练使用网络分析工具软件排除网络通信故障。
9. 熟练使用系统平台日志工具软件和网关日志工具软件排除平台与网关运行故障。
10. 熟练使用设备调试工具软件排除样板操作间智能家居系统子设备通信故障。
11. 熟练使用万用表等工具检测样板操作间智能家居系统子设备供电故障、硬件故障等。
12. 能够按照现场 6S 管理规范清点与维护工具，整理工作现场。

任务描述

对故障智能家居设备进行维修，并与客户沟通，进行交付验收。

任务分析

1. 利用常见智能家居设备维修工具进行智能家居设备故障的维修。
2. 按照验收标准与客户进行交付验收，并为客户讲解智能家居设备的使用、维护、保养知识。

知识储备

一、检修前的准备工作

了解了故障的类型以后，在对电子产品进行检修前，还应对该产品有所了解，首先要会使用该电子产品，了解其性能及主要指标，并掌握其工作原理，做好检修前的准备工作。

检修前的准备工作包括以下几方面。

1. 询问

询问主要是为了了解电子产品损坏前后的一些情况，如无声、杂音多、元器件发热冒烟、有没有他人检修过等。当被没有经验的人调乱电感与微调电阻、弄断连线、更换元器件时，都可能造成人为故障。因此，要设法按照图纸将元器件、电路恢复原样再进行检修。凡是已有故障，后来因检修不当而造成人为故障的电子产品，通常是较难修理的，此时更应仔细查出故障所在。

通过询问可以了解故障属于哪种类型，并根据故障类型的特点查找故障点，这会使我们在维修电子产品时节省时间，起到事半功倍的效果。

2. 试用待修电子产品

对于产生故障的电子产品，要通过试听、试看、试用等方式加深对电子产品故障的了解。检修者应设法接通电源，拨动各个有关的开关、插头座，转动各种按钮，仔细听输出的声音，观察显示出来的图像等。同时对照电路图，分析判断可能引起故障的地方。

在试用电子产品的过程中，要注意是否有严重损坏现象，如设备打火、爆裂声、显像管上仅有一个极亮的光斑点等。如果出现了这些现象，就说明待修电子产品的整机电流过大，不能通电检修，此时应立即切断电源，进一步查明原因。

3. 看懂原理图与装配图

要检修出现故障的电子产品，首先要有它的原理图和装配图（印制电路接线图）。在检修电子产品时，往往通过测试数据并结合故障现象，在原理图上进行故障分析。如果没有原理图，则检查故障将很困难，检修前要对原理图进行分析，了解各单元电路的结构和功能，以及各单元电路之间的联系，结合待修电子产品的故障特点，分析故障可能出现在哪几个单元电路中，这样可使搜索故障的范围缩小，从而迅速查出故障所在。对待修电子产品电路结构的一般规律理解得越深刻，对各种单元电路在整个复杂电路中所负担的特有功能了解得越透彻，就越能降低在检修过程中的盲目性，从而大大提高检修的工作效率。若手边没有待修电子产品的原理图，则可找一个与其电路结构相似的原理图作为参考。

装配图有助于在检修时很快找到需要检测的元器件，因为装配图与印制电路板上的元器件一一对应，并印有元器件的标记符号，可以节省查找元器件的时间。

4. 准备检修工具、设备及元器件

常用的检修工具有防静电恒温焊台、镊子、螺丝刀、吸锡器、万用表等。对于一些较复杂的故障，检修时还需要相应的检测仪器，如信号发生器、示波器等。

准备好常用的电子元器件，如各种阻值的电阻、常用的电容、二极管和三极管等。

二、故障检修

对电子产品进行故障检修可分为以下 3 级：第一级检修是更换整个模块；第二级检修是更换电路板等组件；第三级检修是更换元器件。

第一级检修速度快、停机时间短，但维修费用最高；第二级检修比第一级检修稍慢，但更换电路板等组件的费用比更换整个模块的费用低得多；第三级检修最为经济，但要检修出故障元器件予以更换并进行电路调整，往往需要较长的时间。在检修过程中，应根据实际的技术条件和经济状况合理选择。第二、第三级检修更符合我国的国情。坚持物有所值、勤俭节约的原则是检修工作者必须遵循的原则之一。

排除故障是完成检修任务的必要手段。视检查出的故障原因做相应的处理，就可将故障排除。排除故障的具体方法有以下几种。

（1）用同规格、同型号的良品元器件更换损坏、变质的元器件。当无相同的元器件而需要用其他元器件代换时，应遵循代换原则。

（2）重新调整有关电路或可调元器件，以解决失调故障，检修后的调整可使机器性能更佳。

（3）重焊、补线，以排除虚焊、脱焊或断线故障。

（4）清洗、烘烤受污染、锈蚀、接触不良或漏电的电路和元器件或设备，可排除简单或疑难故障。

（5）灵活地采用临时措施。此法因人、因地而异，但必须规范化，以免后期不好修理。若采用了临时措施，则在购买到器材后一定要及时换上，并记录在案。

故障检修完成以后，检修工作者应该对电子产品进行开机试运行，并进行校验，使电子产品的性能达到最佳。

三、智能家居设备的维修方法和注意事项

1. 智能家居设备常用的维修方法

智能家居设备常用的维修方法主要有直观检查法、对比代换法、信号注入法、电阻/电压检测法等。

针对具体的设备，有针对性的维修方法。

（1）无线网关。例如，智能家居系统出现网络故障，应先检查网关上的电源指示灯是否点亮、故障指示灯是否有报警。排除以上问题后，应检查无线网关是否正常连接到了无线网络（Wi-Fi/ZigBee/蓝牙等），确认当前无线网络是否可用，并检查无线网关与智能音箱是否连接到了同一个 Wi-Fi 网络，使用网络分析工具软件检测系统平台、网关连接网络是否正常。排除以上问题后，需要查看网关日志，确认无线网关的硬件连接问题并进行软件调试。

（2）蓄电池类传感器。传感器出现故障后，应首先排查电源故障，特别是使用蓄电池供电的设备，可能由于电池电压不足而使设备无法正常工作，使用专用工具对电池供

电的智能家居子设备定期进行电量检测和电池更换。部分传感器（如人体红外传感器）在设备背面有灵敏度调节旋钮，如果出现传感器不灵敏的现象，则可以尝试改变传感器的灵敏度进行修复。提醒用户保持设备运行环境清洁，不定期对智能家居设备进行清尘擦拭。

（3）门磁传感器。门磁传感器结构比较简单，价格也比较低，如果出现故障，则可能是内部干簧管等设备老化，此时可以使用万用表检测一下门磁在有磁及无磁两种状态下的通断状态。

2. 智能家居设备维修注意事项

（1）带电测量时防止连电，表笔不要打滑，可将表笔磨尖或在头上绑上针。

（2）当检修带大电容的电子板时，先对电容进行自放电。

（3）严禁带电插拔电路板。

（4）在拆卸设备时，确保螺栓、设备部件摆放有序，不能发生螺栓或部件装配不全的情况。

（5）在接触敏感元器件电路板前，人体先对地放电，尽量避免手直接接触电路板和静电敏感元器件。

（6）在更换敏感元器件时，防静电恒温焊台必须接地或切断电源进行焊接。

（7）在换件后进行通电试验时，手不能离开电源开关，当发现冒烟、打火现象时，必须马上断电，避免故障扩大。

（8）对设备检修完毕后，注明检修时间及是否正常。

（9）下班前清点工具，收拾好现场，严格按要求做好检修记录。

四、智能家居设备常见维修工具

1. 焊台和热风枪

在智能家居设备维修中，使用最多的焊接设备是焊台和热风枪，有些特殊的场合还使用红外线焊接设备。焊台和热风枪的使用是智能家居维修工程师必须掌握的基本技能之一。

2. 万用表

前面提到，万用表一般可分为指针万用表和数字万用表。

万用表中间部分是转换旋钮，用于转换各种挡位，上面各个字符代表的意思是：从OFF挡开始，依次是交流电压、直流电压、直流电压毫伏、Ω挡（电阻）和二极管测试、电容、交流/直流安培、交流/直流毫安、交流/直流微安。

万用表表身最下面部分是表笔插口，从左到右共计 4 个插口，分别是电流安培（注意：有电流通过时间要求）、电流毫安微安（也要注意电流通过时间的要求）、COM（也叫公共端）、电压电阻二极管。其中，COM 孔插黑表笔，其余 3 个孔均插红表笔。

万用表的基础功能只有 4 种：测通断、测电阻、测电压、测电流。其中，电压和电流又可分为直流电压、交流电压和直流电流、交流电流。

在选择具体挡位时，要分 3 步进行。

第一，确认测量内容（测的是交流还是直流，要测的是电压还是电流，这个必须先搞清楚）。

第二，估算测量数值，如家庭电路的电压在 220V 左右。

第三，选择挡位，要选择距离估算值最近且大于估算值的挡位。

例如，家庭电路的电压估算值为 220V，此时就应该选择交流电压区域数字大于 220V，且距离 220V 最近的挡位。

如果选择的挡位小于实际测量值，则有可能烧毁万用表；但是挡位越大，测得的数值就越不精准，这是上述选择挡位方法的原因。如果无法估算数值，则应该调到功能区最大的一个数值进行测量，将所得数值作为估算结果，重新进行选择和测量。

五、智能家居设备维修案例

案例一：某智能家居系统使用小度音箱进行语音控制，网络中布置了同时支持 ZigBee 和 Wi-Fi 两种网络的安卓网关；小度音箱使用 Wi-Fi 网络接入云平台，云平台与网关通信也是通过 Wi-Fi 网络接入的，各智能家居设备通过 ZigBee 网络与网关通信。

现出现如下故障：通过小度音箱语音控制窗帘，结果无反应。

解决思路如下。

首先排除硬件故障，检查被控设备的供电情况，测试其他设备是否语音可控，检查智能窗帘电机是否损坏、窗帘是否被卡住等；确认无误再确认网络问题，打开小度音箱中的其他软件，检测当前网络是否畅通。发现网络已断开，切换到可用的无线网络，问题解决。

如果在排除外网故障后，设备仍然不可控，则打开小度 App，找到智能家居平台，将设备解绑再绑定，问题解决。

案例二：某智能家居系统采用萤石智能家居摄像机进行画面监控。

现出现以下故障：监控画面出现偏色；夜视画面过暗，部分过亮；画面朦胧；无画面或无信号。

解决思路如下。

设备局部画面出现偏色，如偏绿、偏红、偏黄等，可能是环境中存在干扰光源，可以检查一下设备监控环境中有没有干扰光源，如霓虹灯、彩灯、彩色玻璃等，移除干扰灯源或调整镜头的角度。设备图像出现全部偏粉、偏红、偏紫的问题，一般情况下是由于 ICR 卡住导致的。ICR 卡住后就不起作用了，进而导致出现图像偏色问题。ICR 的中文名称叫"双滤光片切换器"，白天可以滤掉红外光，以确保图像效果；夜晚移去红外滤色片，确保全光谱光线均可进入摄像机，提升画面亮度。ICR 卡住可能是由于供电、低温等环境因素导致的。先将设备进行断电重启，再恢复出厂设置。如果设备固件不是最新版本，就将固件升级为最新版本。另外，有时候萤石云视频 App 上显示的画面是正常的，但是录像机画面显示出现红色、绿色等色条、水纹波，可能是接触不良导致的，应先检测录像机与显示器的接线是否良好，再将摄像机与录像机的设备版本均升级到最新版本。若完成上述操作后，设备画面依然偏色，则可以判断为 ICR 卡住，无法切换成功，需要进行售后维修。

白天设备监控画面正常，到了晚上，监控画面整体偏暗，但是画面中会有过亮的物体。这种情况是由于环境中的物体大量反射设备发出的红外光造成的。相机成像是全局曝光取平均亮度的方式。当图像中有一块区域特别亮时，实际平均值会超过理论值，因此整体画面亮度降低，暗的地方会更暗，解决方法是调整设备镜头的角度，或者移除障碍物，防止有过亮区域或反光区域。

白天智能家居摄像机画面正常，晚上画面朦胧，像蒙了一层雾。这种情况可能是由于红外漏光或摄像机红外灯前反光造成的，较易出现于有灯罩的半球形摄像机，因为长时间使用后，灯罩前方可能会弄脏或灯罩内部起雾，当夜晚开启红外灯时，红外光遇到灯罩脏的区域后直接进行反射，而反射的红外光太强，就会影响成像，便会出现雾蒙蒙的情况，解决方法是检查灯罩情况，将灯罩擦干净，避免发生红外反光等问题。

若 DVR 设备出现无信号，NVR 设备出现无画面现象，则可能是由于连接线接触不良导致的，解决方法是首先检查该通道有没有连接摄像机，再检查连接线是否松动或损坏。

任务实施

（根据分配到的家居故障进行撰写，并填写故障维修过程记录单。）

_____
_____
_____
_____
_____
_____
_____

1. 填写故障维修过程记录单

填写故障维修过程记录单，如表 3.3.1 所示。

表 3.3.1　故障维修过程记录单

序　号	维修过程记录	备　注
1		
2		
3		
4		
5		
6		

2. 维修后的检查调试

智能家居设备故障排除并接入智能家居系统后，仔细检查智能家居设备有无连焊等安全隐患、通信功能是否正常等。

（1）检查元器件有无连焊等安全隐患，并做好记录。

（2）通过通信测试，检查智能家居设备的通信功能，并做好记录。

（3）测试语音控制、设备联动等功能，并做好记录。

3．成本核算

对智能家居设备维修成本进行估算，并与市场报价进行比较，分析成本偏高或偏低的原因。

（1）根据维修材料估算材料成本。

（2）根据维修工时估算人工成本。

（3）根据实际情况估算其他成本。

4. 交付验收

根据验收标准进行验收、评分,并填在表 3.3.2 中。

表 3.3.2 交付验收

序号	验收项目	验收标准	配分(分)	评分	备注
1	智能家居设备外观	无新划痕、破损、裂缝、油污,外观整洁、干净、美观	30		
2	数据采集	数据采集准确无误	10		
3	通信功能	可以实现稳定的数据通信	20		
4	通电运行	能正常配合智能家居系统使用	40		
	客户对项目验收评价成绩				

5. 记录验收过程中存在的问题,小组讨论解决问题的方法

记录验收过程中存在的问题,小组讨论解决问题的方法,并填在表 3.3.3 中。

表 3.3.3 验收过程中存在的问题及解决方法

序号	验收中存在的问题	改进和完善措施
1		
2		
3		
4		
5		

6. 整理工具,清理现场

根据领料单清点所有工具,检查是否有损坏,若无损坏,则应交回收发处;若有损坏,则应及时汇报,同时整理剩余的元器件及材料,一并交还收发处。清理现场,填写元器件、材料及工具归还清单,如表 3.3.4 所示。

表 3.3.4　元器件、材料及工具归还清单

序　号	元器件、材料及工具名称	型号及规格	数　量	备　注
1				
2				
3				
4				
5				
收发处负责人 （签字）	年　月　日	团队负责人 （签字）	年　月　日	

评价与分析

根据本任务的执行情况进行自评和教师评价。

自评：
_____
_____
_____
_____
_____
_____
_____

教师评价：
_____
_____
_____
_____
_____
_____
_____
_____

任务四　工作总结与评价

学习目标

1. 能按分组情况选派代表进行工作成果汇报，并进行自评和互评。
2. 能结合自身任务完成情况正确、规范地撰写工作总结。
3. 能对任务过程中出现的问题进行分析，并提出以后的改进措施和办法。

项目小结

本项目主要以智能家居技术服务为主线，从智能家居的故障接收、智能家居设备的检修、客户验收几方面进行讲解，让读者对整个智能家居售后服务的工作内容更加了解，最终使读者能够用常见工具进行常见智能家居设备故障的检修。

评价总结

一、自评、小组评价

（一）成果汇报设计

_____

_____

_____

_____

_____

_____

（二）互评

_____

_____

_____

_____

_____

_____

_____

二、教师评价

教师听取汇报后,对任务完成情况进行点评。

_____
_____
_____
_____
_____

工作过程回顾及总结

1. 回顾本次学习任务的工作过程,对新学专业知识和技能进行归纳与整理,写出一篇不少于 800 字的工作总结。

2. 为智能家居编写一份《智能家居维护保养手册》,此手册包含使用智能家居系统的注意事项,以及智能家居设备的维护、保养方法等。

综合评价表

综合评价表如表 3.4.1 所示。

表 3.4.1　综合评价表

考核项目	评价内容	配分（分）	评价分数		
			自我评价	小组评价	教师评价
职业素养	劳动保护用品穿戴完备,仪容仪表符合工作要求	5			
	安全意识、责任意识、服从意识强	6			
	积极参加教学活动,按时完成各项学习任务	6			
	团队合作意识强,善于与人交流沟通	6			
	自觉遵守劳动纪律,尊敬师长,团结同学	6			
	爱护公物,节约材料,管理现场符合 3S 标准	6			
专业能力	专业知识扎实,有较强的自学能力	10			
	操作积极,训练刻苦,具有一定的动手能力	15			
	技能操作规范,注重维修工艺,工作效率高	10			
工作成果	产品维修符合工艺规范,产品功能满足要求	20			
	工作总结符合要求,维修成本低	10			
总分		100			
总评	自我评价×20%+小组评价×20%+教师评价×60%=	综合等级	教师（签名）：		

补充1：智能家居实训设备介绍

一、智能家居设备简介

智能家居实训台（见图3.5.1）融合了USB、RS-232、ZigBee等多种通信技术，并提供了服务器、网关、安卓客户端、苹果客户端的源码，是基于多年商用产品改造而成的。开发板、实训台、实验室建设设备可直接进行通信控制，实训台安装的设备支持直接商用，给实训学生未来从事相关行业提供了技术经验和积累。

智能家居实训台的性能参数如下。

（1）工作电压：AC 220V、DC 5V。

（2）工作环境：温度为-10～+40℃，相对湿度≤85%RH（25℃）。

（3）满载电流：<5A。

（4）尺寸：1400mm×600mm×1600mm（长×宽×高）。

（5）安全保护：漏电保护器、"弱电"操作，符合国家标准。

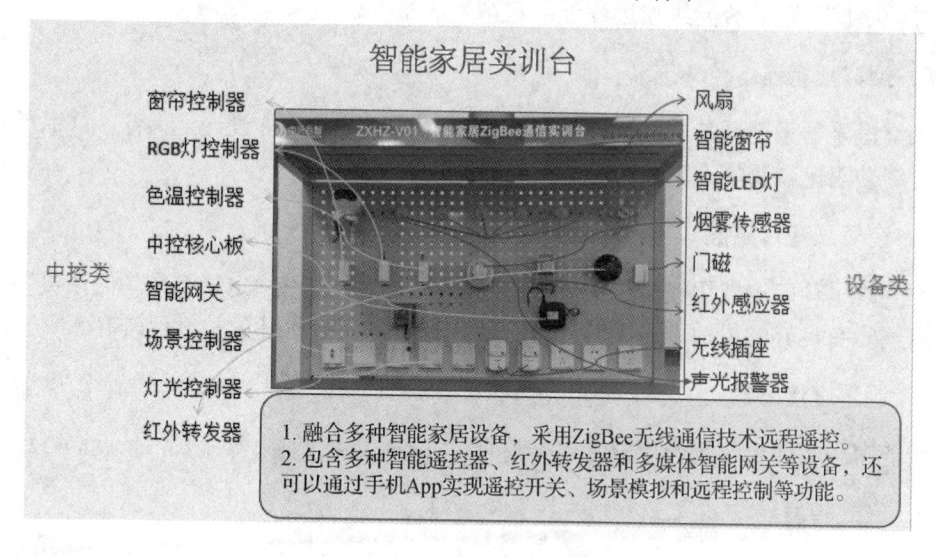

图3.5.1　智能家居实训台

二、智能家居实训台的组成

智能家居实训台包含窗帘控制器、RGB灯控制器、色温控制器、中控核心板、智能网关、场景控制器、灯光控制器、红外转发器、风扇、智能窗帘、智能LED灯、烟雾传感器、门磁、红外感应器、无线插座、声光报警器等，可根据教学和课程调整配置，增加和减少设备。

1. 轻触式智能开关

轻触式智能开关采用 ZigBee 无线通信技术，可通过网关直接或定时控制灯光；还可以通过网络使用移动智能终端远程遥控灯光。

2. 智能调光开关

智能调光开关采用 ZigBee 无线通信技术，可实现对家中灯光的一对一开关控制、亮度调节，还可以在预设好的场景下打开或关闭灯光，当打开灯光时，亮度会自动调节到预设亮度；搭配相应的智能遥控器、多媒体智能网关等设备，还可以实现灯光的遥控开关、亮度调节和远程控制等功能。

3. 智能插座

智能插座内嵌 ZigBee 射频模块，接受家庭智能网关指令，管理家电设备的电源，进而控制其工作状态。

4. 智能窗帘开关

智能窗帘开关采用 ZigBee 无线通信技术，可以通过网关直接或定时控制窗帘；还可以通过网络使用移动智能终端远程遥控窗帘。

5. 烟雾报警器

烟雾报警器采用独特的结构设计和光电信号处理技术，从设计上保证了产品的稳定性，对缓慢阴燃或明燃产生的可见烟雾有较好的反应。

6. 空气质量传感器

空气质量传感器选用较先进的半导体气敏元器件，工作稳定，在较宽的浓度范围内对有害气体有良好的灵敏度，尤其对氨、硫化物、苯系等气体的灵敏度较高。

7. 温湿度传感器

智能家居实训台选用数字温湿度传感器，工作稳定，使用寿命长，精度高。

8. 红外转发器

红外转发器具有实时采样学习的功能，通用性强，学习一次永久记忆，接收家庭智能网关发出的无线指令，转换成红外信号后，完成对红外用电设备的控制。

9. 门磁

门磁传感器内置干簧管，开/关门时会触发，在设防状态下，当判断为开门状态时，会触发报警。

10. 声光报警器

声光报警器用于各种安防类传感器触发时的语音报警，可进行设防和撤防操作。

11. 开发板

开发板用于学习实验，可进行智能家居各类设备的模拟操作，更加真实地进行智能家居设备的学习。

12. 网关

网关用于智能家居设备和手机 App 数据的转发。

三、智能家居系统的安装调试步骤

（一）物联网智能家居系统的安装

（1）根据产品设计方案，按照云平台协议进行设备身份注册。

解决方案：如在小米云平台进行设备身份注册。

（2）根据产品设计方案，按照云平台协议进行设备功能定义。

解决方案：如在小米云平台对注册的设备进行功能定义，如图 3.5.2 所示。

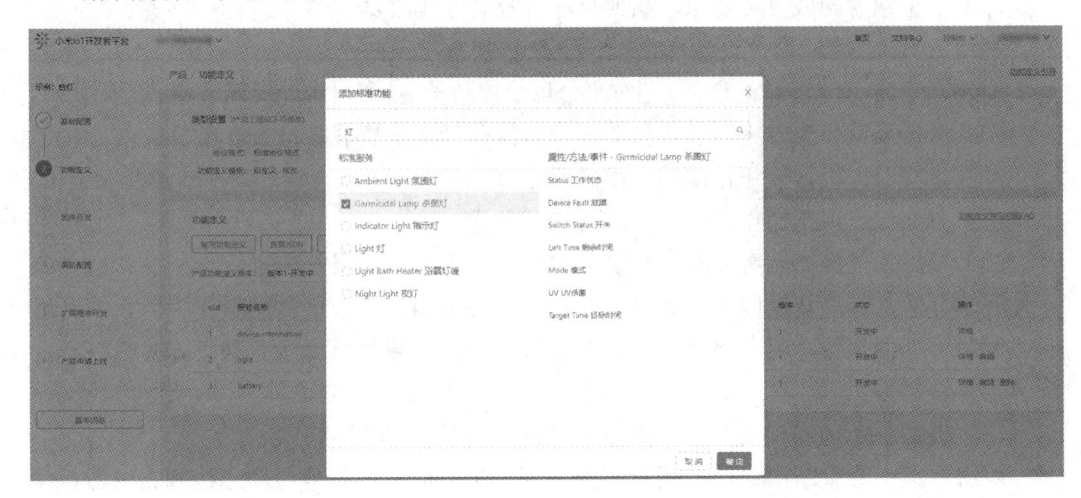

图 3.5.2　在小米云平台对注册的设备进行功能定义

（3）根据产品设计方案，按照云平台协议进行设备模组认证。

解决方案：如在小米云平台进行 ZigBee 模组认证。

（4）根据产品设计方案，按照云平台协议进行设备芯片认证。

（5）根据产品设计方案，按照云平台协议添加设备。

解决方案：在云平台添加智能家居设备，如图 3.5.3 所示。

（6）根据产品设计方案，按照云平台协议进行设备分组。

解决方案：将智能家居设备按房间进行分组。

（7）根据系统集成方案，按照施工规范安装云。

解决方案 1：登录 SQL Server Management Studio，附加云平台数据库。

解决方案 2：使用 IIS，新建云平台网站，设置端口，部署云平台。

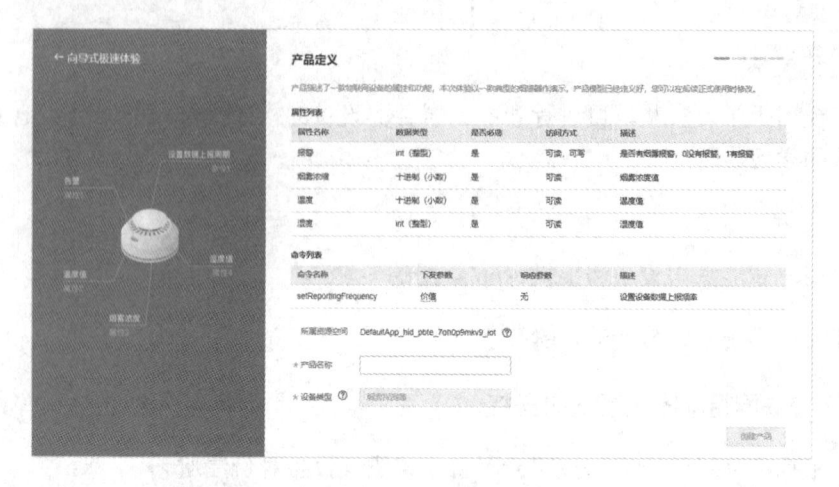

图 3.5.3　在云平台添加智能家居设备

（二）物联网智能家居系统的调试

（1）根据系统集成方案要求，按照云平台操作手册在线调试设备运行状态。

解决方案 1：调试网关设备，在平台上查看状态显示在线。

解决方案 2：调试各智能设备，通过平台可以控制设备，平台上能显示设备的实际状态。

（2）根据系统集成方案要求，按照云平台操作手册配置设备运行参数。

解决方案 1：根据操作台编号，配置网络 PANID。

解决方案 2：根据操作台编号，配置通信信道。

（3）根据系统集成方案要求，按照云平台操作手册调试报警配置。

解决方案：创建智能联动，命名为安防联动并编辑，当门磁传感器报警时，打开灯光、开启蜂鸣器报警，把门磁传感器设备分开，触发门磁传感器；查看灯光是否打开，蜂鸣器是否报警。

（4）根据系统集成方案要求，按照云平台操作手册调试网络状态。

解决方案：查看路由器设置是否正确；查看服务器和网关是否已连接到路由器；使用网络分析工具软件查看服务器和网关是否在线。

（三）实训演练

1　接线方式

接线方式如图 3.5.4 所示。

注：J1 连接屏；JP6 的 19 和 20 引脚相连，23 和 24 引脚相连；P9 的 1 和 2 引脚相连，9 和 10 引脚相连。

2．开机界面

开机界面如图 3.5.5 所示。

开机界面包含智能家居系统实训台功能组成部分，包括控制类设备、安防设备、传感类设备、红外设备、场景系统等。点击每类设备图标，可以进入相应操作界面，如点

击 图标区域进入灯光设备控制界面。

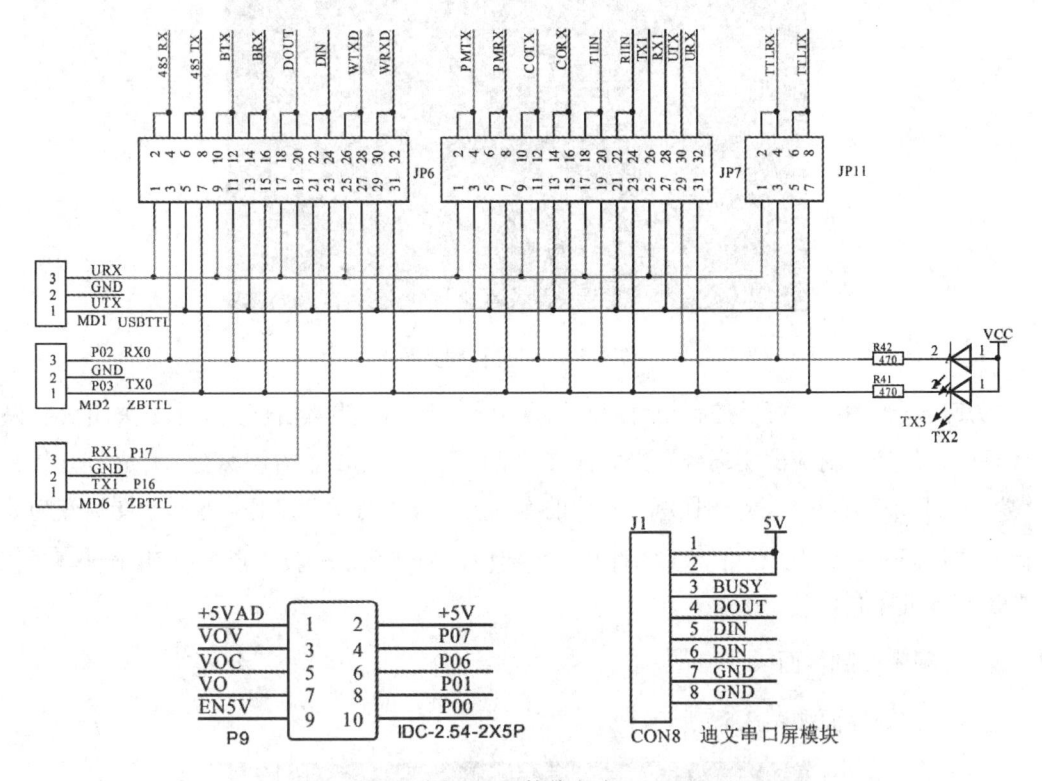

图 3.5.4 接线方式

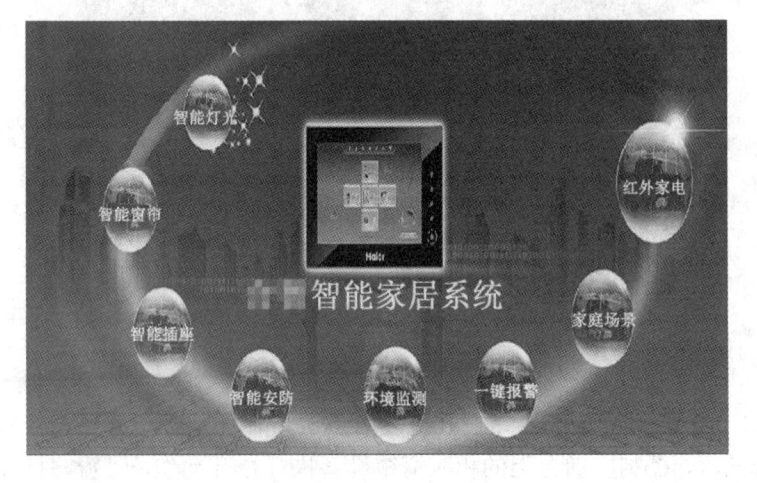

图 3.5.5 开机界面

注：开机界面进入任一功能界面后，显示的都是功能初始界面，表示无操作动作执行，在功能初始界面下，控制类设备状态可能会与实训台当前设备状态不同步。

3．灯光控制界面

灯光控制界面如图 3.5.6 所示。

图 3.5.6　灯光控制界面

点击灯光图标，可以控制相对应的灯光状态。例如，当点击灯光 1 上方关闭状态图标时，灯光 1 对应的实训台灯光执行打开动作，且灯光 1 上方图标变为灯光打开状态，在灯光打开状态下点击图标，相应的实训台灯光执行关闭动作，且显示图标变为关闭状态；同理，灯光 2、灯光 3 的打开、关闭操作和灯光 1 一致。点击返回图标切换到开机界面。

4．窗帘控制界面

窗帘控制界面如图 3.5.7 所示。

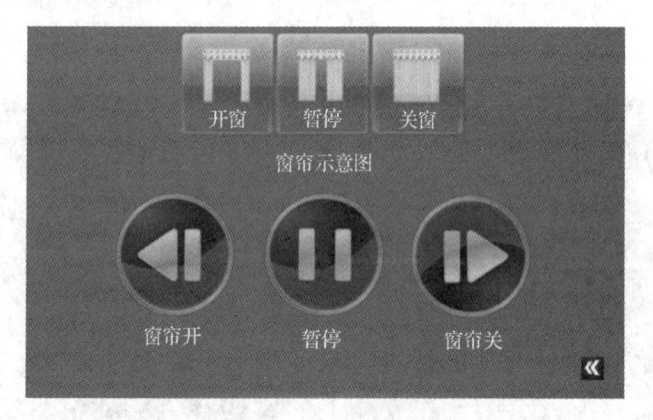

图 3.5.7　窗帘控制界面

如同进入灯光控制界面一样，在开机界面点击图标后，进入窗帘控制界面，点击窗帘打开图标，控制实训台上的相应窗帘设备执行打开动作，且窗帘打开图标变为亮色动作执行状态（实际中为绿色），同理，窗帘暂停和窗帘关闭动作的操作方式与窗帘打开一致，当开/暂停/关任一动作图标为亮色时，操作其他动作有效。点击图标，返回开机界面。

5．插座控制界面

插座控制界面如图 3.5.8 所示。

图 3.5.8 插座控制界面

在开机界面下，点击 智能插座图标，进入插座控制界面，点击 插座开图标，控制实训台上的相应插座设备执行打开操作，且插座开图标变为亮色动作执行状态 （实际中为绿色），同理，插座关闭动作的操作方式与插座打开一致，当开/关任一图标为亮色时，操作其他动作有效。点击 图标，返回开机界面。

6. 智能安防界面

智能安防界面如图 3.5.9 所示。

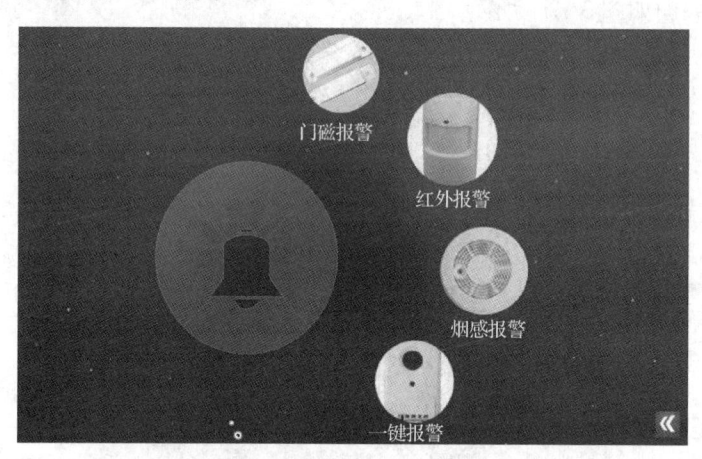

图 3.5.9 智能安防界面

在开机界面下，点击 智能安防图标，进入智能安防界面，实训台报警系统主要包括门磁报警、红外报警、烟感报警、一键报警，模拟门禁系统、防盗系统、安全系统等，当实训台声光报警器设备发出报警信息时，迪文屏在任意界面下都会切换到智能安防界面，警铃图标 会显示报警状态 ，此时点击右侧任一报警设备图标，如点击门磁报警 图标后，点击报警状态 ，会取消迪文屏报警提示。点击 图标，返回开机界面。

7. 环境监测界面

环境监测界面如图 3.5.10 所示。

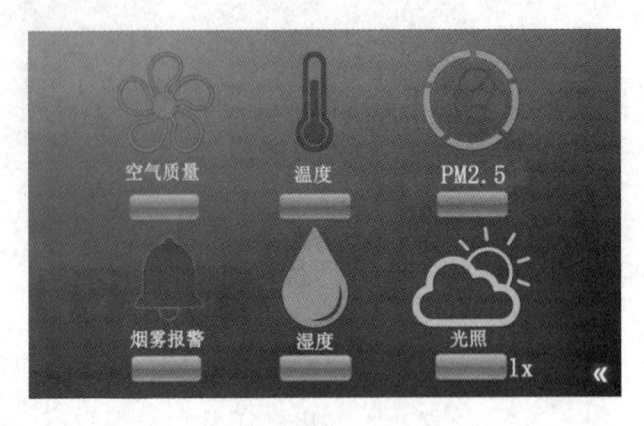

图 3.5.10　环境监测界面

在开机界面下，点击 环境监测图标，进入环境监测界面，实训台环境监测系统包括温湿度传感器、空气质量监测传感器、PM2.5 监测传感器、光照传感器、烟感浓度探测器等，可以模拟环境监测、智慧农业、智慧照明、煤气监测等多个学习内容，迪文屏环境监测界面会实时显示当前实训台传感器设备采集值。点击 图标，返回开机界面。

8. 家庭场景界面

家庭场景界面如图 3.5.11 所示。

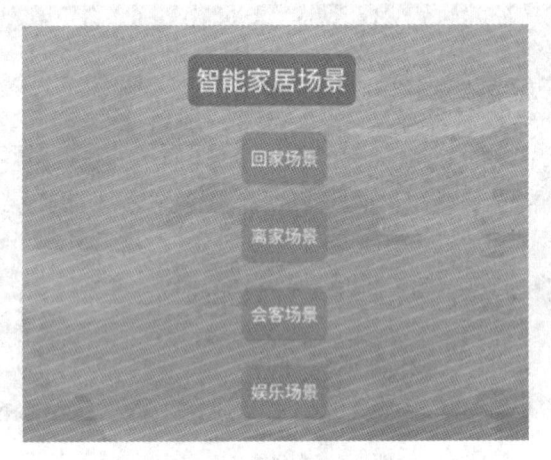

图 3.5.11　家庭场景界面

在开机界面下，点击 家庭场景图标，进入家庭场景界面。例如，点击情境模式 1 对应图标 ，实训台设备就会根据手机 App—展示屏—情境模式 1 功能模块下编辑的情境执行相应的动作。同理，家庭场景界面内的其他情境模式的操作方式与情境模式 1 一致，实训台设备最终执行的结果和最后点击的情境模式对应的情境同步。点击 图标，返回开机界面。

9. 一键报警界面

一键报警界面如图 3.5.12 所示。

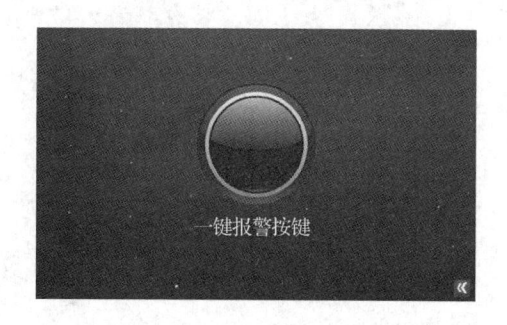

图 3.5.12　一键报警界面

一键报警界面的进入方式和其他界面的进入方式相同，此界面仅为一键报警设备按键操作演示，即点击●图标，实训台设备不会有相应动作执行。点击《图标，返回开机界面。

10．红外家电界面

红外家电界面如图 3.5.13 所示。

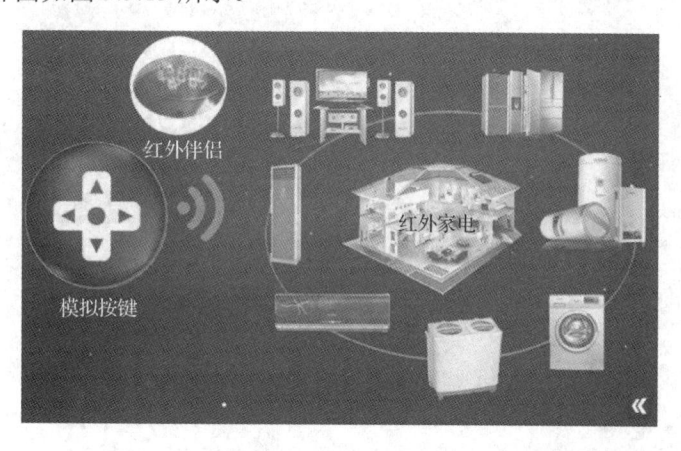

图 3.5.13　红外家电界面

红外家电界面的进入方式和其他界面的进入方式相同，此界面为红外伴侣设备功能演示界面，即点击✥上、下、左、右、确认按键时，实训台设备并不会执行相应的动作；点击●红外伴侣图标，可进入红外伴侣展示界面。点击《图标，返回开机界面。

补充2：专项实训

智能家居设备组网

一、实训目的

1. 熟练掌握智能家居系统各部分的原理和作用。
2. 熟悉掌握 ZigBee 网络的调试方法。
3. 熟练掌握 Wi-Fi 网络的调试方法。

二、实训设备

个人计算机、USB 转 TTL 工具、串口工具软件、杜邦线、ZigBee 设备、Wi-Fi 设备、网络调试软件。

三、实训内容

智能家居设备网络调试。

四、实训方法及步骤

1. Wi-Fi 设备调试

（1）将 Wi-Fi 模块的 TX 引脚接到 USB 转 TTL 工具的 RX 引脚上，将 Wi-Fi 模块的 RX 引脚接到 USB 转 TTL 工具的 TX 引脚上。

（2）打开串口工具软件，选择好端口及波特率。

（3）查询 Wi-Fi 模块的 AT 指令表，了解常用的 AT 指令的作用。

（4）在计算机端的网络调试工具中建立一个 TCP Server。

（5）通过串口工具发送 AT 指令到 Wi-Fi 模块。

（6）观察网络调试工具的接收栏是否能收到 Wi-Fi 模块传过来的数据。

2. ZigBee 设备调试

（1）搭建 ZigBee 开发环境 IAR 软件与 ZStack 协议栈。

（2）打开 ZigBee 开发环境 IAR 软件，选择设备类型（协调器/路由器/终端），编译并下载。

（3）观察实验现象。

智能家居硬件的拆焊与焊接

一、实训目的

熟练掌握智能家居控制板元器件的焊接、飞线等操作；能熟练使用热风枪和防静电恒温焊台工具。要求学生能在 10min 内保质保量地完成指定元器件的拆焊和焊接操作。

二、实训器材与工作环境

1. 智能家居主控制板若干，具体种类、数量由指导教师根据实际情况确定。
2. 智能家居设备维修平台、热风枪、防静电恒温焊台各一个。

三、实训内容

1. 使用热风枪拆卸元器件。
2. 使用防静电恒温焊台焊接元器件。
3. 对串口进行飞线，使用 USB 转 TTL 工具连接计算机并查看设备数据。

补充3：国内智能家居品牌介绍

一、小米

小米公司正式成立于2010年，是一家专注于智能手机、互联网电视及智能家居生态链建设的创新型科技企业。小米手机、MIUI、米聊是小米公司旗下三大核心产品，小米公司首创了用互联网模式开发手机操作系统、"发烧友"参与开发改进的模式、国内智能家居生态链模式。

小米公司在智能家居领域的布局与小米路由器有着密不可分的关系。小米路由器的产品定义是：第一是最好的路由器，第二是家庭数据中心，第三是智能家庭中心，第四是开放平台。而从小米路由器第一次公测时标榜的"顶配路由器"到第三次公测时获得的"玩转智能家居的控制中心"称号中，我们看到了小米路由器已经实现了其最初的产品定义。

小米公司在智能家居领域的发展历程从2013年开始，2013年11月，小米路由器正式发布；2014年5月，小米电视2正式发布；2014年10月，小蚁智能摄像机、小米智能遥控中心、Yeelight智能灯泡、小米智能插座4款智能硬件发布，小米智能家庭App正式推出；2014年12月，小米空气净化器正式发布，小米公司与美的集团达成战略合作协议，正式入股家电企业。

2015年，小米公司在智能家居领域有了更频繁的动作：1月，在小米公司的年度旗舰发布会上，小米智能芯首次亮相，同月，小米智能家庭套装也正式发布；5月，小米智能家居与正荣集团达成合作，并将合作项目落户在苏州幸福城邦家园项目上，同月，小米智能家居与仁恒置业达成合作，落地部署小米智能家居产品；6月，小米智能家居与金地集团达成合作，合作项目将实现全国近万家金地业主使用小米智能家居系列产品。

小米公司创始人——董事长兼首席执行官雷军在第五届世界互联网大会上发布了小米面向智能家居的人工智能开放平台，简称小米IoT平台，如图3.5.14所示。小米IoT平台提出了智能家居产业互联解决方案，可以延伸到酒店、地产、企业套件等领域。

2018年，小米IoT平台连接1亿多台智能设备，智能助手小爱同学月活跃用户高达3400万人，小米成功利用米家生态链形成智能家居闭环。目前，通过米家生态链中的众多智能设备，已经可以实现多设备之间的智能联动，其智能家居整体功能和应用场景也变得越来越丰富。并且小米公司也与多家企业建立智能家居合作关系，可以将小米IoT平台应用于生活中的各种场景，如图3.5.15所示。

图 3.5.14　小米 IoT 平台

图 3.5.15　小米智能家居生活场景

二、海尔

海尔创立于 1984 年,是一家较领先的智能家居方案提供商。作为智能家居产业的领导者之一,海尔颇具前瞻性地推出了全球第一个全交互性的智慧生活平台——海尔 U+平台。

海尔 U+平台旨在建立统一的智慧协议标准，为用户提供空气、水、食品、健康、家电、娱乐及安全、洗护等生活元素一站式的智慧生活解决方案。目前，海尔 U+平台接入的智能产品品类已经超过 100 种，2015 年 3 月，海尔 U+智慧生活 App 正式发布。

三、美的

美的创立于 1968 年，是一家以家电业为主，涉足照明电器、房地产、物流等领域的大型综合性现代化企业集团，目前旗下拥有 3 家上市公司、四大产业集团，是我国最具规模的白色家电生产基地和出口基地之一。

1980 年，美的正式进入家电业，目前，美的的主要产品涉猎甚广，在家用电器方面，有空调、冰箱、电饭煲、电磁炉、空气清新机、洗衣机、饮水机、洗碗机、消毒柜、抽油烟机、热水器等；在家电配件产品方面，有空调压缩机、电机、磁控管、冰箱压缩机、变压器等，拥有我国最大、最完整的空调产业链、微波炉产业链、洗衣机产业链、冰箱产业链和洗碗机产业链等。2014 年 3 月，美的和阿里巴巴签订了云端战略合作协议，共同推出首款物联网智能空调，如图 3.5.16 所示。

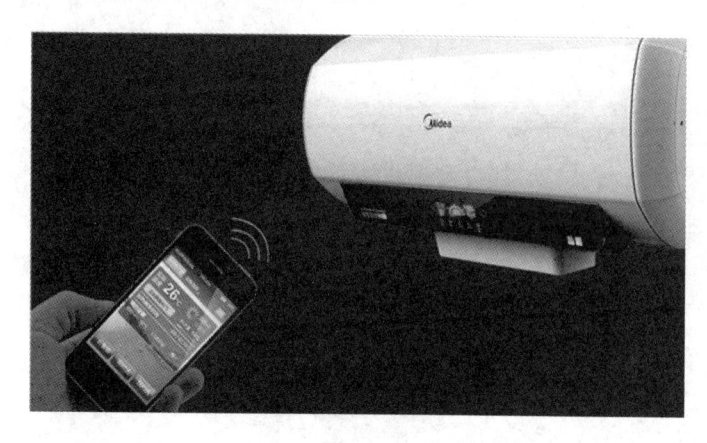

图 3.5.16　美的物联网智能空调

四、格力

格力成立于 1991 年，是一家集研发、生产、销售、服务于一体的国际化家电企业，目前拥有格力、TOSOT、晶弘三大品牌，主营的产品有中央空调、家用空调、空气能热水器、手机、生活电器等。

在我国的智能家居领域中，就空调而言，虽然市场上正式销售的智能空调产品并不是很多，但是在格力、海尔、美的等各大品牌的广告宣传中，依然让人感到智能空调时代已经来临。

作为智能空调领域的先行者之一，早在 2011 年，格力就和中国移动合作，研发出了通过手机设备来远程操控空调运行的技术。这就是当时的物联网空调，也可以看作智能空调的初级产品，其功能包括远程查询、开/关机、调节风速和噪声等。

2013年，格力推出旗舰产品全能王-U尊smart（见图3.5.17）和全能王-U尊Ⅱ，正式配置"格力智能家电"系统的功能，标志着格力智能空调的大幕正式拉开。

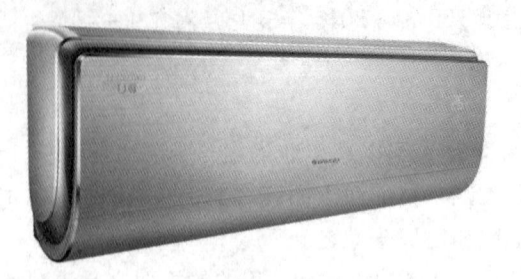

图3.5.17　格力全能王-U尊smart智能空调

习 题

一、选择题

1. 下列最安全便利的锁是（　　）。
   A. 传统的机械锁
   B. 普通感应锁
   C. 具备多种开锁方式、安全保险的智能门锁
   D. 以上都不是

2. 门禁卡的工作能源来自（　　）。
   A. 磁场感应电流　B. NFC　　　　C. 磁条　　　　D. 门禁卡

3. ZigBee 的频带为（　　），传输速率为 250kbit/s，全球通用。
   A. 868MHz　　　B. 915MHz　　　C. 2.5GHz　　　D. 2.4GHz

4. 中继器的作用是（　　）。
   A. 增强无线信号，扩大传输范围　　B. 可以对家电进行控制
   C. 可以起到路由器的作用　　　　　D. 以上都包含

5. 下列对智能门锁的描述正确的是（　　）。
   A. 智能门锁只能通过手机开锁
   B. 对于智能门锁，如果没有电了，就不能打开了
   C. 目前大部分智能门锁都采用了生物识别技术
   D. 以上都不对

6. 下列哪项不属于智能家居中控系统（　　）。
   A. 智能网关　　B. 智能开关　　C. 智能音箱　　D. 智能插座

7. 无线网络相对于有线网络的主要优点是（　　）。
   A. 传输速率高　B. 可移动　　　C. 稳定性高　　D. 通信质量好

8. 在同一个信道中的同一时刻，能够进行双向数据传输的通信方式是（　　）。
   A. 单工　　　　B. 半双工　　　C. 双工　　　　D. 以上都不是

9. 传感器节点的能耗主要集中在（　　）模块。
   A. 采集　　　　B. 处理　　　　C. 通信　　　　D. 控制

10. 电饭煲中的主要传感器是（　　）。
    A. 压力传感器　B. 红外传感器　C. 湿敏传感器　D. 温度传感器

二、判断题

1. 智能家居技术起源于美国，网络系统中的各设备可实现资源共享。（　　）
2. 智能家居系统可以提供家电控制、照明控制、窗帘控制、防盗报警，以及可编程定时控制等多种功能和手段，使人们的生活更加舒适、便利和安全。（　　）
3. 智能家居以家庭为平台。（　　）

4．智能家居通过物联网技术将家中的各种设备（如音/视频设备、照明系统、窗帘控制系统、空调控制系统、安防系统、数字影院系统、网络家电及 3 表抄送等）连接到一起，提供家电控制、照明控制、窗帘控制、电话远程控制、室内外遥控、防盗报警、环境监测、暖通控制、红外转发，以及可编程定时控制等多种功能和手段。　　　（　　）

5．通过智能红外转发器可以实现手机对家电的智能控制。　　　（　　）

6．智能家居在我国的发展经历了 4 个阶段，分别是萌芽期/智能小区期、开创期、徘徊期、融合演变期。　　　（　　）

7．智能安防报警系统是由家庭的各种传感器、探测器及执行器共同构成的安防系统。　　　（　　）

8．在智能家居系统中，电视机是不可以通过手机来遥控的。　　　（　　）

9．智能家居在美国、德国、新加坡和日本等地都有广泛的应用。　　　（　　）

10．无线信号增强器能转发相应的无线信号。　　　（　　）

三、填空题

1．无线门磁传感器用来探测门、窗、抽屉等是否被_____或_____。

2．无线人体红外探头用来探测_____。

3．_____适用于空调、电视机、DVD 碟机、蓝光播放器、功放、音箱、机顶盒等任何红外线遥控产品。

4．ZigBee 网络又称个域网，每个个域网都有唯一的标识符_____。这个标识符在同一网络的所有设备中是公用的。

5．电磁阀是用_____控制的工业设备。

6．ZigBee 设备有两种地址类型：64 位的 MAC 地址和 16 位的网络地址。设备的 64 位的 MAC 地址在全球是_____的，并且一直使用在设备的整个生命周期。

7．物联网的 3 个源头是_____、_____、_____。

8．无线红外转发器可将 ZigBee 等无线信号与红外无线信号关联起来，通过移动智能终端控制任何使用_____的设备，如电视机、空调、电动窗帘等。

9．无线门磁传感器是一款防止非法打开门窗的专业级产品。本产品由_____和_____两部分组成，可分别安装在门或窗的缝隙两边。

四、简答题

1．智能家居的概念是什么？智能家居的特点有哪些？

2．智能家居的维护工具主要包括哪些？简述网关日志的使用方法。

3．智能家居中控系统主要有哪些产品？智能网关主要由哪几部分组成？简单画出智能网关的组成框图。

4．什么是智能灯控系统？它的主要特点有哪些？通过 App 实现智能调光功能的流程有哪些？

5．物联网智能家居系统检测、运维流程主要有哪些？

项目四　立式测温人证一体机

学习目标

1. 熟悉立式测温人证一体机的基础特性，包括产品的外观、功能等。
2. 重点掌握立式测温人证一体机的工作模式，以及正确使用该产品的注意事项。
3. 掌握立式测温人证一体机的技术要点，主要包括该产品的系统架构、所采用的主要技术参数。
4. 掌握立式测温人证一体机的安装过程，包括安装的流程图、注意事项、准备工作。
5. 熟记安装与调试立式测温人证一体机的理论知识。
6. 掌握立式测温人证一体机的检测与维修的相关理论知识点。
7. 会安装、调试立式测温人证一体机。
8. 能检测与维修立式测温人证一体机的常见故障。

建议学时

12 学时。

工作情境描述

公共场所管理人员需要测温设备，工作人员为客户做了详细的产品介绍，安排安装人员上门安装，并做好售后对接，告知客户如果有任何使用问题，都可联系售后维修人员。

工作流程与活动

1. 详述产品概况及产品技术要点（2 学时）。
2. 安装、调试设备（4 学时）。
3. 检测与维修设备（4 学时）。
4. 工作总结与评价（2 学时）。

任务一　详述产品概况及产品技术要点

学习目标

1. 熟悉立式测温人证一体机的基础特性，包括产品的外观、功能等。
2. 重点掌握立式测温人证一体机的工作模式，以及正确使用该产品的注意事项。
3. 掌握立式测温人证一体机的技术要点，主要包括该产品的系统架构、所采用的主要技术参数。

任务描述

为客户详细介绍产品。

任务分析

1. 接待客户，了解客户需求。
2. 为客户详细介绍产品。

知识储备

一、产品背景

理论上和实际结果都印证了新型冠状病毒的传播能力很强，因此减少和控制人员流动是非常重要的一个方面，还需要采取严格的筛查检测措施，特别是体温检测。体温检测成为排查患者的必要手段和措施。显然，在公共场所，尤其在车站、工厂、学校等人员较多的场所，通过体温计进行体温测量的测试速度慢、检测效率低、人力耗费较大，同时检测数据无法实时反馈，无法及时做出应对措施。

二、产品概述

（一）产品定义

国产的立式测温人证一体机是一款多功能、多形态的智能核验终端。它集二代身份证信息读取、指纹采集、人脸比对、体温检测等功能于一体，不仅能读取身份证信息、对持证人进行指纹核验，还能将现场抓拍人像与身份证照片信息进行"人证合一"验证，并实现检测、记录人员体温。立式测温人证一体机主要由立式测温设备和管理软件组成。立式测温设备的硬件部分主要由底座、支架、显示屏、测温相机、人脸识别摄像头系统等组成，管理软件部分由人脸识别系统、存储系统等组成。

（二）系统优势

立式测温人证一体机能够在远距离、非接触、多目标的条件下实现测温，非常适合机场、地铁、铁路及楼宇入口等人员密集的区域。体温测试的意义在于在特殊时期进行前期筛查，主要用于在人群中发现体温异常人员，从而进一步进行精确的体温测量及后续检查。

立式测温人证一体机较传统的测温设备有明显的优势，可同时实现身份验证和体温检测，并将体温信息与人员身份信息绑定；还可以实现实时语音报警，检查人员可以根据实际需求配置体温检测阈值，判定结果可直接在显示屏上显示，如果遇到异常情况，则会有语音报警，检查人员可快速响应；非接触式体温检测模块可实现远距离（0.15～3m）实时测温，便捷而安全。

三、整机介绍

（一）外形尺寸

立式测温人证一体机机身较窄，高度合理，外形小巧，不占用太大空间。立式测温人证一体机的尺寸如图 4.1.1 所示，只有明确了机器的尺寸，才能正确安装机器。

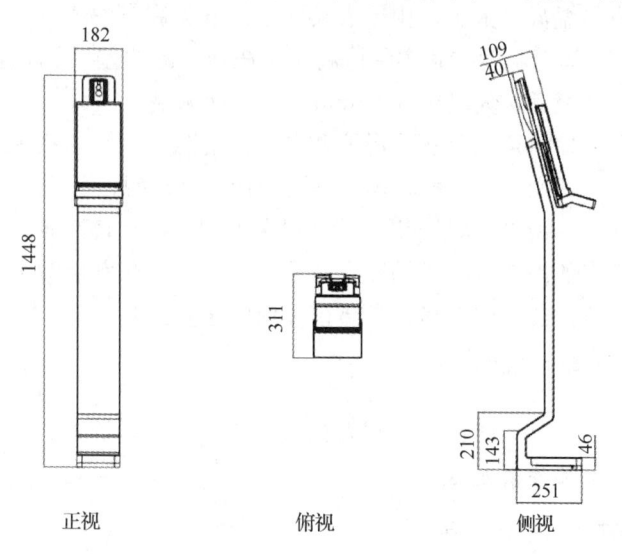

图 4.1.1　立式测温人证一体机的尺寸（单位：mm）

（二）产品组成

立式测温人证一体机的产品组成分为硬件部分和软件部分。硬件部分即立式测湿设备，包括底座、支架、显示屏、测温相机、人脸识别摄像头系统，以及物理接口（LAN×1、RS-485×1、韦根×1、USB×1、门磁×1、开门按钮×1、报警输入×2、电锁×1、报警输出×1）；软件部分是基于嵌入式 Linux 操作系统设计的人脸识别系统、存储系统、红外成像模块。

四、嵌入式 Linux

嵌入式 Linux 是嵌入式操作系统的一个重要成员,其最大的特点是源代码公开且遵循 GPL 协议,目前正在开发的嵌入式产品中,有近 50%的项目选择 Linux 作为嵌入式操作系统。

嵌入式 Linux 是将日益流行的 Linux 操作系统进行裁剪、修改,使之能在嵌入式计算机系统上运行的一种操作系统。嵌入式 Linux 既继承了源代码公开的特色,又具有嵌入式操作系统的特性。

嵌入式 Linux 的特点是免版权费、性能优异、软件可移植性好、源代码开放、有许多应用软件支持、应用产品开发周期短、新产品上市迅速,因为有许多公开的代码样本供开发者参考和移植(如 RT_Linux、Hardhat Linux 等),所以其实时性能好,稳定性高,安全性好。

五、功能简介

立式测温人证一体机基于热成像原理,在非接触情况下,可以快速测量人体体表温度,进而初步筛查体温异常人员,由于人类面部皮肤裸露在空气中,受环境温度、汗液挥发等因素的影响,体表温度与其实际体温会存在一定的偏差,所以建议在现场测温前,保证人员进入室内环境后,先稳定 3～5min,再进行测温。

立式测温人证一体机可同时实现温度测量和身份认证,还可搭配身份证读卡器、指纹仪等多种外设组合使用,在特殊时期,可用于社区、校园、医院、景区、酒店、商场、办公楼、建筑工地等场所的体温监测、身份识别和门禁通行控制等,有效降低了测温时大面积接触人体带来的潜在风险,缩短人体测温时间,提供测温数据支持,为上述场景下的管理提供了强有力的安全保障,是防控疫情的重要工具。

(一)人员身份核验功能

立式测温人证一体机能够针对被测人员通过刷卡、刷脸等方式进行身份核验,能够很好地区分内部人员和外来人员。

(二)非接触式体温检测功能

立式测温人证一体机在对被测人员体温进行检测时,采用的是非接触式的体温检测方式,温度检测距离为 0.15～3m,这样可以更好地保障检测人员的安全,满足疫情期间不聚集的要求。机器的体温检测功能可以按需开启,在非必要时期,可以关闭该功能。

(三)门禁控制功能

立式测温人证一体机经过设置,能够通过身份核验及体温检测实现对通行人员的管控。其中,身份通过核验且体温正常的人员可以通过门禁,此时设备利用程序控制可输出 I/O 开关量信号，控制电锁或人员通道。

（四）前端实时语音报警功能

立式测温人证一体机对通行人员的体温进行实时检测时，如果遇到体温异常，则会在显示屏上进行提示及语音报警。

（五）后端实时报警功能

立式测温人证一体机可将设备端的报警事件实时上传至后端平台，后端平台管理人员可实时了解现场情况，通行人员的身份信息及体温数据统一被上传至后端，若发生异常体温报警事件，后端平台也会报警。

（六）事件管理功能

立式测温人证一体机的前端设备能够将人员的身份信息（包括抓拍照片等）及体温数据绑定并上传至后端，并支持离线续传，以这些数据为基础，系统可实现对人员体温情况的长期追踪，以便快速地建立人员体温健康管理档案。

六、应用模式

立式测温人证一体机支持两种应用模式，一种是身份核验+体温检测模式，一种是快速测温模式（人脸检测+体温检测）。

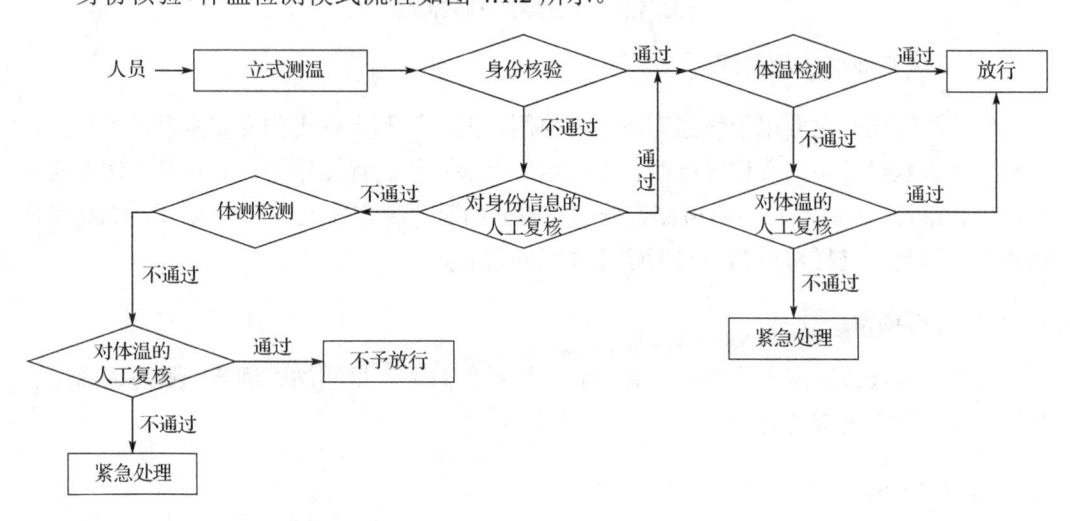

（一）身份核验+体温检测模式

身份核验+体温检测模式流程如图 4.1.2 所示。

图 4.1.2　身份核验+体温检测模式流程

1. 功能及业务流程说明

身份核验方式包括通行卡核验、身份证核验及面部识别核验，管理人员可以设置其中任意一种形式。被测人员先进行身份核验,然后进行体温检测(身份核验失败也会测温),在设备屏幕上显示体温检测结果,并对异常体温实时进行语音报警,同时可将体温检测数据与人员信息绑定并上传至后端,即"4200客户端"或"ISC平台"。

2．应用场景推荐

对于不同的功能,该设备的使用场景有所区别,如通行卡/面部识别核验+测温验证方式适用于企业、学校、工厂、社区等内部人员固定场景;身份证核验+测温验证方式适用于火车站、客运站、机场、海关、检测站、酒店、景区、商场、车管所等人员不固定场景。当然,也可根据情况更换应用场景,使用起来比较灵活。

(二)快速测温模式(人脸检测+体温检测)

快速测温模式流程如图4.1.3所示。

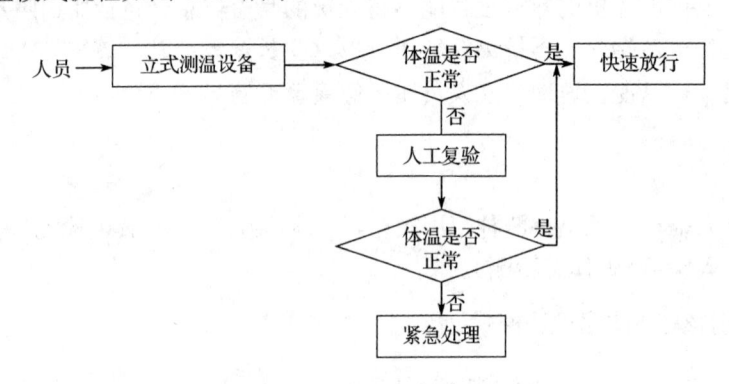

图4.1.3 快速测温模式流程

1．功能及业务流程说明

快速测温模式主要用于快速完成体温检测功能:被测人员走到立式测温设备前,设备检测到人脸后开始进行体温检测,在显示屏上显示体温检测结果,并对异常体温实时输出语音报警,同时可将体温检测数据与人脸抓拍照片绑定并上传至后端,即4200客户端或ISC平台,这样可以第一时间锁定体温异常人员。

2．应用场景推荐

快速测温模式适用于火车站、客运站、机场、海关、检测站、酒店、景区、商场、车管所等人员不固定的场景。

七、UI界面展示

立式测温人证一体机在使用时会遇到体温正常/异常、不能进行人脸识别、获取温度失败等各种情况,每种情况的展示界面是不同的,下面展示不同情况下不同的UI界面展示图。

（一）身份核验通过，体温正常或异常

在身份核验通过且体温正常或异常的情况下，立式测温人证一体机对通过人员进行人脸识别，当该人员为公司员工（已注册人员）时，能够正常识别出身份，同时对该人员进行体温检测。体温检测结果会有两种情况：一种是体温正常，可以正常通过；还有一种是体温异常，需要提醒，甚至需要进行隔离处理，界面效果如图 4.1.4 所示。

（二）未注册人脸信息

在上述模式下，若来访人员不是公司员工，则此时会提示该人员为未注册人员，同时，该人员的体温会显示出来。若体温异常，则进入隔离通道；若体温正常，则对于已提前预约人员，需要人工解锁门禁，允许其通过。"未注册人脸信息"界面效果如图 4.1.5 所示。

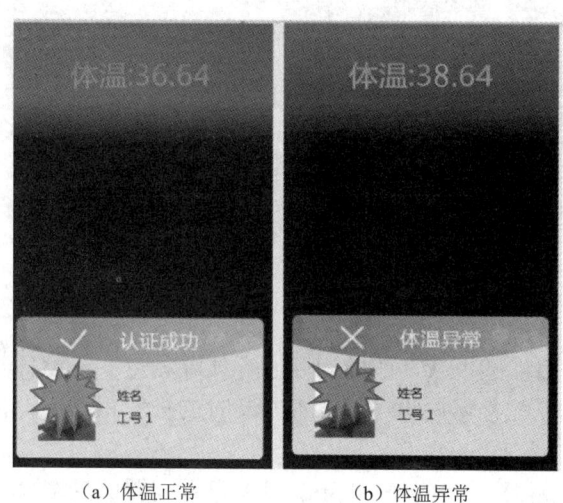

（a）体温正常　　　（b）体温异常

图 4.1.4　身份核验通过界面效果

图 4.1.5　"未注册人脸信息"界面效果

（三）不进行人脸识别，仅检测体温

立式测温人证一体机可以关闭人脸识别功能，仅用于体温检测，该功能多用于学校食堂、教学楼门口等场景，因为人员均为校内人员，所以可以仅使用该仪器的体温检测功能。体温检测有两种显示结果，如图 4.1.6 所示。

（四）人脸没有对准测温摄像头，获取温度失败

在仪器已经开启人脸识别和体温检测两项功能时，若人脸没有对准测温摄像头，则虽然获取人员身份失败，但是不影响其测温功能。此时，如果测温也不成功，则获取温度失败界面效果如图 4.1.7 所示。

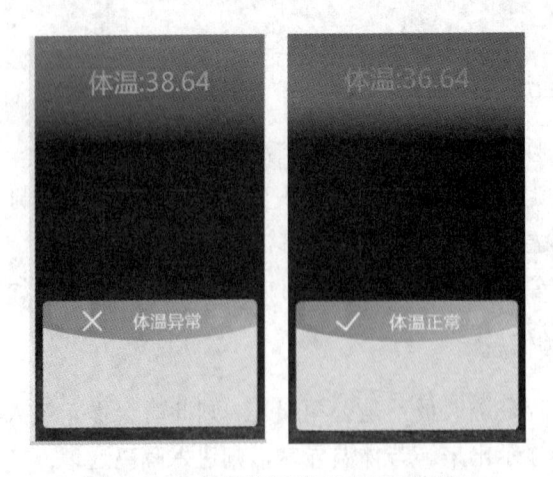

图 4.1.6　体温检测的两种显示结果

图 4.1.7　获取温度失败界面效果

八、产品使用说明

（一）安装注意事项

为保证立式测温人证一体机安装以后能够以较高的准确度进行体温测量，在设备安装和使用时，都需要注意距离的设置，下面具体说明一下设备安装时的推荐距离、设备使用时的距离。

在使用设备时，设备与被测人员的最佳距离为 0.5~0.8m，设备可以配置的温度检测距离是 0.15~3m，配置完成后，有效检测距离=配置距离±10cm。图 4.1.8 是以 100cm 为配置距离的有效检测距离示意图。

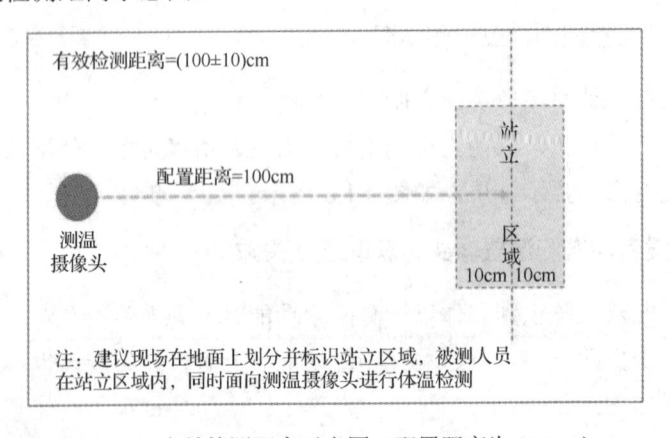

图 4.1.8　有效检测距离示意图（配置距离为 100cm）

（二）测温注意事项

（1）根据热成像测温原理，对于人体，体内温度是相对稳定的（正常状态下，口腔温度为 35.5～37.5℃，腋下温度为 34.7～37.3℃，耳蜗温度为 35.8～38℃，额头温度为 35.8～37.8℃，肛门温度为 36.6～38℃），但是人脸部的温度由于流汗或外部环境的影响，会有一定的波动。测温摄像头通过检测面部的热辐射进行测温，测温结果也会出现数值偏差，因此，建议将测温设备置于室内相对稳定的环境中。

（2）保证检测地点有足够的光照度，且避免产生逆光/反光/遮挡等。在检测地点应尽量避免出现非人体高温目标及反光面。

（3）为尽量减弱皮肤受环境温度、汗液挥发等影响，建议现场测温前，保证人员进入室内环境稳定 3～5min 后再行测温。

（4）为避免人员由远及近走动时，近处温度测量结果偏高，现场需要布置人流引导线，在固定距离下，测温结束后，引导人员向左或向右运动，避免朝向设备运动的情况发生。

（5）在测温时，需要人员站在固定位置短暂停留，且尽量使面部正对摄像头。

九、产品技术要点

（一）系统架构

前面提到，立式测温人证一体机的系统由立式测温设备和管理软件组成，管理软件为 4200 客户端或 ISC 平台。系统拓扑图如图 4.1.9 所示。

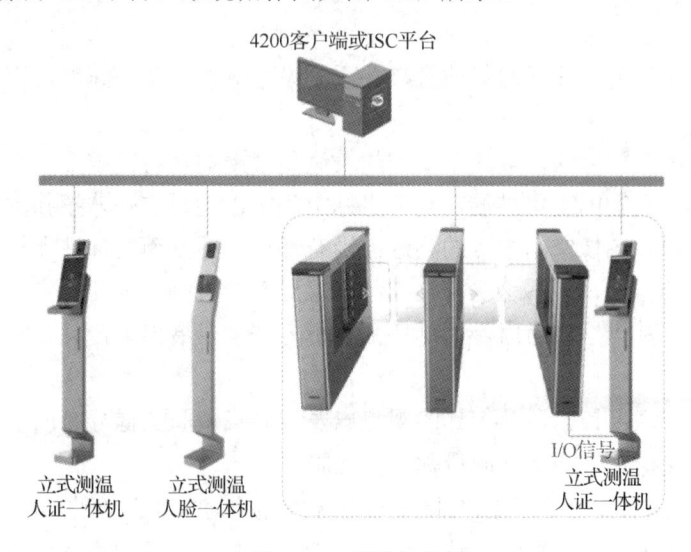

图 4.1.9　系统拓扑图

（二）核心技术原理

1. 热成像测温原理

对于自然界中的物体，只要其温度高于绝对零度（约 -273℃），就会辐射电磁波。热成像技术主要采集波长为 8~14μm 的电磁波，以此形成灰度值，通过黑体辐射源标定建立灰度值与温度的准确对应关系，从而实现测温功能。

2．热成像人体测温

热成像人体测温是指通过热成像测温设备（以非接触方式）初步对人体表面温度进行检测，根据前面的分析可知，为使测量结果更准确，热成像测温设备建议用于室内相对稳定的环境中。

热成像测温设备可以快速找出温度异常的个体，发现温度异常目标之后，再对其进行专业医学体温测量，这样可以有效减少检测工作量，提升效率。

3．采用的深度学习算法

立式测温人证一体机的人脸识别采用了深度学习算法，其本地数据库可存储数万张人脸的相关数据，识别速度快，准确率高。下面介绍与人脸识别相关的深度学习算法的分类。

（1）基于几何特征的方法：人脸具有某些在各种条件下都不会改变的特征或属性，据此可以识别出特定的人脸。这是最早、最传统的方法，通常需要和其他算法结合才能有比较好的效果。

（2）基于模板的方法：该方法可以分为基于相关匹配的方法、特征脸方法、线性判别分析方法、奇异值分解方法、神经网络方法、动态连接匹配方法等。

（3）基于模型的方法：有基于隐马尔可夫模型、主动形状模型和主动外观模型的方法等。

人脸识别所采用的深度学习算法直接关系到设备分析人脸的速度，下面介绍几种常见的分析方法。

（1）局部特征分析方法。主元子空间的表达是紧凑的，特征维数大大减少，但它是非局部化的，其核函数的支集扩展在整个坐标空间中；同时它是非拓扑的，某个轴投影后，临近的点与原始图像空间中点的临近性没有任何关系，而局部性和拓扑性对模式分析与分割是理想的特性，似乎这更符合神经信息处理的机制，因此，寻找具有这种特性的表达十分重要。基于这种考虑，局部特征分析方法被发展出来，并在实际应用中取得了很好的效果。

（2）特征脸方法。该方法从统计的观点出发，寻找人脸图像分布的基本元素，以此近似地表征人脸图像。这些特征向量称为特征脸。

实际上，特征脸反映了隐含在人脸样本集合内部的信息和人脸的结构关系。将眼睛、面颊、下颌的样本集协方差矩阵的特征向量称为特征眼、特征颌和特征唇，统称特征子脸。特征子脸在相应的图像空间中生成子空间，称为子脸空间。若测试图像在子脸空间的投影距离满足阈值比较条件，则判断其为人脸。

该方法先确定虹膜、鼻翼、嘴角等人脸特定部位的大小、位置、距离等属性，再计算出它们的几何特征量，最后用这些特征量形成一个描述该人脸的特征向量。特征脸技术的核心实际为局部人体特征分析和图形/神经识别算法。特征脸方法是一种简单、快速、实用的基于变换系数特征的算法，但由于它在本质上依赖于训练集和测试集图像的灰度相关性，而且要求测试集与训练集图像比较像，所以有着很大的局限性。

KL 变换是图像压缩中的一种最优正交变换，人们将它用于统计特征提取，从而形成了子空间法模式识别的基础，若将 KL 变换用于人脸识别，则需要假设人脸处于低维空间，且不同的人脸具有可分性，由于在高维空间进行 KL 变换后可得到一组新的正交基，因此可通过保留部分正交基来生成低维空间，而低维空间的基则是通过分析人脸训练样本集的统计特性来获得的。KL 变换的生成矩阵可以是训练样本集的总体散布矩阵，也可以是训练样本集的类间散布矩阵，即可采用同一人的数幅图像来进行训练，这样可在一定程度上消除光线等的干扰，且在减少计算量的同时，识别率不会下降。

（3）基于弹性模型的方法。弹性图匹配技术是一种基于几何特征和对灰度分布信息进行小波纹理分析相结合的识别算法，由于该算法较好地利用了人脸的结构和灰度分布信息，而且具有自动精确定位面部特征点的功能，所以具有良好的识别效果，适应性强、识别率较高。该技术在 FERET 测试中，若干指标名列前茅；其缺点是时间复杂度高、速度较慢、实现复杂。

（4）神经网络方法。人工神经网络是一种非线性动力学系统，具有良好的自组织、自适应能力。这种方法在人脸检测、人脸定位和人脸识别的各个步骤中都得到了较好的应用。神经网络方法在人脸识别中的应用比前述几类方法有一定的优势，因为对人脸识别的许多规律或规则进行显性的描述是相当困难的，而神经网络方法则可以通过学习的过程获得对这些规律和规则的隐性表达，适应性更强，一般也比较容易实现。因此，神经网络方法的识别速度快，但识别率低。神经网络方法通常需要将人脸作为一个一维向量输入，因此，输入节点庞大，其识别的一个重要目标就是降维处理。

4．技术参数

以上热成像原理和人脸识别相关算法，构成了立式测温人证一体机的核心技术，在向客户介绍相关产品和实地安装设备之前，要呈现给客户基本技术参数供其参考，如表 4.1.1 所示。

表 4.1.1　立式测温人证一体机的基本技术参数

技 术 参 数	说　　明
操作系统	嵌入式 Linux 操作系统
人脸识别准确率	≥99%
面部识别距离	0.3～2m
人脸信息容量	50000 幅，支持 JPG、JPEG 图片格式
存储容量	50000 张卡的信息，10 万条事件记录
显示屏尺寸	242.8mm×189.7mm

续表

技术参数	说明
屏幕比例	16:9
分辨率	1024×600（单位为 dpi）
通信方式	有线网络
物理接口	RS-485×1、韦根×1、USB×1、电锁×1、门磁×1、报警输入×2、报警输出×1、开门按钮×1、LAN×1
传感器类型	氧化钒非制冷型
视场角	50°（左右）/37.2°（上下）
帧频	25Hz
测温范围	30~45℃
测温精度	±0.5℃
电源输入	AC 220V
工作温度	15~35℃
工作湿度	<90%RH
工作环境	室内，无风环境
外观尺寸	1448mm×182mm×311mm

任务实施

1. 客户进店,接待客户,了解客户需求。

2. 为客户详细介绍产品。

评价与分析

根据本任务的执行情况进行自评和教师评价。

自评：

教师评价：

项目四 立式测温人证一体机

任务二 安装、调试设备

学习目标

1. 掌握立式测温人证一体机的安装过程，包括安装的流程图、注意事项及准备工作。
2. 熟记安装与调试立式测温人证一体机的理论知识。
3. 会安装、调试立式测温人证一体机。

任务描述

安装、调试测温设备。

任务分析

1. 勘查现场。
2. 安装、调试设备。

知识储备

一、安装与调试综述

（一）安装实施流程

立式测温人证一体机的安装实施流程主要包括前期准备、现场部署及交付验收3部分。其中，前期准备主要包括安全说明、功能说明、物料准备和勘点设计；现场部署包括安装、参数配置、调试；交付验收包括交付验收清单和日常维护与建议，如图4.2.1所示。

前期准备
1. 安全说明
2. 功能说明
3. 物料准备
4. 勘点设计

现场部署
1. 安装指导
2. 参数配置
3. 效果调试

交付验收
1. 交付验收清单
2. 日常维护与建议

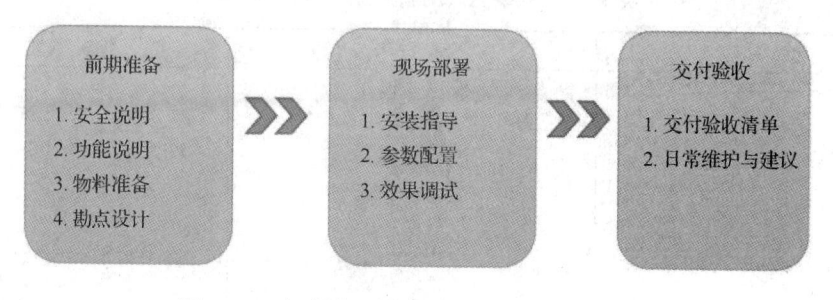

图4.2.1 立式测温人证一体机安装实施流程图

（二）注意事项

在安装立式测温人证一体机时，为保证设备安装后能准确地测量体温，根据设备的技术参数要求,要在设备的安装和使用方面多加注意,主要包括以下3点。

(1)设备安装要在室内、无风的环境中进行。本着检测场景避免出现非人体高温目标及反光面的原则,建议在室内封闭、恒温、无风(包含自然风、空调风等)、无阳光直射环境下安装,应保证可见光通道有足够的光照度,且避免用在逆光、反光、遮挡等光源场景。

(2)在室内使用时,必须确保室内环境温度为10～35℃,超出此范围后,设备测温精度无法保证。

(3)设备距离被测人员的距离应符合要求,在设备安装固定好后,在规定距离处做好标识,方便进行批量人员检测。

二、安装前期要求

(一)实施前的安全说明

安装人员一定要将设备的安装、使用的注意事项落实到整个安装过程中,勿将设备正对灯光、阳光等强光,保证测温摄像机正常散热,按照测温摄像机说明书的标称温度及湿度范围运输、储存、使用。注意:在运输过程中,要使用出厂包装物,避免跌落、重压、磕碰、浸泡等。

为保证安全使用设备,一定要注意电源的安全使用,安装过程中一定要保证设备断电、满足当地各项电气安全标准、使用设备出厂自带适配器,使用过程中避免电源线及其他线缆受重压、缠绕或踩踏等;必须规范使用设备,不能私自拆装设备本体,以免造成人员触电或设备漏电等;客户自己不要更新设备,如果想使用最新程序及配套文档,那么一定要联系厂家工程师获取。

(二)物料准备

在安装产品之前,一定要仔细核对物料清单,只有这样,才能保证后续工作的顺利进行。现将安装立式测温人证一体机的清单整理成表,如表4.2.1和表4.2.2所示。

表4.2.1 安装立式测温人证一体机物料清单

型 号	图 示	备 注
DS-K5604A-3AVFI		整机,推荐使用距离:0.3～0.5m

续表

型　号	图　示	备　注
DS-K1T642V-3AVF		整机，推荐使用距离：0.3～0.5m
测温点标志		选配（自行配置）
配件		含电源线、网线接头、M6×65 的膨胀螺钉
推荐工具	冲击钻、螺丝刀、套筒	如果不用膨胀螺钉固定，则无须冲击钻及套筒

表 4.2.2　安装测温通道物料清单

型　号	图　示	备　注
DS-K3B501-L DS-K3B501-M DS-K3B501-R		按单台闸机分开包装运输

续表

型号	图示	备注
DS-K3B601-BASE-S DS-K3B601-BASE-M		选配（搭配闸机使用），在选用底座的情况下，闸机直接通过自带的螺钉固定在底座上
DS-K56T-3PA		测温摄像机：进行人体测温
DS-K5671-ZU		组件：进行人脸识别验证，并在UI界面显示识别验证、测温结果
DS-K1F1110-C 身份证阅读器		可搭配 DS-K5671-ZU 实现人证比对功能，或者刷 IC 卡开门功能
推荐工具	M12×120 膨胀螺栓（一台闸机需要6颗）、六角螺丝刀、冲击钻	在现场没有选配底座的情况下，需要使用冲击钻、膨胀螺栓

（三）堪点设计

堪点设计是否合理是顺利安装并使用产品的重要因素。进行堪点设计的人员需要与客户做好充分的沟通，明确安装的宽度、通道；勘查现场，明确周围环境是否符合要求、安装地面是否水平、安装地段的通电与网络支持情况等，明确以上问题后，就可以设计出安装环境。这里将堪点设计的要点整理成表格，如表4.2.3所示。

表 4.2.3 堪点设计表

	项 目 名 称 入 口 名 称	备 注
1	安装环境（室内/室外/半室外）	需要多拍几张场景照片
2	规划安装宽度	画出草图
3	规划通道	
4	通电、通网情况（走明线或开槽布管）	
5	安装地面是否水平（是/否）	
6	室内安装是否可以开槽（是/否）	
7	① 需要拍几张现场实际环境的图片、地面图片；各个入口都需要有对应的图片 ② 对于多个位置安装的情况，需要每个位置都有对应的图片 ② 如果室外地面不平，则建议客户通过浇筑水泥或更换位置等方式保证安装表面水平 ③ 如果室内无法开槽，则可能需要考虑配置通道的底板	

三、安装、接线与调试

（一）安装

1. 设备的安装

立式测温人证一体机可以选择临时摆放（不打膨胀螺钉固定）；也可以通过膨胀螺钉固定到地面上，如图 4.2.2 所示，具体方法如下。

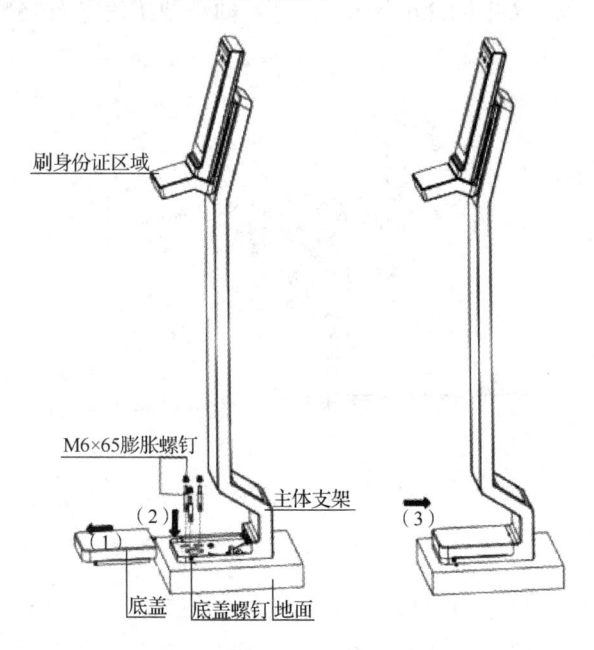

图 4.2.2 安装示意图

（1）拧开底盖侧边的 2 颗螺钉，并移开底盖。

（2）在底部的 3 个孔位分别插入包装内自带的 M6×65 膨胀螺钉，并用螺母固定。
（3）移回底盖，并将底盖侧边的 2 颗螺钉拧回原位。

2．测温明眸组件的安装

测温明眸组件的安装步骤如下。
（1）旋开支架底盖，如图 4.2.3 所示。
（2）整理线缆，将所有线缆穿过人行通道表面的出线孔。
（3）将带支架设备下方孔位与人行通道出线孔对齐后放置，调整角度后，用 4 颗螺钉固定，如图 4.2.4 所示。
（4）将支架底盖盖在支架底板上并旋紧，如图 4.2.5 所示。

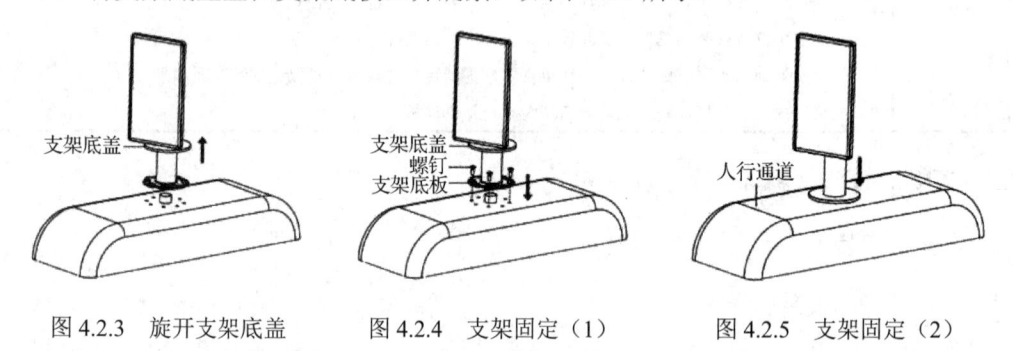

图 4.2.3　旋开支架底盖　　　图 4.2.4　支架固定（1）　　　图 4.2.5　支架固定（2）

（5）调整设备仰角。拧松支架内部的仰角调整螺钉，调整设备仰角，调整完成后，拧紧螺钉，并安装顶盖，如图 4.2.6 所示。注意：仰角默认角度为 15°，可调整的仰角角度为 0°～15°。

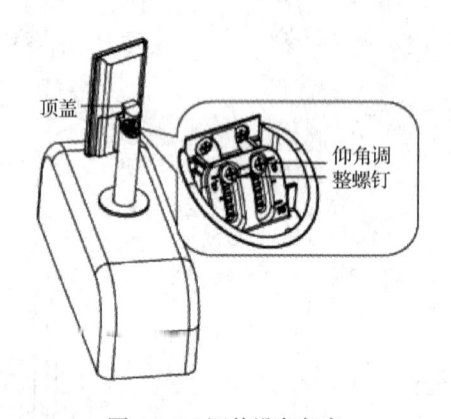

图 4.2.6　调整设备仰角

3．通道的安装

（1）不带底座的测温通道的安装流程如图 4.2.7 所示。
安装人员要根据通道设备上的标签排布，将标有"通道入口"的一侧安装于进门处，如图 4.2.8 所示；型号标签中带有"-L"的闸机放置于入口最左侧，型号标签中带有"-R"

的闸机放置于入口最右侧，型号标签中带有-M 的闸机放置于中间（仅适用于 DS-K3B501 摆闸）。

图 4.2.7　不带底座的测温通道的安装流程

图 4.2.8　安装通道标签

准备好安装工具后，要清点配件，整理安装设备的地基基面，以最靠边的通道中心为基准，画两条平行线，其间距为 $L+200$ mm（L 为通道宽度），如图 4.2.9 所示，具体实施过程分为 4 步。

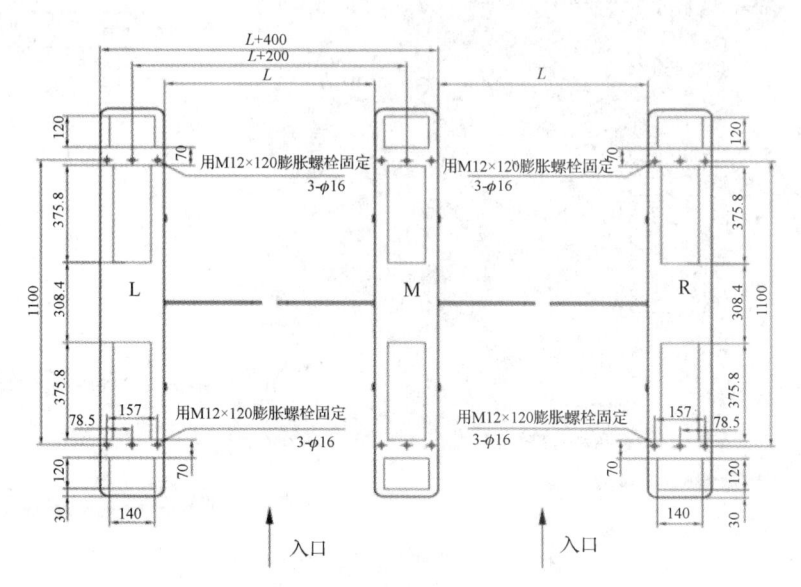

图 4.2.9　安装通道俯视图（单位：mm）

① 根据俯视图确定各通道的安装孔位。
② 确定安装孔位后钻孔，并埋下膨胀螺钉。
③ 预埋过桥线，且确保过桥线线管内径大于 30mm。
④ 根据闸机上的标签，将闸机分别搬到相应的安装位，逐个对准地脚螺栓并拧紧螺

母（注意：根据设备上的标签将闸机按顺序安装：R为右侧，M为中间，L为左侧）。

（2）带底座的测温通道的安装流程如图4.2.10所示。

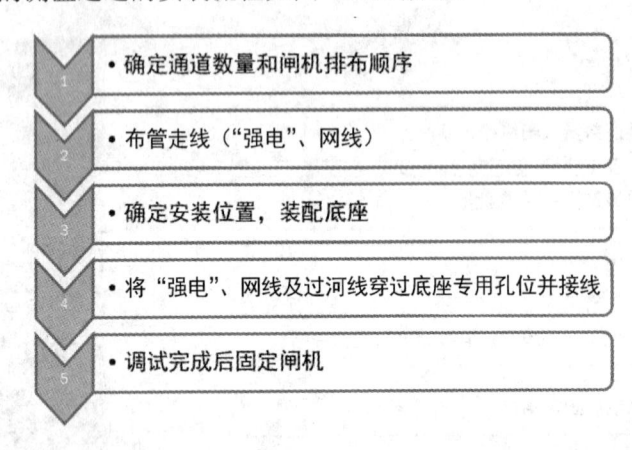

1. 确定通道数量和闸机排布顺序
2. 布管走线（"强电"、网线）
3. 确定安装位置，装配底座
4. 将"强电"、网线及过河线穿过底座专用孔位并接线
5. 调试完成后固定闸机

图4.2.10　带底座的测温通道的安装流程

根据通道数量，先将通道底座进行组合排布，再进行"强电"穿线、网线穿线、同步线穿线，如图4.2.11～图4.2.14所示。

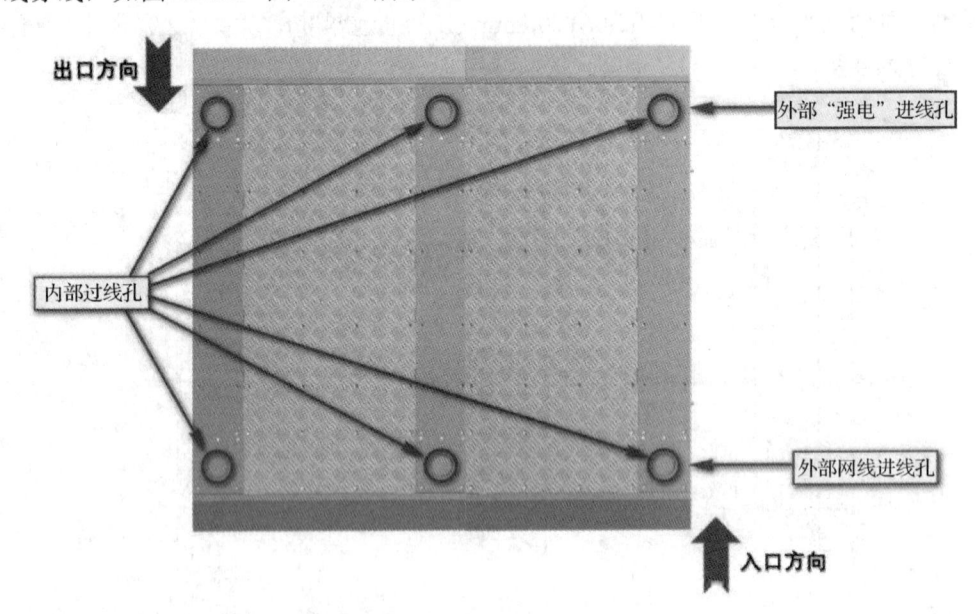

图4.2.11　底座孔位示意图

4. 测温组件（测温摄像机）的安装

测温组件的安装与测温明眸组件的安装一致：首先整理线缆，将设备的所有线缆经过支架穿过人行通道出线孔；然后将带支架设备下方的孔位与人行通道出线孔对齐，调整到合适的角度后，用4颗螺钉固定。

项目四 立式测温人证一体机

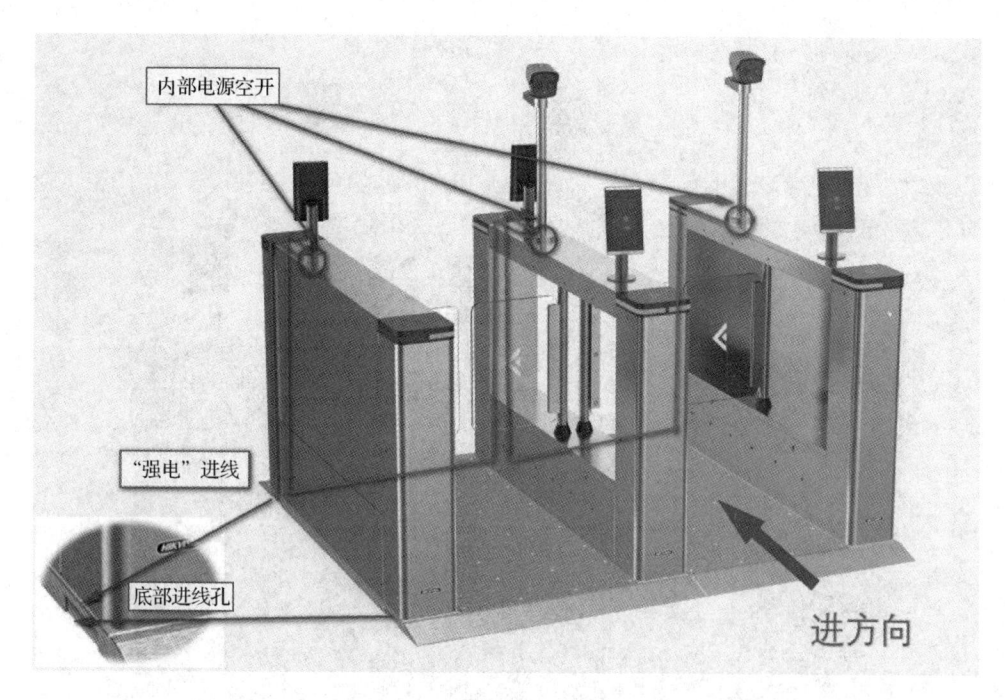

图 4.2.12 "强电"穿线示意图

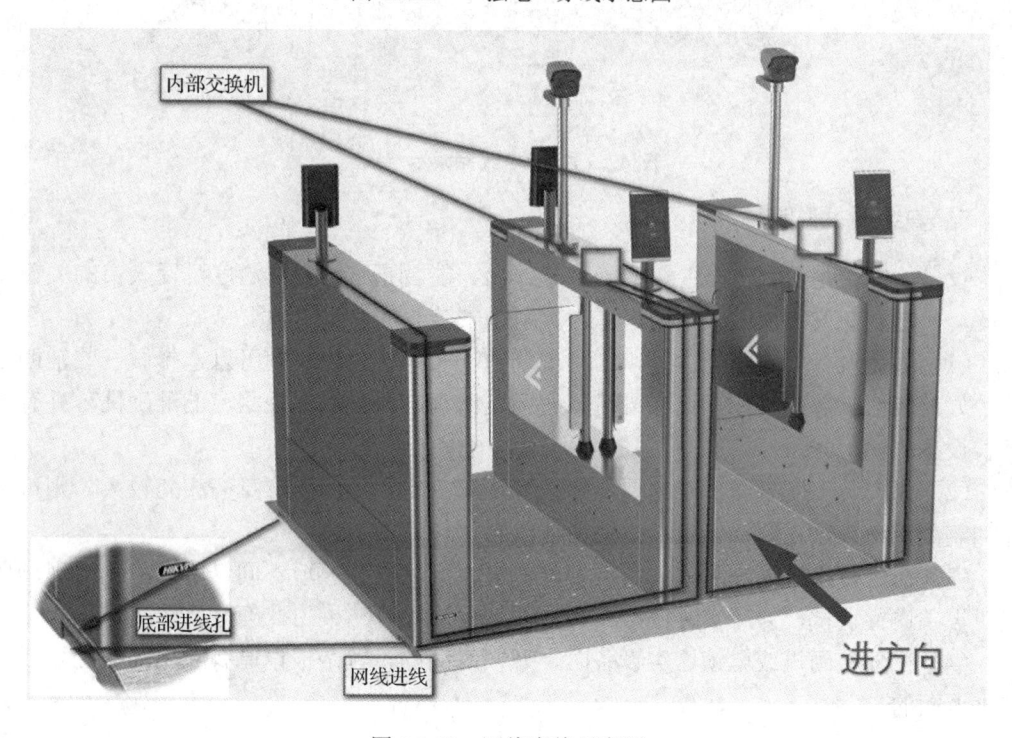

图 4.2.13 网线穿线示意图

193

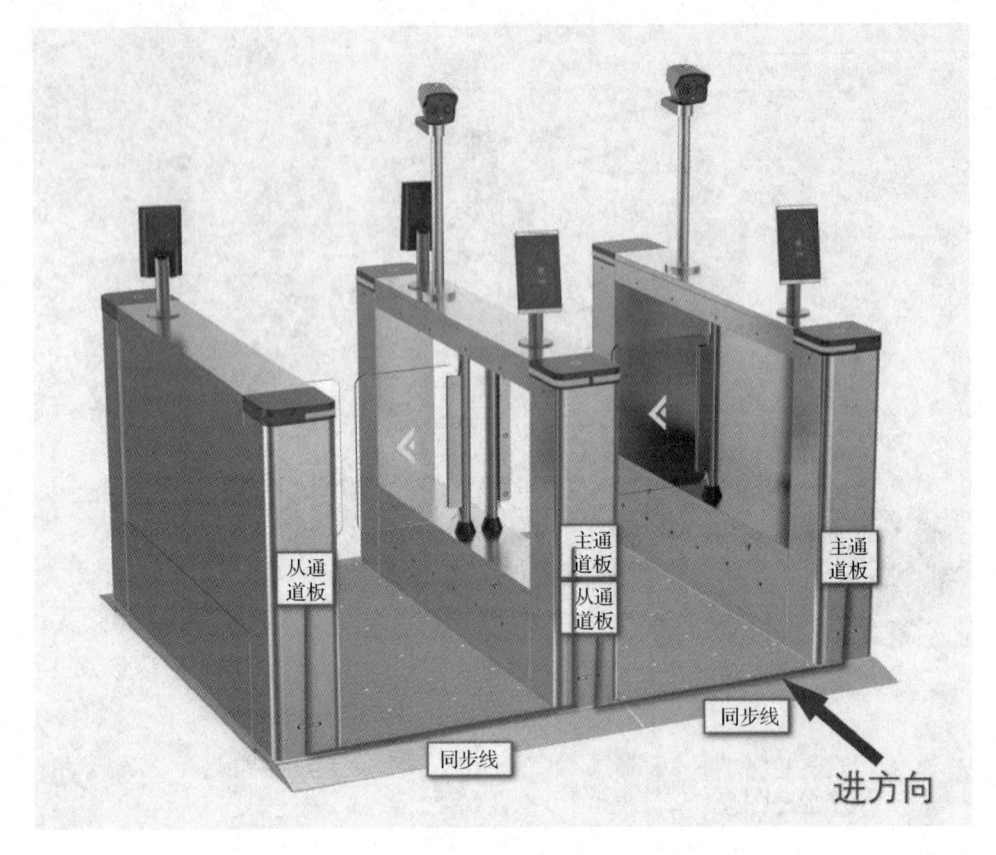

图 4.2.14　同步线穿线示意图

5. 安装要求说明

设备的安装是否到位是能否正确测量体温、能否正常筛查出温度可疑人员的关键，因此，一定要在安装前做好选址等工作。现把安装时的注意事项汇总如下。

（1）避免设备受太阳光直射，如果现场情况实在不允许，则可以选择做一些辅助处理，如加装遮阳罩或搭棚，这样既可以遮阳、防雨，又可以保证测温的准确性，并有效延长设备的使用寿命。

（2）在安装高度方面，一定要严格按照厂家规定，如果人群身高相差较大，则可选择加装测温探头，否则部分用户的使用体验会比较差。

（3）在进行系统调试时，一定要多次测试，因为安装环境不同，所以应针对现场环境对设备进行调试，只有实时校准设备，才能保证检测结果的准确性。

（4）在外接闸机或电锁这类设备时，开门时间的设置是根据原有业主的门控器或电锁来调配的。

（二）接线

1. 设备接线

设备端口处共有 3 个接口，包括 220V 电源插口、5604A 网口和卡片机网口，如

图 4.2.15 所示，从这 3 个接口上接线，连接到交换机上，测温仪网口和测温明眸组件网口接入交换机，需要设置 5604A 和测温仪的 IP 地址。立式测温人证一体机内部有 12V 的开关电源，还需要接入 220V 市电电源，当设备单机使用时，可以直接将测温明眸组件网口和测温仪网口连到一起。

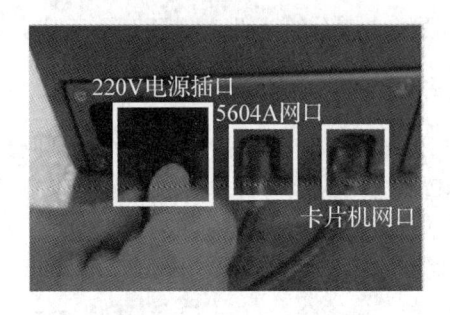

图 4.2.15 接口说明

2．人员通道的接线

（1）"强电"接线。

设备出厂时，基本的电气连接线缆已经连接完毕，用户安装时只需要连接过桥线缆，并接入市电为整个系统供电即可，如图 4.2.16 所示。市电输入范围为 AC 100～240V，50～60Hz。

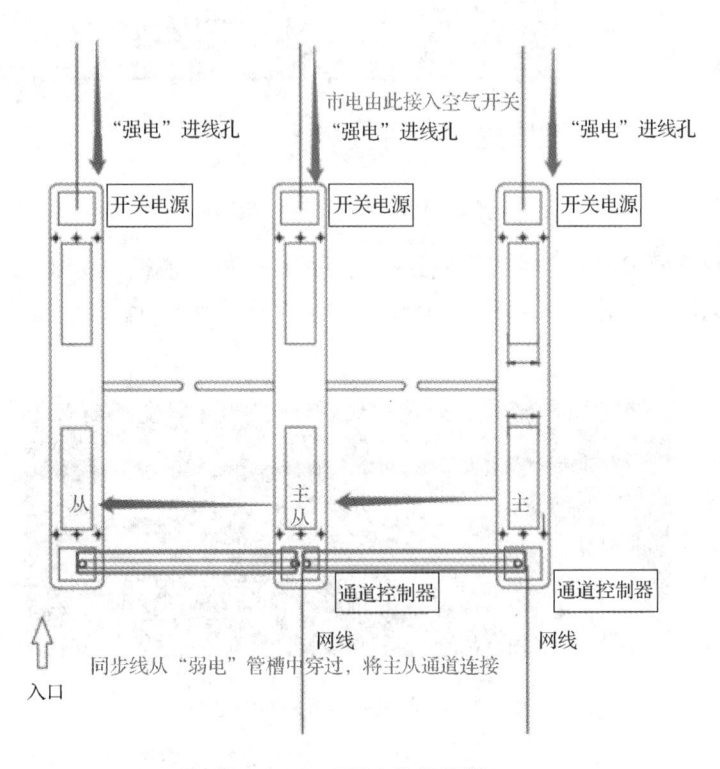

图 4.2.16 "强电"接线图

(2) 过桥线接线。

过桥线将闸机的主通道板与从通道板进行连接,使设备正常工作,连接过桥线时,可经过"弱电"过线孔将主通道板和从通道板连接到一起。过桥线长 3.75m,走同步线的线管内径建议大于 30mm。若需要在同一方向同时走"强电"线和过桥线,则需要将"强电"线(交流电线)与过桥线线缆分管走线,保证互不干扰。

3. 测温明眸组件的接线

(1) 将测温明眸组件的开门按钮门锁的 NO COM 接到闸机权限板的开门按钮 B1、GND(进门)或 B2、GND(出门)上,其位置如图 4.2.17 中方框部分所示。

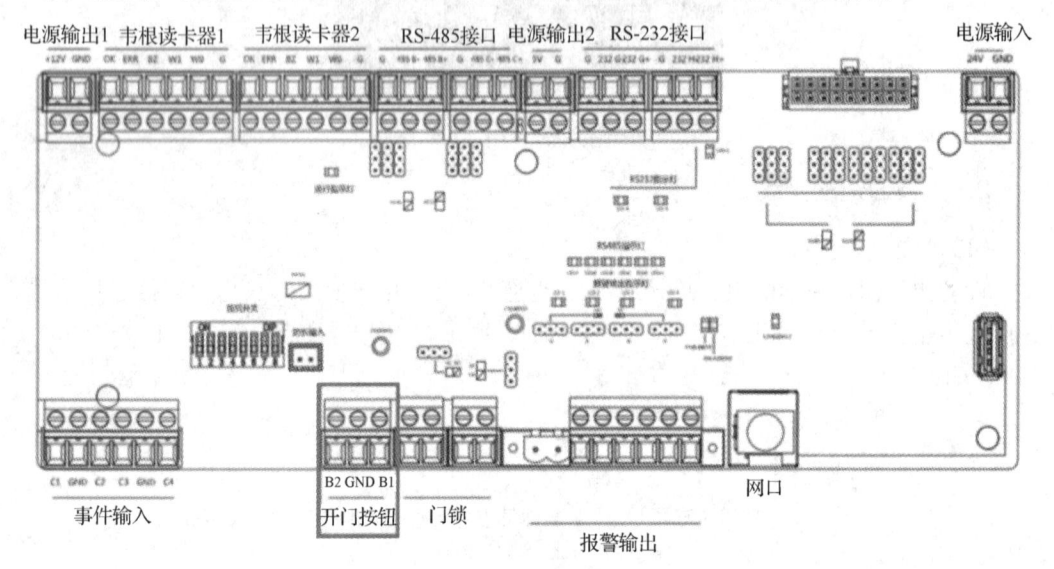

图 4.2.17 闸机权限板示意图

(2) 将测温明眸组件的网口用网线接至闸机内部的交换机,将测温明眸组件(人脸组件)的供电端子(见图 4.2.18)接在闸机的 12V 供电端子上(注意区分正负极,通道自带 12V 供电端子)。

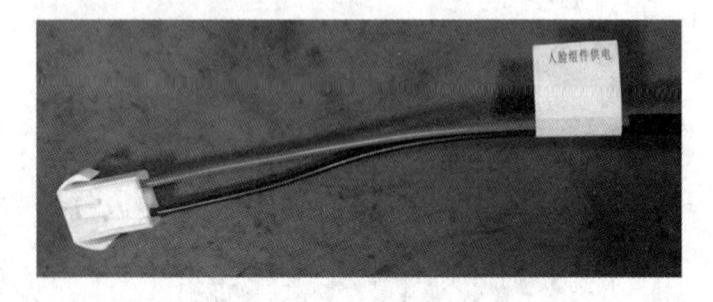

图 4.2.18 测温明眸组件的供电端子

(3) 测温明眸组件外接身份证阅读器或普通读卡器(配置参见相关文档)。

4. 测温组件（测温摄像机）的接线

测温组件在接线过程中只需要接入 12V 电源及网线即可。

（1）将测温组件的网口用网线接至闸机内部的交换机上。

（2）将测温组件的供电端子接在闸机的 12V 供电端子上（红+、黑-，注意区分正负极）。

（三）调试

立式测温人证一体机在安装完毕后，需要按照一定的流程进行调试，具体调试流程如图 4.2.19 所示。

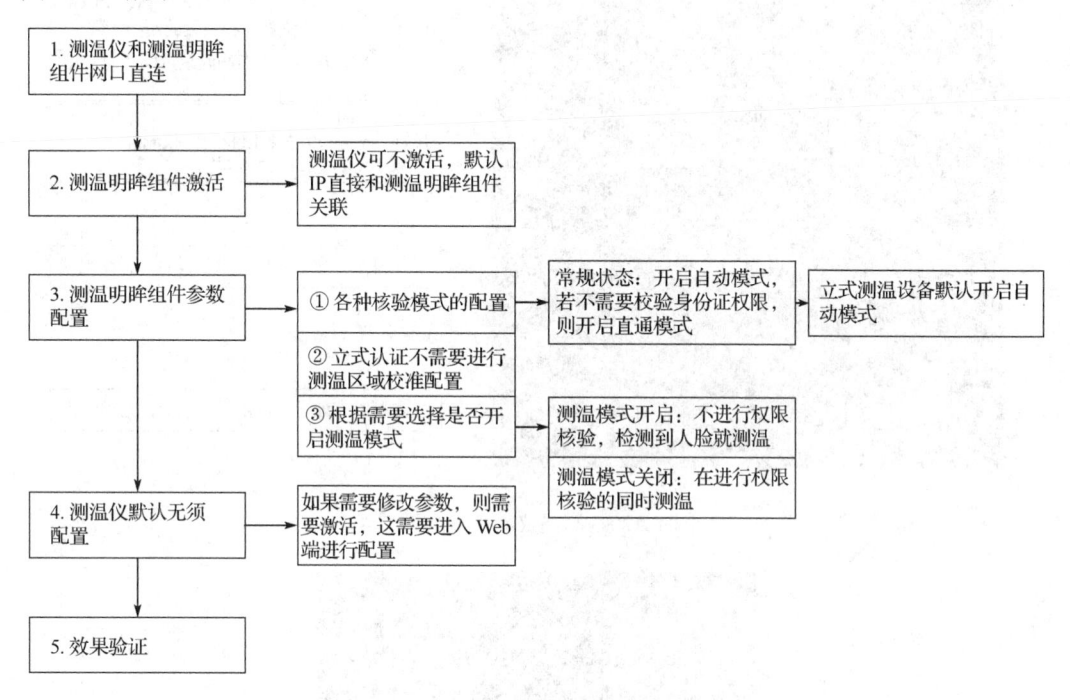

图 4.2.19 立式测温人证一体机的具体调试流程

测温明眸组件在使用前，需要使用 SADP 或 4200 客户端，或者本地 UI 激活，关联测温仪相关参数，如图 4.2.20 所示，明眸组件的默认 IP 地址是 192.0.0.64，测温仪的默认 IP 地址是 192.0.0.251。如果修改测温仪的 IP 地址，则明眸组件后台 UI 界面需要同步关联，立式测温人证一体机出厂时已经完成了测温区域校准，因此无须配置测温区域校准参数。

"仅测温模式"默认是关闭状态，即设备在进行权限核验的同时，就可以测温，"仅测温模式"开启后，不进行权限核验，检测到人脸时便直接测温；还有一种模式是设备认证模式，其调试界面如图 4.2.21 所示。

从图 4.2.21 中可以看到，有直通模式和自动模式，这两种模式仅针对人证比对的场景生效（立式测温人证一体机默认两种模式都开启），在人证比对场景下，如果陌生人直接进行人证比对，设备上无身份证信息，则选择直通模式；如果需要核验身份证信息，则选择门禁模式，即关闭直通模式。

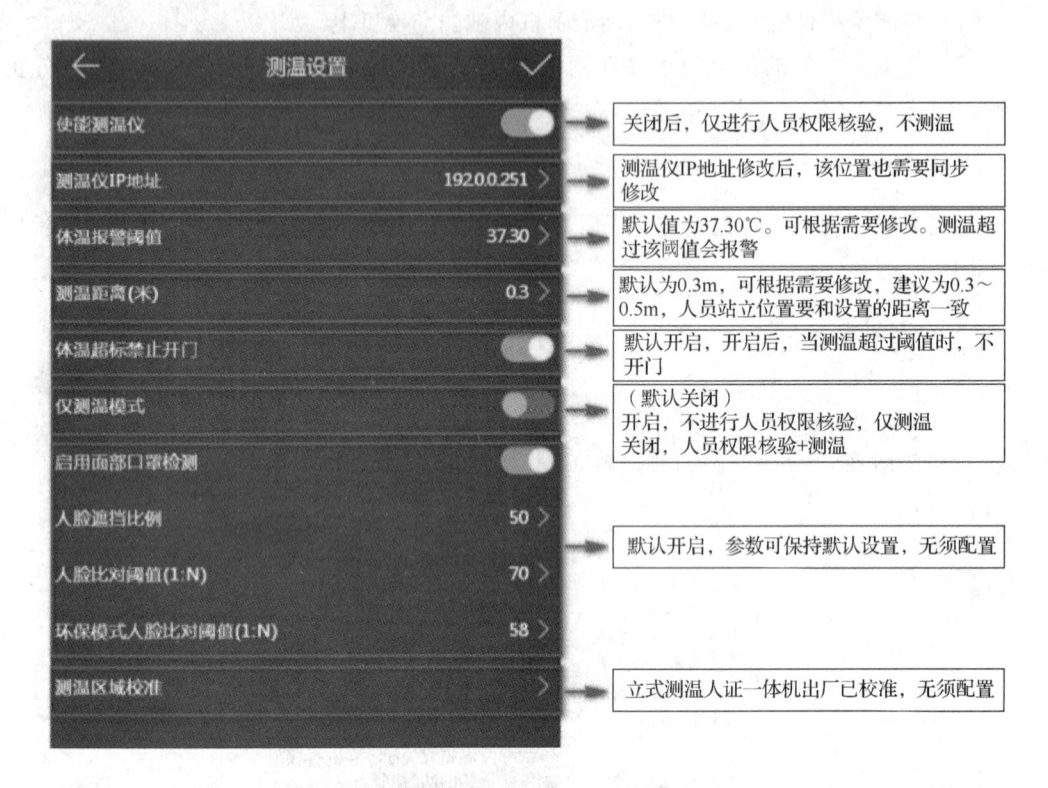

图 4.2.20　测温仪相关参数配置

图 4.2.21　设备认证模式的调试界面

立式测温人证一体机出厂时已将测温组件配置好了，因此，无须对测温组件进行配置，如果客户有功能配置需要，则可以先激活测温组件，通过 Web 端配置，注意事项如下。

激活操作要通过 SADP 或 4200 客户端进行。

若配置测温规则框（专家模式），则需要确保普通模式参数与专家模式参数一致，不一致将导致组件上传的温度与全屏测温的温度不一致。

在进行普通模式参数配置时，要先登录设备，在 Web 端输入设备 IP 地址即可登录设备，进入配置界面，选择"测温"→"高级配置"选项，如图 4.2.22 所示。

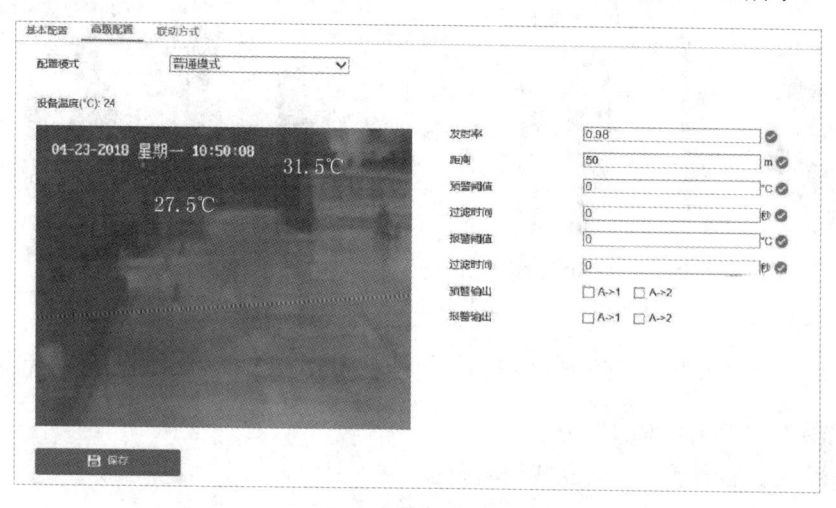

图 4.2.22　高级配置界面

在高级配置界面右侧，可对需要修改的参数进行修改，针对人体测温，建议将发射率设为 0.98，不建议修改成其他数值；测温距离以实际距离为准。

在进行专家模式参数配置时，也要先登录设备，在 Web 端输入设备 IP 地址即可登录设备。

进入配置界面，选择"测温"→"高级配置"选项，将配置模式改为专家模式，下方的规则 ID1 要勾选"启用"复选框，修改后在 IE 界面绘制测温框（注意：专家模式测温的发射率和距离等参数需要与普通模式保持一致）。完成设置后单击"保存"按钮。

对于人体温度测量，需要启用人体测温补偿功能，在正常情况下，推荐使用默认配置；若出现由于环境影响而使测温不准确的情况，则可登录设置界面手动修改校准值，对由环境引起的测温误差进行修正。

四、改造方案举例

本着节约的原则，对于通道利旧项目，可在原通道上增加立式测温设备。

改造主要分为以下两类。

场景一：已有人员通道，无人脸识别设备，如图 4.2.23 所示。

针对场景一的改造说明如下。

（1）在人员通道前方安装立式测温设备。

（2）停用原来通道刷卡开门功能。
（3）立式测温设备通过 I/O 信号控制通道开门。
（4）若采用刷卡+测温方式，则需要将卡号信息发送到立式测温设备上。

场景二：已有人员通道，有人脸识别设备，如图 4.2.24 所示。

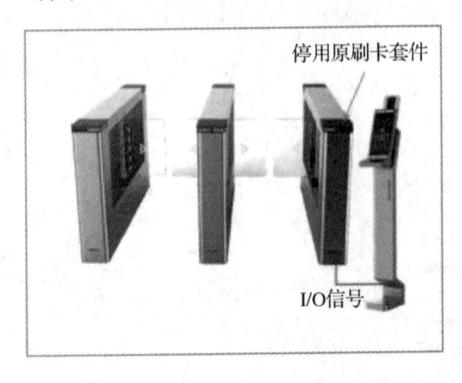

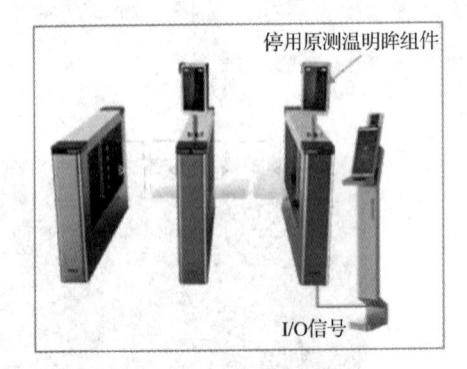

图 4.2.23　已有人员通道，无人脸识别设备　　图 4.2.24　已有人员通道，有人脸识别设备

针对场景二的改造说明如下。
（1）在人员通道前方安装立式测温设备。
（2）停用原来通道测温明眸组件的刷脸开门功能。
（3）立式测温设备通过 I/O 信号控制通道开门。
（4）若采用刷脸+测温方式，则需要将人员照片信息发送到立式测温设备上。

以上改造方案是在原有通道的基础上加入了立式测温设备，首先，降低了成本，只需要增加立式测温设备即可实现身份核验+测温对接；其次，对接方便，立式测温设备只需要用开关量对接通道即可实现通道开门控制，无须在通道上开孔；最后，移动部署，灵活拆卸，上电即可使用，不用的时候可以快速拆掉。

五、交付验收

为了保障项目实施完成后，测温效果及精度满足甲方要求，需要现场安装施工人员、调试人员在完成相应工作后，对照表 4.2.4～表 4.2.6 进行检查并填写安装、调试、效果验收清单。按要求检查并填写完成后，将验收清单及相关视频/图片进行上报，并由工程师查验，查验无误后，将验收清单提供给甲方签字并留档。

人体测温设备对安装环境及调试有较高的要求，现场工程师安装、调试完成后，严禁随意挪动和触碰内部电路；设备供电务必使用接地插座，以防意外触电；设备仅限在室内、无风的环境下使用，保持环境温度处于恒温（15～35℃）、无明显空气对流、无强光照射、无强电磁干扰和振动。

表4.2.4 安装验收清单

功能验收清单			
序号	验收内容	是否达标（√/×）	备注
一、安装验收			
1.1	是否安装在室内恒温、无风、无太阳直射的位置		由于室外受温度、风、湿度等环境变化因素的影响比较大，会影响热成像测温精度，所以建议安装在恒温、无风、无太阳直射的位置
1.2	测温组件安装位置是否正确		通道进口处的第一个闸机预留孔需要安装人脸识别组件，第二个孔位安装筒机组件，验收时拍照确认
1.3	实际的安装环境及位置是否妥当		验收时拍照、拍视频确认

表4.2.5 调试验收清单

功能验收清单			
序号	验收内容	是否达标（√/×）	备注
二、调试验收			
2.1	测温明眸组件的门禁设置界面是否设置正确		验收时拍照、拍视频确认
2.2	测温明眸组件的测温设置界面是否设置正确		验收时拍照、拍视频确认
2.3	测温明眸组件的其他设置界面是否设置正确		验收时拍照、拍视频确认
2.4	现场使用教学		验收时拍视频确认

表4.2.6 效果验收清单

功能验收清单			
序号	验收内容	是否达标（√/×）	备注
三、效果验收			
3.1	测试人流量大时的测温效果，比对效果并查看测温值是否准确		验收时拍视频确认（时长为3min）
3.2	对正常温度和异常温度的测试是否灵敏		验收时拍视频确认
3.3	设备是否正常上传热度图、可见光图、抓拍照及温度等信息		验收时拍照确认

任务实施

1. 根据客户订单进行现场勘测并给出安装方案。

2. 进行现场安装、接线、调试。

评价与分析

根据本任务的执行情况进行自评和教师评价。

自评：

教师评价：

任务三　检测与维修设备

学习目标

1. 掌握立式测温人证一体机的检测与维修的相关理论知识点。
2. 能检测与维修立式测温人证一体机的常见故障。

任务描述

对常见故障进行检修。

知识储备

用户在使用设备的过程中，会遇到各种各样的问题，用户和维修人员可以对照如下常见问题解答进行初步检测。

（一）测温仪不在线

（1）查看测温仪网络与测温明眸组件的网络是否接好。

（2）检测测温明眸组件后台是否添加了正确的测温仪 IP 地址，可以使用 SADP 工具查看测温明眸组件与测温仪的 IP 地址。

（二）测温失败

（1）排查测温仪是否在线。

（2）检测测温仪摄像头是否能拍摄到人脸。可以尝试在测温明眸组件 UI 界面重新进行测温区域校准配置。

（三）测温不准

（1）测温仪默认预设距离是 1m，可以适当将距离调近一点，人员站立的位置要和设置的距离一致。

（2）测温时的注意事项：张嘴和深度呼气会影响测温结果。

（四）抓拍照片相关问题

（1）测温组件（测温摄像机）将热度图、可见光图和温度信息传给测温明眸组件。

（2）测温明眸组件将热度图、可见光图、抓拍照片、温度信息、比对事件信息上传给系统后端（图 4.3.1 以 4200 客户端为例）。

（3）在图 4.3.1 中，设备类型必须选择"门禁"，否则无法关联温度信息及抓拍照片。

图 4.3.1 事件信息的上传

（五）事件、抓拍照片导出相关问题

如图 4.3.2 所示，4200 客户端可以直接导出比对事件信息及抓拍照片；而在设备端，可以通过 U 盘直接导出测温明眸组件上的比对事件信息（包含时间、姓名、卡号、测温数据等）。

图 4.3.2　4200 客户端导出的事件信息和设备端通过 U 盘导出的信息

（六）陌生人是否可以进行人证比对（不下发权限）并测温

开启自动模式及直通模式，比对方式选择"人证模式"，"测温模式"保持默认关闭状态，即可实现人证比对并测温。

（七）是否可以不进行人脸验证而直接测温

在测温明眸组件 UI 界面，启用"测温模式"，此后，系统识别到人脸就开始测温，不进行人脸验证。

（八）测温明眸组件是否支持公网传输

测温明眸组件支持萤石协议，可以对接云眸平台（目前不支持 ehome 协议）。

（九）测温明眸组件能否支持考勤业务

测温明眸组件配合 4200 客户端或 ISC 平台可支持考勤业务，由设备上报记录，4200 客户端或 ISC 平台做考勤统计。

任务实施

（根据产品故障现象进行撰写，并填写故障维修过程记录单。）

_____
_____
_____
_____
_____
_____
_____
_____
_____
_____
_____
_____
_____
_____

1. 填写故障维修过程记录单

故障维修过程记录单如表 4.3.1 所示。

表 4.3.1 故障维修过程记录单

序号	维修过程记录	备注
1		
2		
3		
4		

2．维修后的检查调试

经过维修调试后，验证立式测温人证一体机故障是否排除，检查是否存在安全隐患，并做好记录。

_____
_____
_____
_____
_____
_____
_____
_____

3．整理工具，清理现场

_____
_____
_____
_____
_____
_____
_____
_____

4．成本核算

（1）根据维修材料估算材料成本。

（2）根据维修工时估算人工成本。

(3) 根据实际情况估算其他成本。

5. 交付验收

根据验收标准进行验收并评分,将结果填在表 4.3.2 中。

表 4.3.2 交付验收

序 号	验 收 项 目	验 收 标 准	配分(分)	评 分	备 注
1	螺钉组装	螺钉位置准确、方向正确	40		
2	测温、身份验证功能	测温、身份验证功能正常	40		
3	礼仪	能够与客户进行礼貌的沟通	20		
客户对项目验收评价成绩					

6. 记录问题,讨论解决方法

记录验收过程中存在的问题,小组讨论解决问题的方法,并填在表 4.3.3 中。

表 4.3.3 验收过程中存在的问题及解决方法

序 号	验收中存在的问题	解决方法
1		
2		
3		
4		

评价与分析

根据本任务的执行情况进行自评和教师评价。

自评:

_____

教师评价:

_____

任务四　工作总结与评价

学习目标

1. 学生分成若干小组，小组内进行情境演练，并客观地完成小组内自评及小组间的互评。

2. 能结合自身任务完成情况正确、规范地撰写工作总结，并提出改进方案。

项目小结

一、主要内容总结

该项目主要介绍了基于特殊大环境下立式测温设备使用时的技术服务，包括产品的介绍、技术特点、安装与调试、检测与维修4部分内容。针对立式测温人证一体机这一产品，从产品背景、产品外观、产品功能、具体使用上进行了较为全面、客观的介绍，为学生的进一步深入研究打下了一定的事实基础和理论基础；针对立式测温人证一体机这一产品的技术层面，从所运用的热成像原理、测温方式、学习算法、主要技术参数上进行了较为全面、深入的讲解，为学生的进一步深入研究提供了科学依据，打下了理论基础；针对立式测温人证一体机这一产品的实操层面，从安装的前期准备、具体的安装与调试、进一步的产品改造上进行了较为全面、深入的分析，为学生的进一步深入认识并运用该产品提供了事实依据和实践指导；总结了用户使用设备时遇到的常见问题，并给予解答，使得用户在使用时可自行查看。

二、重/难点总结

立式测温人证一体机的产品组成：硬件部分和软件部分。硬件部分即立式测湿设备，软件部分主要是应用系统。立式测温人证一体机的功能介绍：主要介绍了设备的6种基本功能。产品采用的学习算法是本项目的难点。

实施前的安全说明、准备工作（物料准备、堪点设计）是本项目的重点，要保证测温摄像机正常散热，一定要注意电源的安全使用等；设备的安装、接线与调试，以及常见问题说明也是本项目的重点，对于技术服务人员，一定要掌握这部分内容。

评价总结

一、自评、小组评价

（一）成果汇报设计

（二）互评

二、教师评价

教师听取汇报后，对任务完成情况进行点评。

工作过程回顾及总结

回顾本次学习任务的工作过程,对新学专业知识和技能进行归纳与整理,写出一篇不少于 600 字的工作总结。

综合评价表

综合评价表如表 4.4.1 所示。

表 4.4.1 综合评价表

考核项目	评价内容	配分(分)	自我评价	小组评价	教师评价
职业素养	劳动保护用品穿戴完备,仪容仪表符合工作要求	5			
	安全意识、责任意识、服从意识强	6			
	积极参加教学活动,按时完成各项学习任务	6			
	团队合作意识强,善于与人交流沟通	6			
	自觉遵守劳动纪律,尊敬师长,团结同学	6			
	爱护公物,节约材料,管理现场符合 6S 标准	6			
专业能力	理论知识扎实	10			
	擅长与客户沟通,明确客户需求,设计方案合理	15			
	技术操作规范,检修技能高,工作效率高	10			
工作成果	安装产品后客户反馈满意度高,检修率低	20			
	工作总结符合要求,检修成本低	10			
	总分	100			
总评	自我评价×20%+小组评价×20%+教师评价×60%=	综合等级	教师(签名):		

补充：立式测温人证一体机的安装及调试

一、实训目的

掌握立式测温人证一体机的安装步骤和调试方法。

二、实训设备

立式测温人证一体机，安装工具（也可利用模拟方式进行）。

三、实训步骤及内容

1. 了解立式测温人证一体机的工作原理。
2. 依次进行基础设备安装、测温明眸组件的安装、测温组件（测温摄像机）的接线工作。
3. 调试设备并对测温组件进行参数配置。
4. 完成实训报告。

习 题

一、选择题

1. 在安装测温明眸组件时，调整设备仰角，拧松内支架内部的仰角调整螺钉，调整设备仰角，调整完成后，拧紧螺钉，并安装顶盖。注意：仰角默认角度为（　　）。
　　A．15°　　　　　B．30°　　　　　C．35°　　　　　D．25°

2. 准备好安装设备的工具后，要清点配件，整理安装设备的地基基面，以最靠边的通道中心为基准，画两条平行线，其间距为（　　）（L 为通道宽度，单位为 mm）。
　　A．L+200mm　　B．L　　　　　C．L+100mm　　D．L-100mm

3. 立式测温人证一体机内部有（　　）的开关电源，只需要接入 220V 供电即可。
　　A．15V　　　　　B．10V　　　　　C．12V　　　　　D．5V

4. 在测温高级配置界面中，针对人体测温，发射率为（　　），此参数不建议修改；测温距离以实际距离为准。
　　A．0.98　　　　　B．1　　　　　　C．1.02　　　　　D．1.03

5. 测温明眸组件的默认 IP 地址是（　　），测温仪的默认 IP 地址是 192.0.0.251。
　　A．192.0.0.64　　B．192.0.0.65　　C．192.0.0.66　　D．192.0.0.67

二、判断题

1. 立式测温人证一体机基于热成像原理，可以快速测量人体体表温度，进而初步筛选温度可疑人员，之后不需要再次使用医用测温仪器对温度可疑人员进行二次筛查确认，直接送往医院。（　　）

2. 立式测温人证一体机在对人员体温进行检测时，温度检测距离为 0.15～3m，可以更好地保障检测人员的安全，体温检测功能可以按需开启。（　　）

3. 立式测温人证一体机的前端设备可将人员的身份信息（包括抓拍照片等）及体温数据绑定并上传至客户端或平台软件，而且支持离线续传；但都为实时追踪，并不能实现对人员体温情况的长期追踪。（　　）

4. 人体脸部的温度即使受流汗或风吹的影响，也不会有变化。（　　）

5. 热成像摄像头通过检测人体表面的热辐射进行测温，测温结果也会随着流汗或风吹出现数值偏差，因此，热成像人体测温设备建议用于室内相对稳定的环境中。（　　）

6. 必须保证可见光通道有足够的光照度，且避免逆光/反光/遮挡等场景。检测场景避免出现非人体高温目标及反光面。（　　）

7. 即使面部皮肤裸露在空气中，受环境温度、汗液挥发等的影响，体表温度也不会有变化，可以立即在现场测温。（　　）

8．热成像人体测温设备的使用不用在意环境是否稳定。（   ）

9．通过热像仪筛查可以快速筛选温度异常目标，提高效率。（   ）

10．基于热成像原理和相关算法，构成了立式测温人证一体机的核心技术，在安装设备前，没有必要呈现给客户基本的技术参数供其参考。（   ）

三、填空题

1．立式测温人证一体机提供两种应用模式，一种是_____，一种是_____。

2．设备与被检测人员的距离为_____时是最佳测温距离，设备可以配置的温度检测距离是_____，配置完成后，有效检测距离=配置距离_____。

3．在测量人体温度时，需要人员站在固定距离处逐个通过并做短暂停留，测量时面部要_____摄像头。

4．热成像主要采集_____波段的光，以此来探测物体发出的热辐射。

5．热成像人体测温设备是指通过_____（非接触方式）初步对人体表面温度进行检测。

6．体温异常即存在发烧的可能性，这种情况下建议复测，建议使用_____或_____测温。

7．在安装通道的具体实施过程中，要预埋过桥线，过桥线线管内径大于_____。

8．根据通道数量，先将通道底座进行组合排布，再进行_____、_____、_____。

9．在安装测温组件时，首先_____，将筒机组件所有线缆经过支架穿过人行通道表面的出线孔；然后_____，调整到合适的角度后，用 4 颗螺钉固定。

10．设备的安装是否到位是能否正确测量体温、能否正常筛查出温度可疑人员的关键，因此，一定要在安装前做好_____。

四、简答题

1．简述立式测温人证一体机的具体功能。

2．简述热成像测温原理。

3．简述实施前的安全说明。

4．交付验收时要提交哪些清单？

5．你认为立式测温人证一体机还能添加哪些应用模块？详述添加的应用模块的组成、功能等（拓展题）。

项目五　智能安防系统

学习目标

1. 了解智能安防系统的组成及发展，掌握智能安防系统安全规范。
2. 了解视频监控系统相关技术，掌握视频监控系统的安装、调试及故障解决方法。
3. 了解防盗报警系统相关技术，掌握防盗报警系统的安装、调试及故障解决方法。
4. 掌握智能安防系统中排查故障的方法，以及解决问题的技巧。
5. 能够按照智能安防系统的相关规范操作。
6. 能够安装、调试视频监控系统，并能发现、解决其中的故障。
7. 能够安装、调试防盗报警系统，并能发现、解决其中的故障。
8. 养成规范操作的习惯，树立严谨、规范的意识。
9. 养成刻苦钻研、精益求精的工匠精神，培养严肃、认真的科学态度。
10. 正确认识专业需求，培养踏实、勇于创新的职业素养。

建议学时

14 学时。

工作情境描述

客户需要设计安装一套智能安防系统，要求实现居住小院周围的日常监控及异常报警。

工作流程与活动

1. 制定安装方案（4 学时）。
2. 视频监控系统的安装与调试（4 学时）。
3. 防盗报警系统的安装与调试（4 学时）。
4. 工作总结与评价（2 学时）。

任务一　制定安装方案

学习目标

1. 了解智能安防系统的组成及发展，熟悉各种安防产品的性能、参数，根据用户需求选择合适的装置，掌握智能安防系统安全规范。
2. 能够按照智能安防系统的相关规范操作。
3. 养成规范操作的习惯，树立严谨、规范的意识。

任务描述

智能服务中心接到客户需求，要求在家中安装一套智能安防系统。

任务分析

1. 接待客户。
2. 了解客户需求。
3. 填写任务单。

知识储备

随着科学技术的进步与发展，21世纪的信息技术已迈入了一个全新的领域，物联网技术的广泛应用，使得城市的安防从过去的简单人工安防逐步向运用高科技手段的城市中和体系演变，从校园安防到楼宇建筑，处处都开始运用智能安防系统。所谓智能安防技术，包括服务的信息化、图像的传输和存储技术。

一、智能安防系统安全规范

任何行业的健康发展都离不开规范，安防行业也不例外，安防系统规划设计必须按照国家和本地区的有关标准与规范进行。常见的与安防行业相关的国家标准如下。

（1）GB/T 28181—2016《公共安全视频监控联网系统信息传输、交换、控制技术要求》。
（2）GB 16796—2009《安全防范报警设备　安全要求和试验方法》。
（3）GB/T 21741—2021《住宅小区安全防范系统通用技术要求》。
（4）GB 50395—2007《视频安防监控系统工程设计规范》。
（5）GB 20815—2006《视频安防监控数字录像设备》。
（6）GB 50348—2018《安全防范工程技术标准》。

除了国家标准，国际上也有一些与安防相关的规范或协议，如常见的设备之间的信息交换协议 ONVIF，基于文本的应用层控制协议，广泛应用于语音、视频、数据等多媒体业务的 SP 协议等。

安防工程的建设应遵循下列原则。

（1）人防、物防、技防相结合，探测、延迟、反应相协调。
（2）保护对象的防护级别与风险等级相适应。
（3）系统和设备的安全等级与防范对象及其攻击手段相适应。
（4）满足防护的纵深性、均衡性、抗损性要求。
（5）满足系统的安全性、可靠性要求。
（6）满足系统的电磁兼容性、环境适应性要求。
（7）满足系统的实时性和原始完整性要求。
（8）满足系统的兼容性、可扩展性、可维护性要求。
（9）满足系统的经济性、适用性要求。

二、智能安防系统的组成

智能安防系统主要包括视频监控系统和防盗报警系统。在智能安防系统中，各个子系统的基本配置包括前端设备、传输设备、终端控制设备三大单元。不同子系统的三大单元的具体内容有所不同。家庭智能安防系统依据智能家居的技术发展应用越来越成熟，利用各种传感器实现防盗报警功能。

一个完整的智能安防系统可以根据需求具备图像监控、探测报警、管理控制、通信广播、巡更考勤等多样化的功能。智能安防系统框图如图 5.1.1 所示。

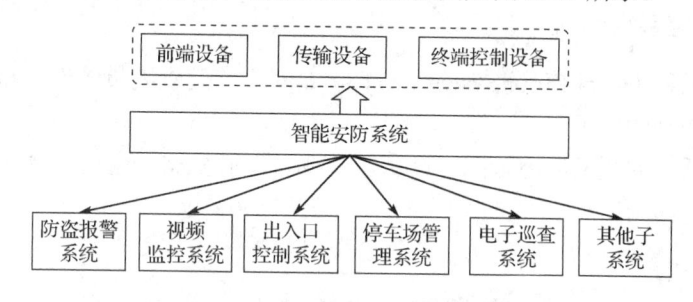

图 5.1.1　智能安防系统框图

三、智能安防系统的应用及发展

我国的安防行业于 20 世纪 80 年代后期开始在沿海省市兴起。随着国外高新技术的逐步引进和自主开发，我国安防行业呈现出快速发展态势。目前，在全国基本形成了珠江三角洲、长江三角洲、环渤海地区三大安防产业基地，这些地区的共同特点是安防企业集中、产业链完整，具有相当的生产规模和产品配套能力。其中，以深圳为中心的安防产业带已成为我国规模最大、发展速度最快、产品数量最多、种类最齐全的安防高新产业密集区。近几年，以杭州为中心的长江三角洲安防产业区有逐渐超过珠江三角洲安防产业区的趋势。

随着国家科学技术的飞速发展，智能安防系统的应用将更加广泛及全面，当代主要应用场景如下。

1. 防盗报警系统

防盗报警系统是利用传感器技术和电子信息技术探测并指示非法进入或试图非法进入设防区域的行为、处理报警信息、发出报警信息的电子系统或网络。

防盗报警系统的主要应用范围：变电站、厂房、工业重地、物资仓库、住宅小区、学校、机场、水产养殖及畜牧场所、政府机构、重点文物场所等区域。

2. 视频监控系统

视频监控系统（Video Surveillance and Control System，VSCS）是利用视频技术探测、监视设防区域并实时显示、记录现场图像的电子系统或网络。

视频监控系统的主要应用范围：平安城市、工业重地、学校、政府机构、景区、住宅小区、重点文物场所等需要监控的区域。

3. 出入口控制系统

出入口控制系统（Access Control System，ACS）是利用自定义符识别或/和模式识别技术对出入口目标进行识别并控制出入口执行机构启闭的电子系统或网络。

出入口控制系统的主要应用范围：厂房、企业、政府机构、大学、景区、住宅小区等区域。

4. 电子巡查系统

电子巡查系统（Guard Tour System，GTS）是对保安巡查人员的巡查路线、方式及过程进行管理与控制的电子系统。

电子巡查系统的主要应用范围：厂房、企业、政府机构、商场、景区、住宅小区等有保安的区域。

5. 停车场管理系统

停车场管理系统（Parking Lots Management System，PLMS）是对进出停车场的车辆进行自动登记、监控和管理的电子系统或网络。

停车场管理系统的主要应用范围：各个机构或企业的停车场。

6. 防爆安全检查系统

防爆安全检查系统是检查有关人员、行李、货物是否携带爆炸物、武器和/或其他违禁品的电子设备系统或网络。

防爆安全检查系统的主要应用范围：车站、博物馆、政府机关等区域。

7. 安全排爆处理系统

安全排爆处理系统包括排爆便携式水切割处理系统、排爆机器人、排爆罐、排爆毯、排爆服等，旨在把涉及安全隐患的物品安全处理掉。

安全排爆处理系统的主要应用范围：车站、博物馆、政府机关等区域。

8. 电子围栏系统

电子围栏系统属于智能安防系统中的防盗报警系统，是目前较先进的周界防盗报警解决方案，主要由高压电子脉冲主机和前端探测围栏组成。

电子围栏系统的主要应用范围：变电站、工业重地、物资仓库、住宅小区、学校、机场、水产养殖及畜牧场所、政府机构、重点文物场所、军事设施等有围墙及需要设置围墙的区域。

9. 其他系统

对具有特殊使用功能要求的建筑物、构筑物或其内的特殊部分、特殊区域，需要设计具有特殊功能的安防系统，如专用的高安全实体防护系统、防爆和安全检查系统、安全信息广播系统等。

任务实施

1. 了解客户需求，询问智能安防系统应用场景及要求。

   _____
   _____
   _____
   _____
   _____
   _____
   _____
   _____

2. 接受客户安装要求。

   _____
   _____
   _____
   _____
   _____
   _____
   _____
   _____

3. 根据需求介绍智能安防系统，并给出初步解决方案。

   _____
   _____
   _____
   _____
   _____
   _____
   _____
   _____

4. 填写任务单。智能安防系统装调任务单如表 5.1.1 所示。

表 5.1.1　智能安防系统装调任务单

任务名称				接单日期	
任务周期				接单人	
任务描述					
客户姓名		联系电话		交付日期	
负责人		联系电话		交付地点	
客户需求					
初步方案					
备注					

评价与分析

根据本任务的执行情况进行自评和教师评价。

自评：

_____
_____
_____
_____
_____
_____
_____

教师评价：

_____
_____
_____
_____
_____
_____
_____

任务二 视频监控系统的安装与调试

学习目标

1. 掌握智能安防系统中视频监控系统相关设备的作用及原理。
2. 了解视频监控系统相关技术,掌握视频监控系统的安装、调试及故障解决方法。
3. 能够安装、调试视频监控系统,并可发现、解决其中的故障。
4. 养成刻苦钻研、精益求精的工匠精神,培养严肃、认真的科学态度。

任务描述

接收任务单后,根据用户需求,选择适用的视频监控设备,制定安装方案后进行设备的安装与调试。

任务分析

1. 了解视频监控系统的应用。
2. 掌握视频监控系统的装调技术要点。
3. 实施视频监控系统的安装与调试。
4. 分析解决视频监控系统故障。

知识储备

一、视频监控系统概述

视频监控系统(Video Surveillance and Control System,VSCS)作为智能安防系统的子系统,是利用视频技术探测、监视设防区域并实时显示、记录现场图像的电子系统或网络。现代智能安防系统有三大要素:视频监控、入侵报警、门禁系统。由于现代电视技术和计算机技术的发展与推动,视频监控系统的应用逐步趋于成熟。

视频监控系统的应用领域非常广泛,不仅用于金融、文博、军事、珠宝商场、宾馆等的安全保卫,还用于公安、交通、医疗、工业生产等行业的安全生产及现场管理。概括地说,视频监控系统的作用主要就是对被监控的场景实施实时监视和监听,同时实时地记录场景情况的变化,以便事后查证。

(一)视频监控系统应用介绍

一个完整的视频监控系统可以根据需求划分成 5 个组成部分,包括视/音频采集子系统、传输子系统、管理和控制子系统、视频显示子系统、视/音频存储子系统,如图 5.2.1 所示。

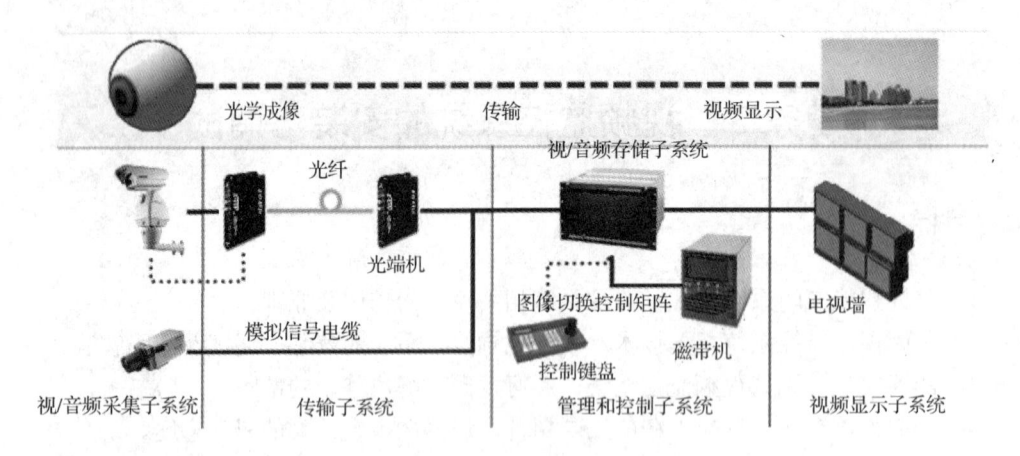

图 5.2.1 视频监控系统的组成

视频监控系统中的各个子系统功能的实现离不开多种设备的配合使用,各功能设备又因使用场景的不同而在外部形态上存在差异。视频采集子系统的常见设备有摄像机、镜头、护罩、云台、支架、视频编码器等;音频采集子系统的常见设备主要包括拾音器和麦克风;传输子系统的常见设备和器材有光纤、光端机等;视/音频存储子系统的主要设备有磁带机、DVR、NVR 等;管理和控制子系统的常见设备有控制码分配器、控制键盘等;视频显示子系统包括各种显示屏。视频监控系统各个子系统的主要构成设备如图 5.2.2 所示。

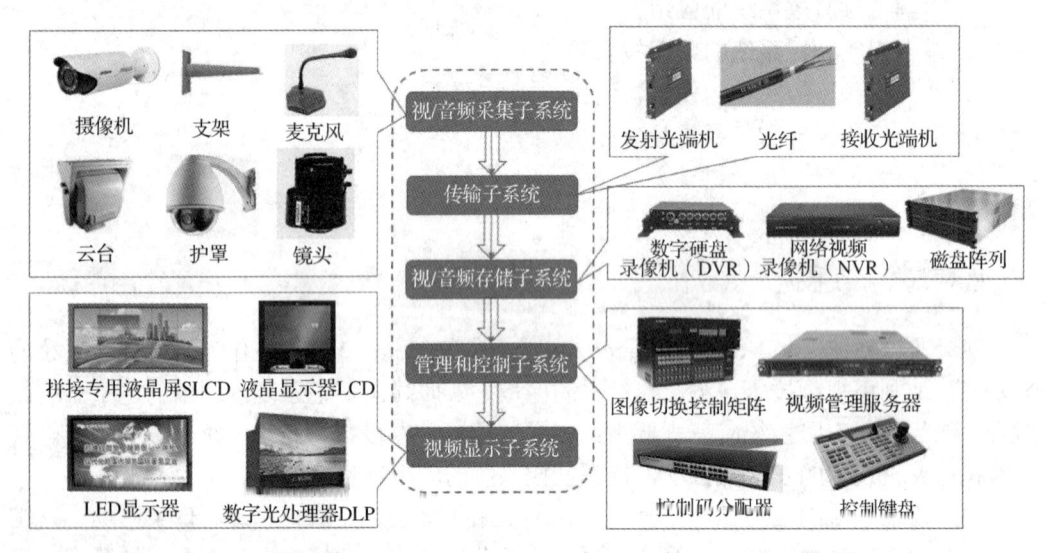

图 5.2.2 视频监控系统各个子系统的主要构成设备

1. 视/音频采集子系统

视/音频采集子系统负责视频图像和音频信号的采集,即把视频图像从光信号转换成电信号,把声音从声波转换成电信号。在早期的视频监控系统中,这种电信号是模拟信号,随着数字和网络视频监控系统的出现,还需要先把模拟信号转换成数字信号,再进行传输。

（1）摄像机分为模拟摄像机、数字摄像机和 IP 网络摄像机。其中，模拟摄像机用于把物体的图像从光信号转换成电信号，经内部电路处理后输出模拟信号；数字摄像机将采集的信号转化为电信号，经内部电路处理后直接输出不经过压缩的数字信号；IP 网络摄像机自带编码板，通常输出经过压缩的数字信号。

（2）镜头是摄像机用来生成影像的光学部件，由多片透镜组成。不同的镜头有不同的功能及特性。为了保证摄像机、镜头工作的可靠性，延长其使用寿命，必须给摄像机装配具有多种特殊性保护措施的护罩。护罩需要适应各种气候条件，如风、雨、雪、霜、低温、曝晒、沙尘等。因此，室外型护罩会因使用地点的不同配置诸如遮阳罩、内装/外装风扇、加热器、除霜器、雨刷器、清洗器等辅助设备。

（3）视频编码器用于对摄像机输出的模拟信号进行模/数转换，并编码成数字视频流后输出。

（4）支架是起支撑作用的构架，用于将摄像机或护罩美观、牢固地安装在监控点位上。

（5）云台是配合摄像机一起使用的，主要功能是接收控制信号，带动摄像机做水平和垂直转动，驱动摄像机镜头完成变倍、变焦、开/关光圈等动作。

（6）补光灯是一种用来对某些缺乏照度的地方进行灯光补偿的灯具，常见的有白光补光灯和红外补光灯。

（7）拾音器和麦克风都用于把声音从声波转换成模拟信号，两者的区别主要在于接口形式和接口的阻抗特性不同。

2. 传输子系统

传输子系统负责视/音频信号、云台/镜头控制信号的传输。在短距离传输的情况下，信号传输采用电缆即可满足需要，而在长距离（如 30km）传输的情况下，就需要采用专门的传输设备。传输子系统的常见设备有光端机、介质转换器、网络设备（如交换机、路由器等）、宽带接入设备等。

3. 管理和控制子系统

管理和控制子系统负责完成图像切换、系统管理、云台镜头控制、告警联动等功能，是视频监控系统的核心。管理和控制子系统的常见设备有图像切换控制矩阵、多画面分割器、云台解码器、控制码分配器、控制键盘、视频管理服务器、存储管理服务器等。

（1）图像切换控制矩阵是系统核心部件，主要包括矩阵切换箱和 CPU。

（2）控制键盘的作用是进行视频图像的切换、摄像机云台和镜头的控制。

（3）控制码分配器是与图像切换控制矩阵配套使用的辅助设备之一，用于将 RS-485/RS-422 接口形式的前端设备控制码 Pelco-P、Pelco-D 等分配到多个经缓冲输出的控制码端口，以使系统能够接入更多数量的 RS-485 终端。每个控制码端口都可用屏蔽双绞线将信号传送至最远 1300m 的地点，最多可连接 4～8 台前端设备。

（4）视频管理服务器是基于网络的监控系统的核心部件，在它上面安装了视频监控系统的管理软件，可以对系统进行管理。在大规模视频监控系统中，视频管理服务器可能有多台。它的管理功能一般包括设备管理、业务操作、参数配置、用户管理、日志管理等。

4．视/音频存储子系统

视/音频存储子系统主要负责将前端采集的视频信息、图像资料和监听资料等进行专门的存储，便于备查回放或存储备案，常见的存储设备主要有磁带机（主要针对的是模拟信号的存储）、DVR、NVR 和磁盘阵列等。

5．视频显示子系统

视频显示子系统负责视频图像的显示，其常见设备有监视器、电视机、显示器、大屏、解码器、个人计算机等。

（二）视频监控系统在智能交通中的应用

智能交通监控系统是视频监控系统在智能交通领域的典型应用，它是将先进的信息技术、通信技术、电子传感技术、控制技术和计算机技术等融为一体的综合管理系统，为地面交通管理提供实时、准确、高效的信息依据，为建立全方位交通管理体系提供数据支撑。交通管理部门作为交通安全管理和执法的主体，承担着维护交通秩序、保障交通安全、维护社会治安等任务。视频监控系统可以准确记录道路、车辆及人员信息，为交通管理部门掌握实时交通动态提供帮助，提高道路安全管理水平，提升打击违法犯罪的战斗力，为快速侦破案件提供科学、有效的依据。

1．卡口监控系统应用概述

在城市化进程加快的大环境下，随着道路的快速建设、机动车保有量的迅速增加，与车辆相关的超速行驶、肇事逃逸、盗抢等违法事件越来越多，不仅给人们的生命财产和社会治安造成了极大的威胁，还带来了极大的社会和经济损失，加强城市管理、保证社会稳定已成为十分重要的任务。传统交管模式已不能满足当前的需要了，卡口监控系统便应运而生。

卡口监控系统通过多层次立体式结构，把前端物理层、网络传输层、数据处理层和用户应用层有机结合起来，支持单点应用、区域应用、区县级应用、地市级应用，甚至省级规模的大范围联网应用，可实现多级多城灵活部署。卡口监控系统由前端信息采集子系统、网络子系统、后端子系统 3 部分组成，如图 5.2.3 所示。前端信息采集子系统完成检测判定、图像采集、图像处理、车牌识别、图像存储、事件检测和图像传送等功能；网络子系统完成将采集的信息传输到后端子系统的功能；后端子系统完成记录的查询、布控、统计、轨迹分析、表频关联、设备管理、数据的存储及共享、权限控制、日志审计和平台对接等功能。

2．电警监控系统应用概述

电警即道路电子警察，是保证道路安全畅通的重要设备。鉴于视频技术已经十分成熟，现在的交管系统中广泛采用视频图像处理式的电警。电警在工作时，系统根据交通信号灯的状态检测相应方向的违章车辆，一旦有信号，就把对应摄像机的图像冻结储存，实现卡口功能（绿灯状态下也能对通行车辆进行检测）。电警监控系统如图 5.2.4 所示。

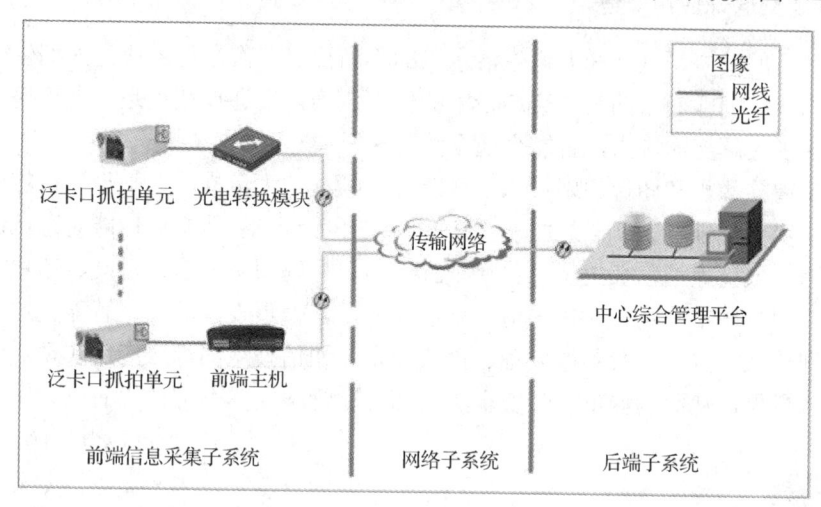

图 5.2.3　卡口监控系统的组成

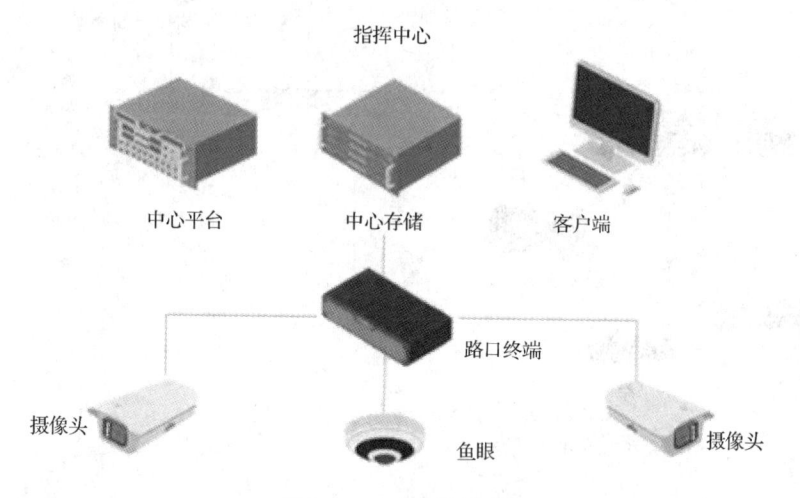

图 5.2.4　电警监控系统

3. 高速公路收费系统应用概述

收费站出入口前端方案与园区出入口前端方案相似，都通过抓拍线圈触发相机抓拍，将车辆信息上报至票亭收费软件，完成收费后放行；车辆离开防砸线圈后，道闸落至与车牌水平的位置，在成像良好的情况下，车牌识别率可达 97%。

高速公路收费系统应用的具体流程如下。

（1）车辆经过抓拍线圈，触发相机抓拍。

（2）相机将车辆的照片、车辆信息（如车牌号、过车时间等信息）按照预先设定的网络协议送至票亭收费软件。

(3）车主完成付费后，由人工下发放行指令。
(4）抬杆放行后，车辆离开防砸线圈，道闸下落。

4．智能交通球应用概述

随着社会的发展、进步和人们生活水平的不断提高，汽车已经成为人们生活中不可缺少的一部分。随即而来的是给交通带来的巨大压力，交通拥堵更是"城市病"中的重要一项。为了缓解交通压力，智能交通系统飞速发展。

随着高清摄像机和图像识别技术在智能交通领域的大量推广，基于球机的违章抓拍电警已经逐步得到推广。智能交通球系统如图 5.2.5 所示。智能交通球能对区域内违章的车辆进行违章取证抓拍，抓拍信息包括车牌特写、号码识别、违章时间、违章地点等，可以广泛应用于城市公路、快速干道、高速公路及其他重要区域等。智能交通球内嵌多种智能识别算法，可通过其图像处理、模式识别、通信技术的综合应用实现对违法车辆的实时侦测报警，从而为城市公共安全防范和交通管理发挥不可替代的巨大作用。

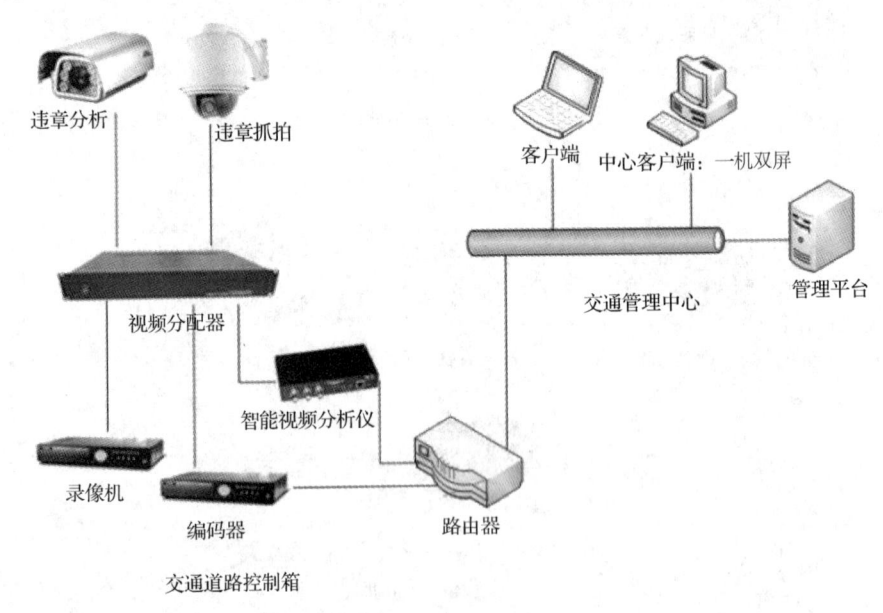

图 5.2.5　智能交通球系统

二、视频监控系统技术要点

视频监控系统涉及计算机、光学、数据存储、编/解码协议、平台互联协议、智能算法等多领域技术和设备。

视频监控系统的构成包括前端视/音频采集部分（光学、编/解码协议、平台互联协议、智能算法）、数据传输部分（编/解码协议、网络技术）、视频管理部分（计算机、平台互联协议）、视频数据存储部分（数据存储）、显示部分（编/解码协议）及后端的智能应用部分（智能算法），正确使用相关技术可以使视频监控系统更为健壮、易用。

（一）视频成像技术

视频监控系统中的视/音频采集模块处于最前端，而实现视频采集功能的设备（摄像机）中的镜头是成像技术实现的关键部件。摄像机根据其不同性能可以有多种不同的分类方式，根据成像色彩可分为黑白摄像机和彩色摄像机，根据对图像信号的处理技术可分为模拟摄像机和全数字摄像机（又称数码摄像机），根据灵敏度可分为普通型、月光型、星光型、红外型等，根据外观和结构可分为普通单机型、机板型、针孔型等。下面主要介绍摄像机的视频成像技术要点及原理。

摄像机的镜头是一种光学成像器件，安装于摄像机的前方，其质量及性能的好坏直接影响摄像机的成像质量，是视频成像技术的关键器件。镜头的主要性能参数有焦距、图像分辨率、景深、饱和度、锐度、对比度、白平衡、光圈等，这些性能参数直接决定着镜头的光学特性，下面主要介绍镜头的焦距、景深、对比度、饱和度、锐度。

镜头的焦距决定了视野范围，焦距越长，监控距离越远，水平视角越小，监视范围越窄；焦距越短，监控距离越近，水平视角越大，监视范围越宽，如图5.2.6所示。成像场景的大小与成像物体的显示尺寸是互相制约的，举个例子，用同一台摄像机在同一个安装位置对走廊进行监视，选用短焦距镜头可以对整个走廊的全景进行监视并看到出入口的人员进出，但不能看清10m左右距离的人员面貌特征；而选用长焦距镜头虽可以看清10m左右距离的人员面貌特征（人员占据了屏幕的大部分面积），却不能监视整个走廊的全景。

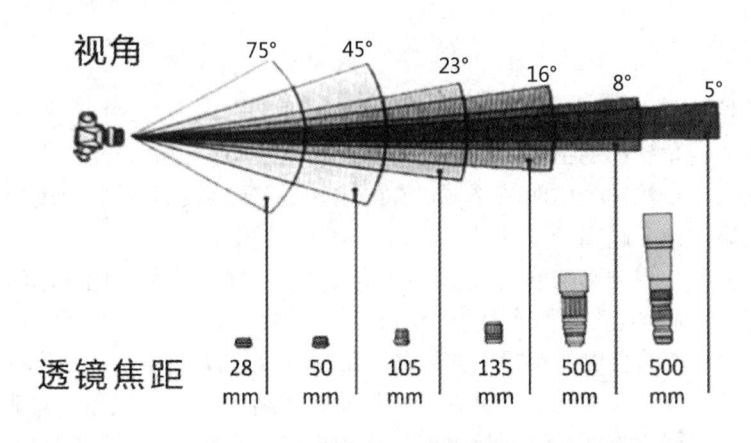

图 5.2.6　镜头视野与焦距的关系

当要监视的目标物与镜头的距离、目标物的高度与宽度、镜头的成像面尺寸（镜头规格）都确定时，选择合适的镜头焦距就能将目标物像完整地显示在监视器上。它们之间的关系如下：

$$f = a\frac{L}{H}$$

$$f = b\frac{L}{W}$$

式中，f——镜头焦距；

　　　a——镜头矩形成像面高度；

　　　H——目标物的高度；

　　　L——目标物至镜头的距离；

　　　b——镜头矩形成像面宽度；

　　　W——目标物的宽度。

景深是指在摄影机镜头或其他成像器前，沿能够取得清晰图像的成像路径所测定的被摄物体前后距离范围。聚焦完成后，在焦点前后的范围内都能形成清晰的像，这一前一后的距离范围便叫作景深，如图5.2.7所示。

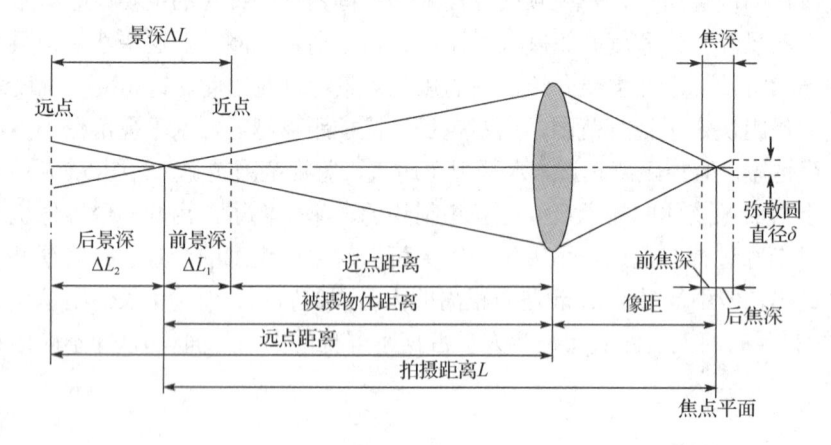

图 5.2.7　景深

在视频监控系统中，被监视的区域应该在景深的范围之内，这样能够更清晰地看到区域里的物体。视角越广的镜头的景深越大；焦距越长的镜头的景深越小。

对比度指的是一幅图像中明暗区域最亮的白和最暗的黑之间不同亮度层级的差异，差异越大，代表对比度越高；差异越小，代表对比度越低。

对比度对视觉效果的影响非常关键，一般来说，对比度越高，图像越清晰醒目，色彩也越鲜明艳丽；而对比度低则会让整个画面都灰蒙蒙的。高对比度对于图像的清晰度、细节表现、灰度层次的表现都有很大的帮助。在黑白反差较大的文本显示、CAD显示和黑白照片显示等方面，高对比度产品在黑白反差、清晰度、完整性等方面都具有优势。相对而言，在色彩层次方面，高对比度对图像的影响并不明显。对比度对动态视频显示效果的影响要更大一些，由于动态图像中的明暗转换比较快，所以对比度越高，人的眼睛越容易分辨出这样的转换过程。不同对比度下的同一幅图像如图5.2.8所示。

饱和度是指色彩的鲜艳程度，也称色彩的纯度。饱和度取决于该色彩中含色成分和消色成分（灰色）的比例，含色成分比例越高，饱和度越高；消色成分比例越高，饱和度越低。

饱和度指的是色彩的纯度，纯度越高，表现越鲜明；纯度越低，表现越黯淡。在摄像机实际应用的调节中，饱和度可调节范围为0～255，数值越大，表明该图像饱和度越高，即图像色彩越鲜艳。在实际调节时，应根据实际需要设置合适的饱和度。不同饱和度下的同一幅图像如图 5.2.9 所示。

图 5.2.8　不同对比度下的同一幅图像

图 5.2.9　不同饱和度下的同一幅图像

锐度用来表示图像边缘的清晰程度，由于人类视觉系统的特性，高锐度的图像看起来更加清晰，但是，实际上锐度的升高并没有提高真正的分辨率。

如果将锐度调高，则图像平面上的细节对比度也更高，看起来更清楚。例如，在高锐度情况下，不但画面上人脸的皱纹、斑点更清楚，而且脸部肌肉的鼓起或凹下也可表现得栩栩如生。在其他情况下，即垂直方向的深色或黑色线条，或者黑白图像突变的地方，在较高锐度的条件下，线条或黑白图像突变的交接处的边缘更加锐利，整体画面显得更加清楚。因此，提高锐度实际上也就是提高了清晰度，这是人们需要的、好的一面。但是并不是将锐度调得越高越好，如果将锐度调得过高，则会在黑线两边出现白色线条的镶边，图像看起来失真且刺眼。不同锐度下的同一幅图像如图 5.2.10 所示。

图 5.2.10　不同锐度下的同一幅图像

镜头在视频监控系统中的应用要求如下。

镜头的成像尺寸应与摄像机传感器的有效尺寸相匹配。镜头的光圈值、光圈类型及光圈控制接口应与摄像机及其安装环境相适应。镜头的焦距、变焦类型及变焦控制接口应满足摄像机及其监视范围的需求。一体化摄像机的镜头相关技术指标应与摄像机、护（球）罩一并检测。

（二）编/解码

在视频监控设备领域，目前主要采用的编/解码标准为 MPEG-4/H.264 技术，随着 H.265 芯片技术的不断成熟，其凭借更强的优越性能，将会逐步取代 H.264 并成为行业的主流应用技术。视频监控系统中的编/解码技术的发展历程如图 5.2.11 所示。

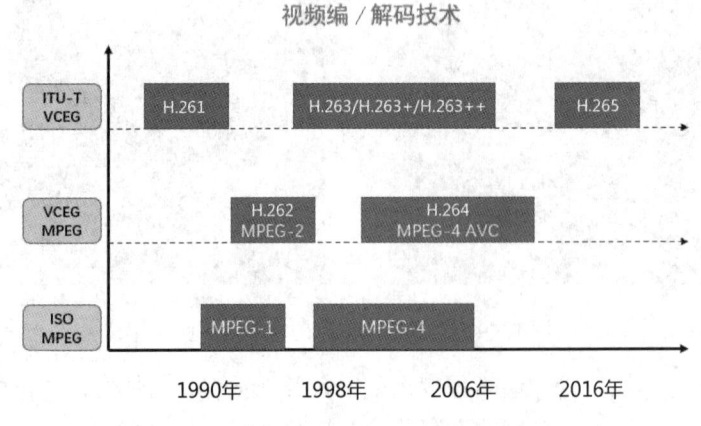

图 5.2.11　视频监控系统中的编/解码技术的发展历程

ITU-T（ITU Telecommunication Standardization Sector，国际电信联盟电信标准分局）下属的视频编码专家组（Video Coding Expert Groups，VCEG）的视频编码研究主要面向视频通信，如会议电视、可视电话等视频通信应用，推出的视频压缩标准为 H.26X 系列，包括 H.261、H.263、H.263+、H.263++、H.264、H.265。

MPEG 标准主要有 MPEG-1、MPEG-2、MPEG-4 等。视频编码专家组专门负责为 CD 建立视频和音频标准，其成员都是视频、音频及系统领域的技术专家。MPEG 标准的视频压缩编码技术主要利用了具有运动补偿的帧间压缩编码技术以减小时间冗余度，利用 DCT 技术减小图像的空间冗余度，利用熵编码在信息表示方面减小了统计冗余度。这几种技术的综合运用大大提升了压缩性能。

（三）信号传输技术

在视频监控系统中，要实现视频信息的采集、处理、存储等，离不开各设备的配合及信号在各设备间的传输，传输功能的实现需要各种电缆作为媒介，即使在无线视频监控系统中，收发端各设备之间的信号传输也需要各种电缆。因此，电缆是各类通信系统信号传输中不可缺少的基础性器材。视频监控系统中适用于不同功能的线缆如图 5.2.12 所示。

在视频监控系统中，要进行传输的信号主要有摄像机的视频信号、前端带有语音监听功能时的音频信号、内场控制器对外场设备的控制信号、各个电源端的电源线信号等。这些不同的信号分别采用不同的电缆完成传输，如音频信号一般采用音频电缆、控制信号常采用电话电缆或双绞线，云台解码器到云台与镜头之间的动作信号常用多芯电缆或其他线缆，唯有视频信号的传输，不论只有几米、几十米，还是数百米的距离，几乎毫无例外地都采用同轴电缆来实现。下面介绍同轴电缆、光缆和双绞线。

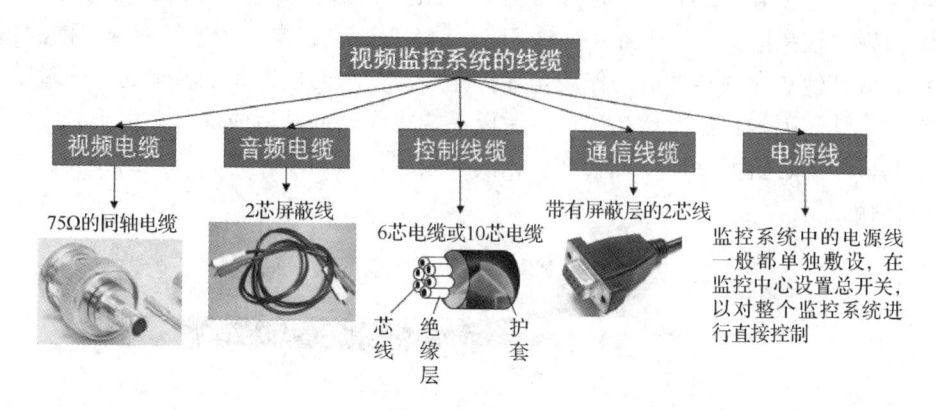

图 5.2.12 视频监控系统中适用于不同功能的线缆

1. 同轴电缆

同轴电缆在结构上分为内导体和外导体，中间用绝缘介质隔开，因圆柱形的内、外导体和绝缘介质都具有同一根中心轴线，故称同轴电缆，简称同轴线，如图 5.2.13 所示。

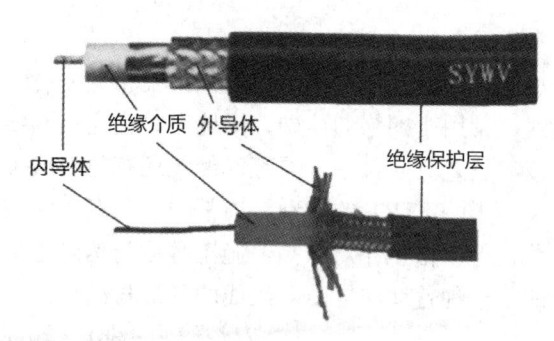

图 5.2.13 同轴电缆

同轴电缆有各种不同的尺寸与种类规格，因此也具有不同的传输性能。同轴电缆的内导体可直接由单根粗铜丝做成或由多股细铜丝绞合而成，不同的形式在柔软度上会有差异；而外导体则都由细铜丝编织成网状，包裹于绝缘介质外；绝缘介质通常有实心聚乙烯材料、物理发泡聚乙烯材料，或者用聚乙烯材料做成藕芯状等；最外层为电缆的绝缘保护层，通常采用聚氯乙烯（PVC）或橡胶等材料做成。

2. 光缆

光缆是将一定数量的光纤（1～144根）按照一定的方式组成缆芯，外加护套、加强筋、填充料和外护层等构成与普通电缆有相似外形的用以实现光信号传输的一种通信线路，其结构如图5.2.14所示，光缆内真正传输光信号的是光纤。

光纤是用来导光的透明介质纤维，现今大量使用的光纤基本由石英制成，它的主要化学成分是二氧化硅（SiO_2），为将光波限制在光纤内进行传输，光纤通常有两层结构，中间为折射率较高的纤芯，外面为折射率略低的包层。在包层外一般还有很薄的涂覆层，由硅橡胶或其他热塑材料做成，作用是保护光纤不受水的侵蚀和机械损伤，同时能提升光纤的柔软性，因为该层不参与导光，所以不能算作光纤的组成部分。由于光纤包层的折射率略低于纤芯折射率，所以会产生光波导效应，从而能使绝大部分的光波被限制在纤芯内传输。

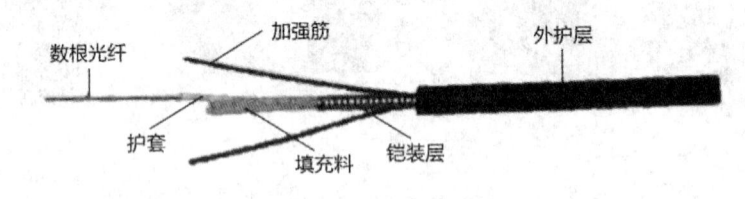

图 5.2.14　光缆结构图

光纤通信具有传输容量大、传输损耗低、中继距离长、抗电磁干扰能力强、保密性好等特点，因此，在以安全防范为目的的大范围视频监控系统中，广泛应用光纤来传输视频信号。

3. 双绞线

双绞线是由两条相互绝缘的导线按照一定的规律互相缠绕（一般为顺时针）在一起制成的一种通用传输线，常用于网络通信中，因此有时也泛指网线。双绞线在结构上有非屏蔽双绞线和屏蔽双绞线之分。其中，屏蔽双绞线还有每对线都有各自的屏蔽层结构（STP）和采用整体屏蔽结构（FTP）的差别。通常，屏蔽双绞线的传输性能与抗干扰能力要优于非屏蔽双绞线，但价格也相对略高，施工敷设与信号连接也比非屏蔽双绞线要复杂。图 5.2.15 所示的是一种普通非屏蔽双绞线的外形与结构。

双绞线（网线）传输视频信号具有传输距离远、传输质量高、布线方便、线缆利用率高、抗干扰能力强、价格便宜、取材方便等特点，给工程应用带来了极大的方便。

图 5.2.15　普通非屏蔽双绞线的外形与结构

（四）存储技术

在视频监控系统中，录像机是用来记录摄像机拍摄的图像资料和监听资料的记录设备，以便回放或存储备案。对模拟视频监控系统和数字视频监控系统来说，在存储设备的选择上有比较明显的区别。

在视频监控系统应用的早期，由于存储技术的限制，视频监控系统的存储设备多为磁带录像机，现在已经完全被淘汰。随着计算机磁盘存储技术的发展，在模拟视频监控系统中，现在一般采用 DVR 作为存储设备。而对于数字视频监控系统，特别是网络型数字视频监控系统，一般根据系统规模大小选择 NVR 或磁盘阵列作为存储设备。

1. 磁带录像机

磁带录像机（VTR）就是使用磁带作为存储介质的数码摄像设备。磁带录像机在磁带上以模拟方式存储视频信息，在技术相对欠发达的阶段应用广泛。随着计算机技术的发展，磁带录像机已被淘汰。它的缺点如下。

（1）由于存储方式为模拟方式，所以磁带的维护和信息检索比较麻烦。

（2）长时间视频信息保存需要大量的录像磁带，使得管理与保养十分烦琐。

（3）在超长时间录像方式下，其回放的图像将会有明显的不连续现象。

（4）磁带经过多次回放、复制后，其信号质量会严重降低；长期的录制会使录像机磁头磨损，从而导致故障率增高。

2. 数字硬盘录像机

数字硬盘录像机（DVR）即数字视频录像机，它将模拟的音/视频信号转变为 JPEG、MPEG 与其他编码方式的数字信号，存储在计算机的硬盘上，故被称为数字硬盘录像机。它是一套进行图像存储处理的计算机系统，具有对图像/语音进行长时间录像、录音、远程监视和控制的功能，集录像机、多画面分割器、云台镜头控制、报警控制、网络传输等多种功能于一身。因此，DVR 代表了视频监控系统的发展方向。DVR 主要有 PC 式和嵌入式两大类。PC 式 DVR 具有以下优点。

（1）存储量大。随着计算机技术的飞速发展，现今硬盘容量越来越大，300GB、1TB 的硬盘已十分普遍。另外，它还可以设置循环录像功能，保证硬盘内储存的是最新的连续内容。

（2）查询、检索非常方便。存储在硬盘上的图像信息可以方便地按时间来查看，也可以按摄像机编号来查看，还可以定时查看，所有的检索操作都可通过鼠标操作完成。

（3）回放图像质量高。

（4）备份、留档十分方便。

（5）具有网络传输和远程控制功能。

PC 式 DVR 也存在许多待解决的问题，主要有以下几点。

（1）较易引起死机。

（2）数据安全可靠性不高。PC 式 DVR 的数据存储及操作系统均存放在硬盘中，无论如何加密，均可以从 PC 的底层进入系统，对已记录的图像文件进行删改。如果 PC 的硬盘零道发生故障，那么整个系统将瘫痪。

（3）抗入侵能力较差。Windows 操作系统本身的抗入侵能力较差，在联网情况下，一旦出现诸如病毒入侵等情况，操作系统将遭到破坏，整个 DVR 也会受到严重影响，甚至崩溃。

（4）系统操作的响应有 0.5s 左右的延时。

嵌入式 DVR 的优点如下。

（1）性能好。嵌入式 DVR 在硬件上采用一体化结构，其内部板卡都集成在一块或两块主板上，其配置虽比 PC 式 DVR 的配置低，但运行性能与高配置 PC 式 DVR 相比毫不逊色。

（2）稳定性高。正因为嵌入式 DVR 在硬件上采用了一体化结构，所以其机械尺寸较小，质量轻，对振动、多尘等恶劣环境的适应能力较好。

（3）维护性好。嵌入式 DVR 的软件基本不需要维护，其软件维护成本远比 PC 式 DVR 低得多；硬件上也没有显卡、内存、网卡等设备需要维护。

（4）抗病毒能力强。嵌入式 DVR 的硬件、软件都是专用的，芯片存储的数据只可读，不可写，并且软件的附带功能也非常少，因此，其受病毒侵害的可能性相对较低。

正因为如此，从市场应用来讲，随着今后对系统可靠性要求的不断提高，嵌入式 DVR 的市场份额将逐渐超过甚至最终取代 PC 式 DVR。

3. 磁盘阵列

磁盘阵列（Redundant Array of Independent Disk，RAID）也称独立磁盘冗余阵列，是把相同的数据存储在多个硬盘中的不同地方的方法。

RAID 的优点在于提高了传输速率。RAID 通过在多个磁盘上同时存储和读取数据来大幅提高存储系统的数据读写速率。在 RAID 中，可以让很多磁盘驱动器同时传输数据，而这些磁盘驱动器在逻辑上又是一个整体，因此，使用 RAID 可以达到单个磁盘驱动器几倍、几十倍甚至上百倍的读写速率，这也是 RAID 最初想要解决的问题。因为 CPU 的处理速度增长很快，而磁盘驱动器的数据读写速率无法大幅提高，所以需要有一种方案来解决二者之间的矛盾。RAID 较为成功地解决了这一矛盾。

RAID 通过数据校验提供容错功能。如果不包括写在磁盘驱动器上的 CRC（循环冗余校验）码，那么普通磁盘驱动器无法提供容错功能。RAID 容错是建立在每个磁盘驱动器的硬件容错功能上的。

三、视频监控系统的安装与调试

视频监控系统的安装与调试的步骤如下。

（1）学生分组、分工，分别负责安装与调试两个项目的任务。

（2）完成传输子系统的安装与调试。

（3）完成管理和控制子系统、视频显示子系统的安装与调试。

四、分析、解决视频监控系统故障

按照视频监控系统故障的表现形式，可以将系统中发生的故障分为五大类：图像类故障、平台类故障、终端类故障、存储类故障及云台类故障，如图5.2.16所示。

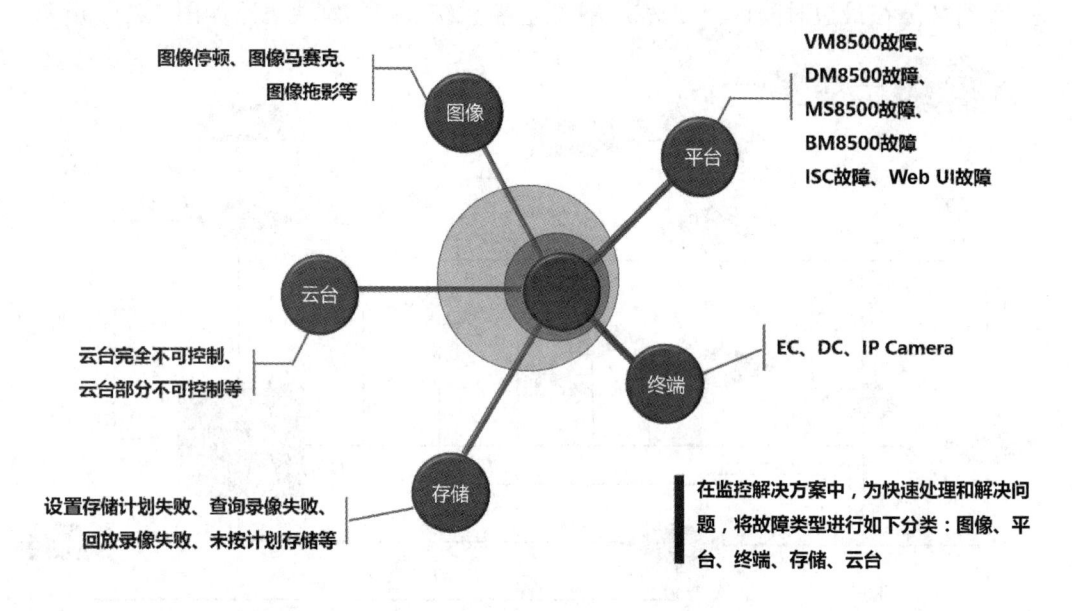

图 5.2.16　视频监控系统故障的表现形式

1．图像类故障

在视频监控系统的开机、运行、维护过程中出现的与图像质量有关的故障皆属于图像类故障。图像类故障包括但不限于以下类型：图像停顿、图像马赛克、图像拖影、图像串流、图像条纹、图像锯齿、图像延迟、无法接收图像、图像模糊。

2．平台类故障

在视频监控系统的开机、运行、维护过程中出现的涉及故障主体是监控系统平台设备的问题皆属于平台类故障。平台类故障包括但不限于以下类型：VM8500故障、DM8500故障、MS8500故障、BM8500故障、ISC故障、Web UI故障。

3．终端类故障

在视频监控系统的开机、运行、维护过程中出现的故障主体为编/解码器的问题皆属于终端类故障。终端类故障涉及设备包括EC、DC、IP Camera。

4．存储类故障

在视频监控系统的开机、运行、维护过程中出现的与存储有关的问题皆属于存储类故障。存储类故障包括但不限于以下类型：设置存储计划失败、查询录像失败、回放录像失败、未按计划存储、存储设备故障、阵列退化。

5. 云台类故障

云台类故障包括云台完全不可控制、云台部分不可控制、云台控制错乱。

当视频监控系统遇到故障时，应该明确解决故障的思路，按流程处理，规范化处理，使得故障在最短时间内得到解决。视频监控系统故障的解决思路如图 5.2.17 所示。

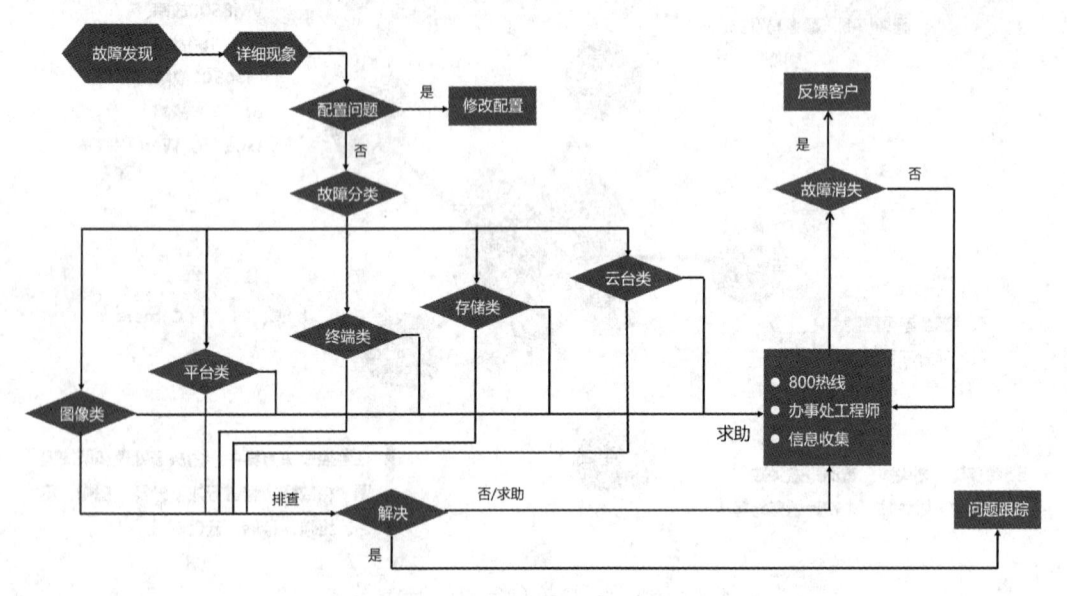

图 5.2.17　视频监控系统故障的解决思路

任务实施

一、视频监控系统安装与调试

根据上面介绍的安装、调试步骤，实施视频监控系统的安装与调试，并填写视频监控系统安装步骤记录单，如表 5.2.1 所示。

表 5.2.1 视频监控系统安装步骤记录单

任务名称		任务起止日期		方案制定日期	
序号	安装步骤	具体工作内容		所需资料、材料及工具	负责人
云台解码器的安装					
1					
2					
3					
4					
5					
摄像机的安装					
1					
2					
3					
4					
传输子系统的安装					
1					
2					
3					
4					
5					

续表

任务名称		任务起止日期		方案制定日期	
序号	安装步骤	具体工作内容		所需资料、材料及工具	负责人
		管理和控制子系统、视频显示子系统的安装与调试			
1					
2					
3					
4					
5					
6					

教师审核意见：

二、解决视频监控系统故障

（列举安装、调试过程中可能遇到的故障，并填写故障维修过程记录单。）

填写故障维修过程记录单,如表 5.2.2 所示。

表 5.2.2 故障维修过程记录单

序 号	故 障 类 型	故障可能原因	解 决 方 法
1			
2			
3			
4			
5			
6			
7			
8			

评价与分析

根据本任务的执行情况进行自评和教师评价。
自评:

教师评价:

任务三 防盗报警系统的安装与调试

学习目标

1. 了解防盗报警系统相关技术,掌握防盗报警系统的安装、调试及故障解决方法。
2. 正确认识专业需求,培养踏实、勇于创新的职业素养。

任务描述

接收任务单后,根据用户需求,选择适用的防盗报警设备,制定安装方案后进行设备的安装与调试。

任务分析

1. 了解防盗报警系统的应用。
2. 掌握防盗报警系统技术要点。
3. 实施防盗报警系统的安装与调试。
4. 分析、解决防盗报警系统故障。

知识储备

一、防盗报警系统产品概述

防盗报警系统是为家庭设备和成员的安全而安装的安全防范与报警系统,包括智能移动终端(智能手机或平板电脑等)、控制主机(智能网关)、人体红外探测器、网络摄像机、可燃气体探测器、烟雾报警器、门磁/窗磁/玻璃破碎探测器、视频服务器、紧急按钮和可视对讲等。一套完善的智能家居防盗报警系统可确保每个用户的生命及财产安全。

(一)常用的家庭防盗报警系统的功能

(1)远程实时监控。
(2)紧急求助呼叫。
(3)远程报警与远程撤/设防。
(4)预设报警。
(5)报警联动。

防盗报警系统由各种前端传感器、探测器、控制主机等组成。前端传感器、探测器主要有人体红外探测器、可燃气体探测器、烟雾报警器、玻璃破碎探测器、幕帘探测器、二氧化碳传感器等。假如电线短路发生火灾，当火苗烟雾刚刚出现时，烟雾报警器就会探测到，即发出警报声，提醒室内人员，并自动通过电话对外报警，以便使险情得到迅速及时的处理，免遭重大损失；如果发生煤气泄漏，可燃气体探测器会马上发出警报声，并自动启动排风扇，开启智能窗户/窗帘，保证室内人员的安全，同时通过电话线将险情自动报告给指定电话；如果有人企图打开门窗，就会触发门磁探测器，这时，智能主机通过电话线或无线网络进行报警。户主得到报警信息后，可迅速采取应对措施，保障财产和生命安全。常用的家庭防盗报警系统组成如图 5.3.1 所示。

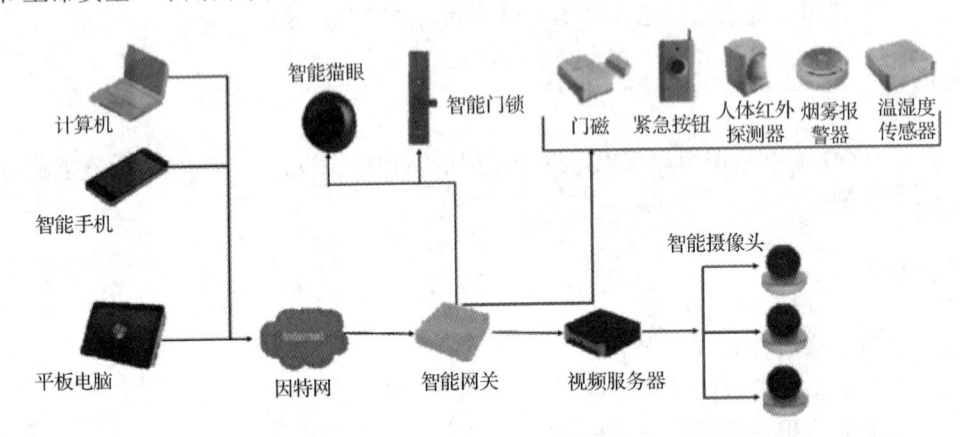

图 5.3.1　常用的家庭防盗报警系统组成

（二）常用家庭防盗报警设备

1. 门磁

门磁是一种在智能家居的安全防范及智能门窗控制中经常使用的无线电子设备，如图 5.3.2 所示。它自身并不能发出报警声音，只能发送某种报警信号给控制主机，只有在控制主机接收报警信号后，与控制主机相连的报警器才能发出报警声音。门磁工作很可靠、体积小巧，特别是它通过无线的方式工作，使得安装和使用非常方便、灵活。

门磁的面板正面右侧有两个 LED 指示灯，当上方的 LED 指示灯快速闪烁一下时，门磁发送报警信号给控制主机；背面用合适的硬物轻顶即可取下底壳，可用于固定门磁。

门磁用来探测门、窗、抽屉等是否被非法打开或移动，探测距离远、灵敏度高、性能稳定可靠、抗干扰能力强、体积小巧、安装简单，可与多款控制主机配合使用。

某种品牌门磁的技术参数如下。

（1）无线发射模块外形尺寸：40mm×26.5mm×12.5mm。

（2）磁块外形尺寸：25mm×10mm×9mm。

（3）工作频率：2.4GHz±1MHz。

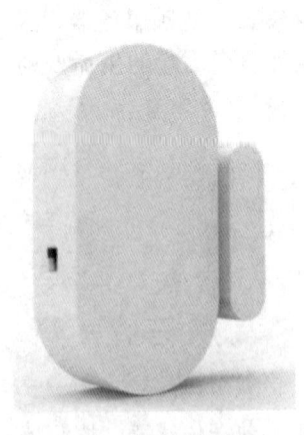

图 5.3.2　门磁

(4) 调制方式：高斯频移键控（GFSK）。

(5) 充电电压：DC 5V。

(6) 待机时间：≥6 个月。

2. 烟雾报警器

烟雾报警器（见图 5.3.3）是一种将空气中的烟雾浓度转换成有一定对应关系的输出信号的装置，主要用于及时监测家庭火灾的发生，尤其在火灾初期、人们不易察觉到的时候进行报警。烟雾报警器分为光电式和离子式两种。光电式烟雾报警器由光源、光电器件和电子开关组成，内部安装有红外对管，无烟时红外接收管接收不到红外发射管发出的红外光；当有烟尘进入内部时，通过折射、反射作用，红外接收管接收红外光，智能报警电路就会判断烟雾浓度是否超过阈值，如果超过，就会发出警报。离子式烟雾报警器有一个电离室，电离室所用人造放射性元素镅 241 的放射性强度约为 0.8 微居里，正常状态下电路处于平衡状态，当有烟尘进入电离室后，电离产生的正、负离子干扰了带电粒子的正常运动，在电场的作用下，各自向正、负电极移动，破坏了内、外电离室之间的平衡，电流、电压就会有所改变。离子式烟雾报警器就是通过相当于烟敏电阻的电离室引起的电压变化来感知微电流变化的装置，其宏观表现为电离室的等效电阻增大，使电离室两端的电压升高，由此来确定空气中的烟雾状况。

由此可见，烟雾报警器是由检测烟雾的感应传感器和声音响亮的电子扬声器两部分组成的，一旦发生火灾危险，便可以及时警醒人们。

某品牌烟雾报警器的技术参数如下。

(1) 型号：SS-TAD-170。

(2) 电源：AC 9V/DC 12～24V。

(3) 静态电流：≤2mA。

(4) 报警电流：≤10mA。

(5) 工作温度：-10～50℃。

(6) 报警声强：≥85dB/m。

(7) 灵敏度等级：1 级。

(8) 报警方式：声光报警。

(9) 报警输出：继电器输出。

图 5.3.3　烟雾报警器

(10) 外形尺寸：直径为 100mm，高度为 53mm。

3. 人体红外探测器

人体都有恒定的温度，一般在 37℃ 左右，会发出 10μm 左右波长的红外线。人体发出的红外线通过菲涅尔滤光片后聚集在红外感应装置上，红外感应装置是由热释电传感器制成的，可以接收人体红外辐射，并产生内部电荷变化，从而向外释放电荷，电荷信息经过人体红外探测器的后续电路检测处理后，就可以产生防盗报警信号。

人体红外探测器（见图 5.3.4）内部有两个互相串联或并联的热释电传感器，并且它们的电极方向正好相反，通过环境背景辐射对两个热释电传感器产生作用，在信号输出的同时，将两者的热释电效应互相抵消。

当探测区域内有人出现时，人体红外探测器首先通过感知人体红外辐射，在部分镜面上聚焦，然后热释电传感器可以接收热量信息，因为热释电效应无法抵消，这时系统将产生报警信号。

某品牌人体红外探测器的技术参数如下。

（1）型号：DT-7225。

（2）工作电压：9～15V。

（3）电源电流：35mA。

（4）探测范围：8～12m。

（5）工作温度：-30～70℃。

（6）工作湿度：(5%～95%)RH。

（7）检测速度：0.2～3.5m/s。

（8）报警方式：声光报警。

（9）防拆输出：常闭。

（10）外形尺寸：长 71mm，宽 42mm，高 119mm。

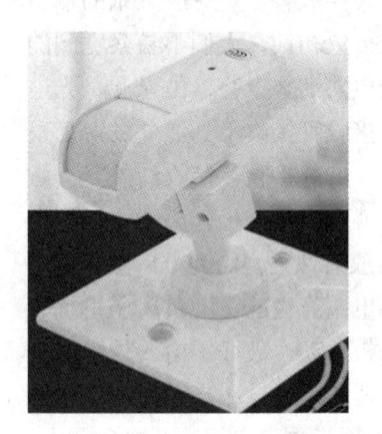

图 5.3.4　人体红外探测器

二、防盗报警终端技术要点

1．门磁

门磁外形小巧而不太容易被看到。门磁主要由两部分组成：较小的部件为磁体，内部有一块永久磁铁，用来产生恒定的磁场；较大的部件是门磁主体，内部有一个常开型的干簧管。当磁体和干簧管靠得很近（小于 5mm）时，门磁系统处于工作守候状态；当磁体离开干簧管一定距离后，门磁系统处于常开状态。磁体和干簧管分别安装在门框（窗框）和门扇（窗扇）里，基本上都是嵌入式安装（也可表面式安装）。

常见的门磁有无线门磁、无线卷闸门磁、有线门磁 3 种。

（1）无线门磁。

无线门磁含有无线发射模块，在无线发射模块的两个箭头处有一个干簧管，当磁体与干簧管的距离保持在 1.5cm 以内时，干簧管处于断开状态，一旦磁体与干簧管分离的距离超过 1.5cm，干簧管就会闭合，造成短路，报警指示灯亮，同时向控制主机发送报警信号。

（2）无线卷闸门磁。

无线卷闸门磁是由无线发射传感器、金属制磁体及金属制干簧管 3 部分组成的。其中，干簧管与无线发射传感器之间采用有线连接，当磁体与干簧管之间的距离达到 3cm 时，干簧管就会闭合，造成短路，报警指示灯亮，同时报警信号输出电路向控制主机发送报警信号。

(3) 有线门磁。

有线门磁的工作原理与无线门磁的工作原理一致,只是供电及信号传输方式不同,一般有线门磁采用嵌入式安装,更加隐蔽,适用于木质或铝合金门窗。

门磁的具体工作原理如下。

当磁体和干簧管靠近时,报警电路不发出信号,而当磁体与干簧管分开时,报警电路便发出信号。门磁工作原理图如图 5.3.5 所示。

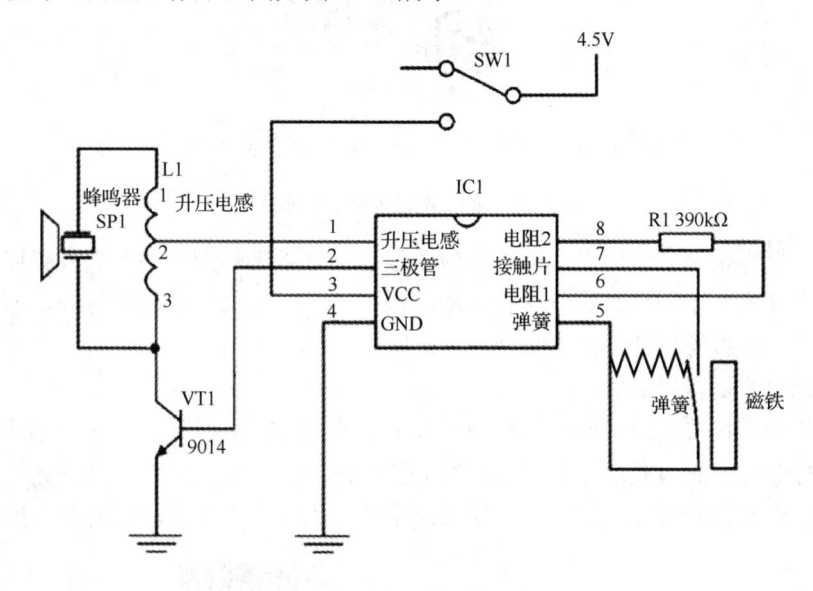

图 5.3.5 门磁工作原理图

闭合电源开关 SW1,门磁得电工作。当磁铁与弹簧靠得较近时,磁铁吸住弹簧,动、静触点接通,系统处于预警状态;而当磁铁移开时,弹簧恢复到原始位置,动、静触点断开,系统报警,IC1 收到报警信号后,经振荡电阻 R1,在内部产生音频信号,经信号输出端送入 VT1,进行功率放大,放大后的音频信号经升压电感耦合,变成一个较高电压的音频信号,驱动蜂鸣器发出响亮的报警声。

2. 烟雾报警器

烟雾报警器又称火灾烟雾报警器、烟雾感应器等。一般将独立的、以蓄电池或交流电供电的、报警时能发出声光指示的烟雾报警器称为独立式烟雾报警器。烟雾报警器与火灾报警控制器联网、通信,组成一个报警系统。

从内在原理来区分,烟雾报警器分为离子式烟雾报警器和光电式烟雾报警器。其中,离子式烟雾报警器是一种技术先进、工作稳定可靠的传感器,被广泛应用在各种消防报警系统中,性能远优于气敏电阻类报警器。

(1) 离子式烟雾报警器。

离子式烟雾报警器原理图如图 5.3.6 所示,在平常状态下,放射源 3 会放射 α 粒子。

在没有烟雾的时候，α粒子进入电离室，将电离室内的气体电离，产生正、负离子；正、负离子在外电路的作用下，朝两侧的电极移动，因此，在两侧的电极处会探测到电荷的增加，或者电流的相应变化（通过外电路探测到），经过一定的时间，电压、电流稳定。如果有烟雾进入，由于α粒子很容易被微小颗粒阻止，所以进入电离室的α粒子的数目会减少；外电路探测到两个电极之间的电压、电流的变化，控制报警装置5报警。

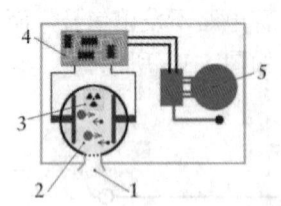

1—烟雾颗粒；2—正、负离子；3—放射源；4—电路控制部分；5—报警装置。

图 5.3.6　离子式烟雾报警器原理图

离子式烟雾报警器的优点：由于α粒子很小，可以感知到很小的烟雾颗粒，所以离子式烟雾报警器对小的烟雾颗粒比较灵敏。例如，在燃烧比较旺盛的时候，烟雾颗粒很小，离子式烟雾报警器就可以感知到。

（2）光电式烟雾报警器。

光电式烟雾报警器原理如图 5.3.7 所示，在正常状态下，红外发光管发出的红外光是无法被红外感应管感应到的；当有烟雾进来的时候，由于烟雾颗粒对红外光的散射，会有一部分红外光打到红外感应管上，使系统中的电流或电压变化，从而发出报警信号。

图 5.3.7　光电式烟雾报警器原理

光电式烟雾报警器的优点：由于红外光更容易被稍微大的颗粒散射，所以光电式烟雾报警器对探测大颗粒烟雾更有效。例如，在燃烧不充分的情况下，光电式烟雾报警器更有效。

光电式烟雾报警器的电路原理如图 5.3.8 所示。平时，强制复位端 4 处于低电平，555 处于停振状态；当 QM 型气敏元器件检测到可燃气体或烟雾时，A 和 B 极间的阻值减小，使强制复位端 4 电位上升，当该电位升至 555 工作电压的三分之一时，555 起振，并通过输出端 3 驱动蜂鸣器发出报警声。由 555 时基电路组成自激多谐振荡器，并巧妙地利用它的复位端进行触发，这样可节省元器件。

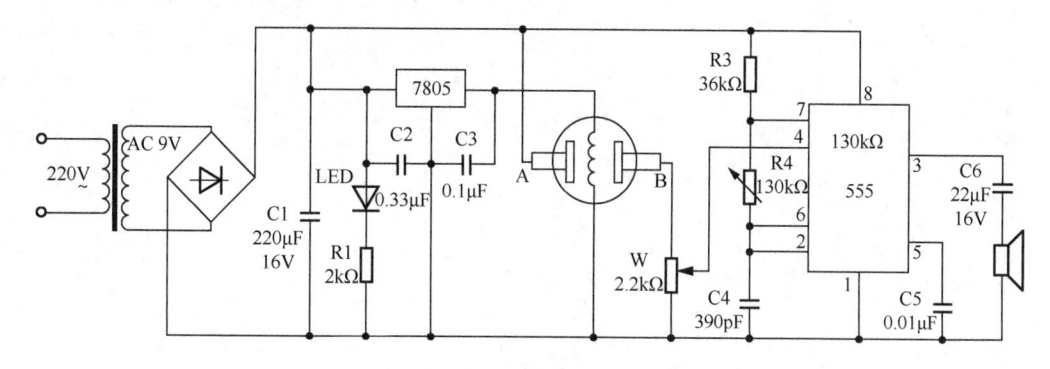

图 5.3.8 光电式烟雾报警器的电路原理

3. 人体红外探测器

人体红外探测器是靠探测人体发射的红外线来工作的。探测器收集外界的红外辐射并将其聚集到红外传感器上。红外传感器通常采用热释电元器件，这种元器件在接收了红外辐射而温度发生变化时就会向外释放电荷，该变化经相应电路检测处理后产生报警信号。这种探测器是以探测人体辐射为目标的，因此，辐射敏感元器件对波长在 10μm 左右的红外辐射必须非常敏感。

为了对人体的红外辐射敏感，在它的辐射照面通常覆盖有特殊的滤光片，使环境的干扰受到明显的控制。

人体红外探测器电路原理图如图 5.3.9 所示。

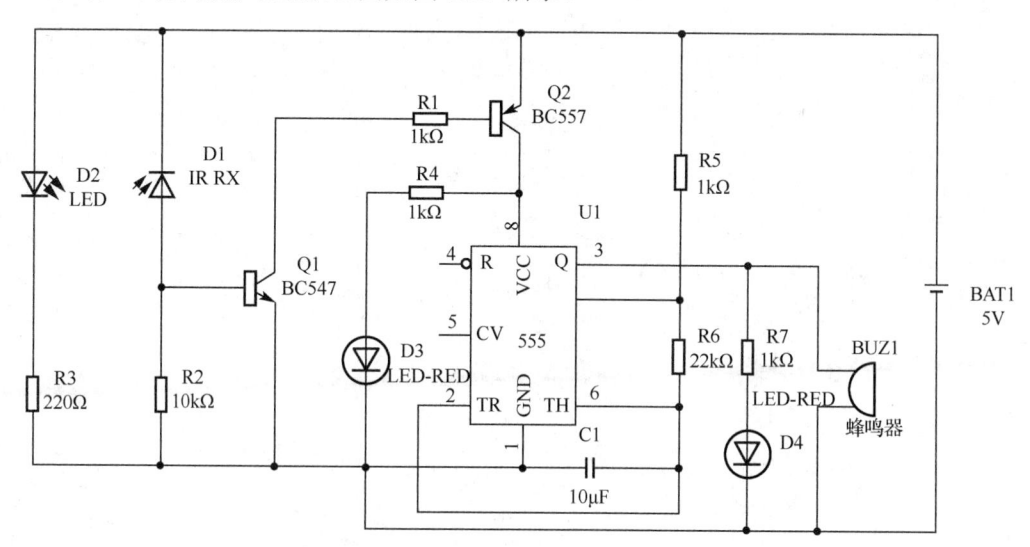

图 5.3.9 人体红外探测器电路原理图

任务实施

根据老师预设的场景,进行防盗报警系统的安装与调试,并填写防盗报警系统安装步骤记录单,如表 5.3.1 所示。

(1)分组完成门磁的安装与调试。
(2)完成烟雾报警器的安装与调试。
(3)完成人体红外探测器的安装与调试。

表 5.3.1 防盗报警系统安装步骤记录单

任务名称		任务起止日期		方案制定日期	
序号	安装步骤	具体工作内容		所需资料、材料及工具	负责人
门磁的安装					
1					
2					
3					
4					
5					
烟雾报警器的安装					
1					
2					
3					
4					

续表

任务名称		任务起止日期		方案制定日期		
序号	安装步骤	具体工作内容		所需资料、材料及工具		负责人
人体红外探测器的安装						
1						
2						
3						
4						
5						

教师审核意见：

_____
_____
_____
_____
_____
_____
_____
_____
_____
_____
_____
_____
_____
_____

1. 填写故障维修过程记录单（见表 5.3.2）

表 5.3.2 故障维修过程记录单

序 号	故 障 类 型	故障可能原因	解 决 方 法
门磁			
1			
2			
3			
4			
烟雾报警器			
1			
2			
3			
4			
人体红外探测器			
1			
2			
3			
4			

2. 安装后的检查调试

完成视频监控系统及防盗报警系统的安装后，对照用户体验手册完成设备的调试，验证各项功能是否正常等。

（1）检查视频监控系统的安装情况，并做好记录。

_____
_____
_____
_____
_____
_____

（2）检查门磁的安装情况，在设防状态下，检查当门不关闭时，是否有报警提醒，并做好记录。

_____
_____
_____
_____
_____
_____

（3）检查烟雾报警器的安装情况，在设防状态下，检查当烟雾过大时，是否有报警提醒，并做好记录。

_____
_____
_____
_____
_____
_____

（4）检查人体红外探测器的安装情况，在设防状态下，检查当有异动时，是否有报警，并做好记录。

_____
_____
_____
_____
_____
_____

3．成本核算

对视频监控系统及防盗报警系统的安装成本及施工费用进行计算。

（1）根据安防装置估算设备成本。

_____
_____
_____
_____
_____
_____

（2）根据安装工时估算人工成本。

_____
_____
_____
_____
_____
_____

（3）根据实际情况估算其他成本。

_____
_____
_____
_____
_____
_____

4．交付验收

根据验收标准进行验收并评分，填在表 5.3.3 中。

表 5.3.3　交付验收

序号	验收项目	验收标准	配分（分）	评分	备注
1	视频监控系统	能够监测预定区域的景象并能实时观看及存储监控视频信息	40		
2	门磁的安装	在设防状态下，当门不关闭时，有报警提醒	20		
3	烟雾报警器的安装	在设防状态下，当烟雾过大时，有报警提醒	20		
4	人体红外探测器的安装	在设防状态下，当有异动时，有报警提醒	20		
客户对项目验收评价成绩					

5. 记录问题，讨论解决方法

记录验收过程中存在的问题，小组讨论解决问题的方法，并填在表 5.3.4 中。

表 5.3.4 验收过程中存在的问题及解决方法

序　号	验收中存在的问题	解　决　方　法
1		
2		
3		
4		
5		

6. 整理工具，清理现场

根据领料单清点所有工具，检查是否有损坏，若无损坏，则应交还收发处；若有损坏，则应及时汇报，同时整理剩余的元器件及材料，一并交还收发处；清理现场，填写元器件、材料及工具归还清单，如表 5.3.5 所示。

表 5.3.5 元器件、材料及工具归还清单

序　号	元器件、材料及工具名称	型号及规格	数　　量	备　　注
1				
2				
3				
4				
5				
收发处负责人（签字）		年　月　日	团队负责人（签字）	年　月　日

评价与分析

根据本任务的执行情况进行自评和教师评价。
自评:

教师评价:

任务四　工作总结与评价

学习目标

1. 能按分组情况选派代表进行工作成果汇报，并进行自评和互评。
2. 能结合自身任务完成情况，正确、规范地撰写工作总结。
3. 能对任务过程中出现的问题进行分析，并提出以后的改进措施和办法。

项目小结

一、主要内容总结

该项目主要针对智能安防系统的应用与发展展开对重点子系统及相关元器件的技术要点、系统的安装与调试、实际应用中的故障检测与维修等内容的介绍，分别从视频监控系统及防盗报警系统两个模块展开。对于视频监控系统，主要介绍了视频成像、编/解码、信号传输等技术要点；介绍了视频监控系统前端摄像装置、信号传输线缆、音/视频存储显示装置的安装与调试；介绍了相关设备出现的故障及解决方法。对于防盗报警系统，主要介绍了门磁、烟雾报警器、人体红外探测器装置的实现原理。

二、重/难点总结

本项目的重/难点主要是智能安防系统中相关设备出现的故障及解决方法，作为一个技术服务人员，一定要掌握这部分内容。

评价总结

一、自评、小组评价

（一）成果汇报设计

_____
_____
_____
_____
_____
_____

（二）互评

_____
_____
_____
_____
_____
_____

二、教师评价

教师听取汇报后，对任务完成情况进行点评。

_____
_____
_____
_____
_____
_____
_____
_____

工作过程回顾及总结

1. 回顾本任务的实施过程，对新学专业知识和技能进行归纳与整理，写出一篇不少于 800 字的工作总结。

2. 编写一份《智能安防系统安装维护手册》，此手册包含智能安防系统各装置安装的注意事项及维修方法等。

综合评价表

综合评价表如表 5.4.1 所示。

表 5.4.1　综合评价表

考核项目	评价内容	配分（分）	评价分数		
			自我评价	小组评价	教师评价
职业素养	劳动保护用品穿戴完备，仪容仪表符合工作要求	5			
	安全意识、责任意识、服从意识强	6			
	积极参加教学活动，按时完成各项学习任务	6			
	团队合作意识强，善于与人交流沟通	6			
	自觉遵守劳动纪律，尊敬师长，团结同学	6			
	爱护公物，节约材料，管理现场符合 6S 标准	6			

续表

考核项目	评价内容	配分（分）	评价分数		
			自我评价	小组评价	教师评价
专业能力	专业知识扎实，有较强的自学能力	10			
	操作积极，训练刻苦，具有一定的动手能力	15			
	技能操作规范，注重维修工艺，工作效率高	10			
工作成果	产品维修符合工艺规范，产品功能满足要求	20			
	工作总结符合要求，维修成本低	10			
	总分	100			
总评	自我评价×20%+小组评价×20%+教师评价×60%=	综合等级	教师（签名）：		

补充：专项实训

家庭安防监控与环境监测

一、实训目的

将家中各种与信息相关的设备、家庭安保装置、视频监控连接到一个家庭的智能化系统上进行集中监视和控制，实现家庭安防监控与环境监测。

二、实训设备

门磁、烟雾报警器、人体红外探测器、摄像头、主控设备、连接线。

三、实训步骤及内容

1. 依次将门磁、烟雾报警器、人体红外探测器、摄像头接入主控设备。
2. 调试各个模块的功能。
3. 设定不同的情境，实现相应的操作，如检测非正常进入人员报警、异常开门报警等。
4. 完成实训报告。

习 题

一、选择题

1. 安防系统的基础是（　　）。
   A．人防　　　　　B．物防　　　　　C．技防　　　　　D．以上都不是

2. 带来安全防范的一次新的革命的是（　　）。
   A．人防　　　　　B．物防　　　　　C．技防　　　　　D．以上都不是

3. 下列哪项不属于安全防范工程建设应遵循的原则（　　）。
   A．人防、物防、技防相结合
   B．保护对象的防护级别与风险等级相适应
   C．满足防护的纵深性、均衡性、抗易损性要求
   D．无须考虑价格因素

4. 利用传感器技术和电子信息技术探测并指示非法进入或试图非法进入设防区域的行为、处理报警信息、发出报警信息的电子系统或网络称为（　　）。
   A．防盗报警系统　　　　　　　B．视频监控系统
   C．出入口控制系统　　　　　　D．电子巡查系统

5. 利用视频技术探测、监视设防区域并实时显示、记录现场图像的电子系统或网络称为（　　）。
   A．防盗报警系统　　　　　　　B．视频监控系统
   C．出入口控制系统　　　　　　D．电子巡查系统

6. 对进、出停车场（库）的车辆进行自动登录、监控和管理的电子系统或网络称为（　　）。
   A．视频监控系统　　　　　　　B．停车场管理系统
   C．防爆安全检查系统　　　　　D．防盗报警系统

7. 不属于视频采集子系统的常见设备的有（　　）。
   A．摄像机　　　　　　　　　　B．镜头
   C．拾音器　　　　　　　　　　D．视频编码器

8. 不属于视频监控系统中传输系统的常见设备的有（　　）。
   A．DVR　　　　　　　　　　　B．光纤
   C．发射光端机　　　　　　　　D．接收光端机

9. 当信号在同轴电缆内传输时，其受到的衰减与传输距离和信号本身的频率有关。一般来讲，信号频率越高，衰减（　　）。
   A．越大　　　　　　　　　　　B．越小
   C．不变　　　　　　　　　　　D．不确定

10. 以下不属于存储类故障的有（　　）。
　　A．回放录像失败　　　　　　　B．阵列退化
　　C．存储设备故障　　　　　　　D．Web UI 故障

二、判断题

1. 拾音器属于视频采集子系统的常用设备。　　　　　　　　　　　　（　　）
2. 数字摄像机将采集到的信号转化为电信号，经内部电路处理后直接输出不经过压缩的数字信号。　　　　　　　　　　　　　　　　　　　　　　　　　　（　　）
3. 成像场景的大小与成像物体的显示尺寸是互相矛盾的。　　　　　　（　　）
4. 镜头的焦距决定了视野范围，焦距越长，监控距离越远，水平视角越大。
　　　　　　　　　　　　　　　　　　　　　　　　　　　　　　　（　　）
5. 越广角的镜头的景深越大，越长焦的镜头的景深越小。　　　　　　（　　）
6. 饱和度取决于该色彩中含色成分和消色成分（灰色）的比例，含色成分越高，饱和度越低。　　　　　　　　　　　　　　　　　　　　　　　　　　　　（　　）
7. 随着今后对系统可靠性要求的不断提高，嵌入式 DVR 的市场份额必将逐渐超过甚至最终取代 PC 式 DVR。　　　　　　　　　　　　　　　　　　　　（　　）
8. 人体红外探测器在安装时如果不能保证走线有效穿管暗敷，则可以让线路裸露在空中。　　　　　　　　　　　　　　　　　　　　　　　　　　　　　　（　　）
9. 在安装无线门磁时，要注意其传输距离，避免由于传输距离不够而产生漏报现象。
　　　　　　　　　　　　　　　　　　　　　　　　　　　　　　　（　　）
10. 无线卷闸门磁是由无线发射传感器、金属制磁体及金属制干簧管 3 部分组成的。
　　　　　　　　　　　　　　　　　　　　　　　　　　　　　　　（　　）

三、填空题

1. 现代智能安防系统有三大要素，分别为_____、_____、_____。
2. 一个完整的视频监控系统可以根据需求划分成 5 个组成部分，分别为_____、_____、_____、_____、_____。
3. 视/音频采集子系统负责视频图像和音频信号的采集，即把视频图像从_____转换成_____，把声音从_____转换成_____。
4. 对比度指的是一幅图像中明暗区域最亮的白和最暗的黑之间不同亮度层级的测量，差异范围越大，代表对比度_____；差异范围越小，代表对比度_____。
5. 现今大量使用的光纤的基本制作材料是_____，它的主要化学成分是二氧化硅。
6. 根据应用原理的不同，烟雾报警器分为_____和_____两种。
7. 根据连接方式的不同，门磁分为_____和_____两种。
8. 光电式烟雾传感器由_____、_____和_____组成。
9. 人体红外探测器内部有两个互相串联或并联的热释电传感器，并且它们的电极方

向正好_____。

10．无线门磁是由_____和_____两部分组成的。

四、简答题

1．通过对智能家居安防的认识，你想让自己未来的家拥有哪些智能的功能呢？

2．什么是智能安防系统？智能安防系统主要由哪些部分组成？

3．用光纤进行信号传输的优点是什么？

4．试分析在视频传输中，当监视器的画面上出现一条黑杠或白杠，且或向上或向下慢慢滚动的现象时的故障原因。

5．蜂鸣器在现实生活中的应用有哪些？

6．在现实生活中，常见的人体红外和求助按钮都有哪些应用？

7．试分析门磁报警器的指示灯不亮或长亮不熄的故障原因。

课后习题答案

项目一

一、选择题　　AADBB　　AACCA
（多选）ABCD　　ABC　　ABCD　　ABC　　AB
二、判断题　　√√×√×　　√×√×√
三、简答题（略）

项目二

一、选择题　　BCDCD　　CCBAA
二、判断题　　×××√×　　√√×√×
三、填空题
1. 黑、扁平、白、白、银　　　　　　2. 排阻
3. 进水　　　　　　　　　　　　　　4. 无，有
5. 交流　　　　　　　　　　　　　　6. 发光
7. 200、2200000、5.1　　　　　　　　8. ANT
9. BGA　　　　　　　　　　　　　　10. 电压

四、简答题

1. 答：将数字万用表的挡位设在 2k 挡，将红表笔接在送话器的正极，将黑表笔接在送话器的负极，用嘴吹送话器，应可以看到万用表的读数发生变化（变化范围越大，说明送话器灵敏度越高），若无指示，则说明送话器已损坏。

2. 答：将数字万用表的挡位设在蜂鸣器挡，任一表笔接受话器一端，另一表笔点触另一端，正常时会发出清脆响亮的"哒"声；如果不响，则说明线圈断了；如果响声小而尖，则有擦圈问题，也不能用。受话器的直流电阻在 30Ω 左右。

3. 答：方法一，将数字万用表的挡位设在蜂鸣器挡，任一表笔接振动器一端，另一表笔点触另一端，振动器直流电阻值在 30～40Ω 以内是正常的。

方法二，加 2～3V 电压，看振动器是否振动，若能振动，则说明振动器是好的；否则是损坏的。

4. 答：(1) 在芯片上面放适量的助焊剂，既可防止干吹，又可帮助芯片底下的焊点均匀熔化，不会伤害旁边的元器件。

(2) 调节热风枪温度至 300～350℃，将风速调至 3～4 挡，在芯片上方约 2.5cm 处

做螺旋状吹，直到芯片底下的锡球完全熔化，用镊子轻轻托起芯片。

（3）取下芯片后，焊盘和手机电路板上都有余锡，此时在电路板上加足量的助焊剂，用防静电恒温焊台将电路板上多余的焊锡去除，并适当上锡，使电路板的每个焊脚光滑圆润。

5. 答：（1）先将芯片有焊脚的一面涂上适量的助焊剂，用热风枪轻轻地吹一吹，使助焊剂均匀分布于芯片表面，为焊接做准备。

（2）将植好锡球的芯片按拆焊前的定位位置放到电路板上，对准后，因为事先在芯片的引脚上涂上了助焊剂，有一些黏性，所以芯片不会移动。

（3）芯片定位好后，进行焊接。把热风枪调节至合适的风速和温度，让风枪嘴中央对准芯片的中央位置，缓慢加热。当看到芯片往下一沉且周围有助焊剂溢出时，说明锡球已和电路板上的焊点融合在一起，这时可以轻轻晃动热风枪，以使加热均匀充分，由于表面张力的作用，芯片与电路板的焊点之间会自动对准定位。注意：在加热过程中，切勿按住芯片，否则会使焊锡外溢，极易造成脱脚和短路。

（4）对已焊到电路板上的 BGA 封装芯片进行检查，主要检查芯片是否对准、角度是否相对应、与电路板是否平行、有无从周边溢出焊锡、是否短路等，如果有，则需要重新拆焊。

项目三

一、选择题　　CADCC　　DBCCD

二、判断题　　√√×√√　　√√×√√

三、填空题

1. 非法打开、移动
2. 人体信号
3. 红外遥控信号无线转发器
4. PAN ID
5. 电磁
6. 唯一
7. 智慧、网络、物联
8. 红外遥控器
9. 无线发射模块、磁体

四、简答题

1. 答：智能家居是以住宅为平台，利用综合布线技术、网络通信技术、安全防范技术、自动控制技术、音/视频技术，将家居生活有关的设施集成，以构建高效的住宅设施的管理系统，可以提升家居安全性、便利性、舒适性、艺术性，并实现环保节能的居住环境。

智能家居的技术特点表现如下。

（1）通过家庭网关及系统软件建立智能家居平台系统。

家庭网关是智能家居局域网的核心部分，主要完成家庭内部网络各种不同通信协议之间的转换和信息共享，以及与外部通信网络之间的数据交换。另外，家庭网关还负责家庭智能设备的管理和控制。

（2）统一的平台。

家庭智能终端用计算机技术、微电子技术、通信技术将家庭智能化的所有功能集成起来，使智能家居建立在一个统一的平台上。首先，实现家庭内部网络与外部网络之间的数据交互；其次，识别通过网络传输的指令是否合法，是否是"黑客"的非法入侵。因此，家庭智能终端既是家庭信息的交通枢纽，又是信息化家庭的"保护神"。

（3）通过外部扩展模块实现与家用电器的互联。

为实现家用电器的集中控制和远程控制功能，家庭智能网关通过有线或无线的方式，按照特定的通信协议，借助外部扩展模块控制家用电器。

（4）嵌入式系统的应用。

以往的家庭智能终端绝大多数是由单片机控制的。随着新功能的增加和性能的提升，将处理能力大大增强的、具有网络功能的嵌入式操作系统和单片机的控制软件程序做了相应的调整，使之有机地结合成完整的嵌入式系统。

2．答：智能家居的维护工具主要为万用表和网关日志。外网入网配置的目的是实现智能网关和运维平台的网络连接。智能网关连接到 Wi-Fi 网络后，首先进行网络判断，如果可连至外网，则通过 tcpClient 指令创建连接，发送心跳包到指定的运维平台云服务器，发送成功后，服务器会显示在线状态；如果不能连至外网，则服务器显示离线状态，不能发送消息。

当创建连接成功后，网关通过发送心跳包的方式检测连接状态，如果服务器收到心跳包，则显示在线状态；反之，则显示离线状态。

通过查看网关日志的状态可以及时查看网关连接状态，当接入智能家居设备时，也可以实时显示其信息和控制单元的相关状态信息等，方便维护人员对整个智能家居的运行状态进行查看。

3．答：智能家居中控系统主要负责整个系统平台的控制和联系，是整个智能家居控制系统的控制核心，主要相关产品有智能网关、智能语音面板、智能音箱、智能开关面板。

智能网关由 AC/DC 电源、处理器、ZigBee 模组、以太网接口和按键/指示灯几部分组成。其中，AC/DC 电源用于给各个元器件供电；ZigBee 模组和处理器用于建立 ZigBee 网络、执行相应的程序动作；以太网接口用于与 Internet 进行通信；按键/指示灯用于显示外部触发信号及设备通信和工作状态的指示。

智能网关的组成框图如图 1 所示。

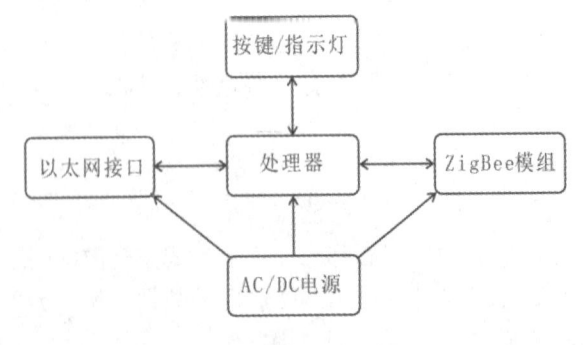

图 1　智能网关的组成框图

4．答：智能灯控系统也称为智能灯光系统，是对灯光进行智能控制与管理的系统，与传统照明相比，它可实现灯光软启、调光、一键切换场景、一对一遥控及分区灯光全开/全关等管理，并可采用遥控、定时、集中、远程等多种控制方式，甚至可以用计算机对灯光进行高级智能控制，从而达到智能照明的节能、环保、舒适、方便的功能。

智能灯控系统的主要特点如下。

（1）通过遥控器可方便地管理家中所有的智能开关、插座、窗帘，实现无线控制、场景控制；场景编排完全根据使用者的爱好任意设置，无须采用其他工具，可在遥控器面板上随意编排，方便快捷，可以根据需要随时随地调整。

（2）通过电话远程控制器可实现电话远程语音控制，控制设备可以是固定电话、移动电话。

（3）通过情境遥控器可以实现灯光的定时控制。

（4）智能开关的调光与调光后状态记忆功能既节能又方便场景设置。

（5）无线射频信号能够穿透墙体，因此，不论在家中的哪个房间都能使用。

一般智能灯控系统会通过 Android 终端 App 实现智能调光的功能，具体流程如下。

（1）用户登录：出于系统安全问题的考虑，杜绝外来人员对灯光进行恶意操控，因此，用户登录功能是必要的。系统通过核验用户名、密码，对想要登录该系统的用户身份进行验证，登录成功的用户可以查看整个系统的操作界面，该设置必不可少，对整个系统的安全保障起着至关重要的作用。

（2）网络配置：想要对灯光进行控制，系统完成初始化设置后，首先需要启动蓝牙或 ZigBee 模块，使得 Android 终端与单片机之间进行通信连接，二者配对成功并完成连接后，单片机便可接收手机客户端发送的指令并对其进行分析处理，从而可以对整个灯光系统进行操控。

（3）灯光开关调节功能：登录成功且远程连接后，便可进入灯光操作界面。操作界面功能包括打开、关闭灯光，以及亮度调节等功能。选择调光功能，便会弹出灯光亮度调节界面。Android 终端发出的信息首先传送到蓝牙或 ZigBee 模块，然后传送到单片机，单片机对收到的指令进行处理，从而操控灯光。

5．答：物联网智能家居系统检测流程如下。

（1）根据工作任务书要求，按照操作手册，运用专用工具检测系统软件故障，具体步骤如下。

① 结合样板操作间智能家居设备运行情况，使用系统平台日志工具软件检测系统平台运行情况。

② 结合样板操作间智能家居设备运行情况，使用系统平台日志工具软件检测网关运行情况。

（2）根据工作任务书要求，按照操作手册，运用专用工具检测系统硬件故障。

解决方案：结合样板操作间智能家居设备运行情况，使用万用表等工具检测智能家居子设备硬件故障。

（3）根据工作任务书要求，按照操作手册，运用专用工具检测网络故障，具体步骤如下。

① 结合样板操作间智能家居设备运行情况，使用网络分析工具软件检测系统平台、网关连接网络是否正常。

② 结合样板操作间智能家居设备运行情况，使用抓包器等工具检测智能家居设备组网是否正常。

（4）根据工作任务书要求，按照操作手册，运用物联网智能家居系统专用工具进行数据查询和设备监控，具体步骤如下。

① 使用设备调试工具软件，查看样板操作间智能家居系统子设备MAC地址、设备类型、固件版本、设备状态等。

② 使用设备调试工具软件，监控样板操作间智能家居系统子设备运行情况、ZigBee指令收发情况。

物联网智能家居系统运维流程如下。

（1）根据工作任务书要求，按照操作手册，使用系统工具进行故障排除，具体步骤如下。

① 使用网络分析工具软件排除网络通信故障。

② 参照系统平台日志和网关日志排除平台与网关运行故障。

③ 使用设备调试工具软件排除样板操作间智能家居系统子设备通信故障。

④ 使用万用表等工具检测样板操作间智能家居系统子设备供电故障、硬件故障等。

（2）根据工作任务书要求，按照操作手册对运行设备进行日志记录，具体步骤如下。

① 使用网关日志工具软件对网关日志进行记录。

② 使用系统平台日志工具软件对智能家具系统子设备日志进行记录。

（3）根据工作任务书要求，按照操作手册，使用系统工具对运行设备进行定期维护，具体步骤如下。

① 使用专用工具定期对烟雾报警器进行校准检测。

② 使用专用工具定期对电池供电的智能家居子设备进行电量检测和电池更换。

③ 保持设备运行环境清洁，不定期对智能家居设备进行清尘擦拭。

（4）根据工作任务书要求，按照操作手册，使用系统工具对常用设备进行修复和升级，具体步骤如下。

① 使用下载器对智能家居设备进行程序烧写。

② 使用系统平台软件对系统平台进行软件升级。

项目四

一、选择题　　AACAA

二、判断题　　×√××√　　√××√×

三、填空题

1. 身份核验+体温检测模式，快速测温模式（人脸检测+体温检测）
2. 0.5～0.8m，15～300cm，±10cm
3. 正对
4. 红外
5. 热像仪
6. 耳温枪，水银温度计
7. 30mm
8. "强电"穿线，网孔穿线，同步线穿线
9. 整理线缆，将带支架设备下方孔位与人行通道出线孔对齐后放置
10. 选址工作

四、简答题

1. 答：（1）人员身份核验功能。

立式测温人证一体机能够针对固定人员实现刷卡、刷脸等身份核验，能够很好地区分内部人员和外来人员。

（2）非接触式体温检测功能。

立式测温人证一体机在对人员体温进行检测时，温度检测距离为0.15～3m，这样可以更好地保障检测人员的安全，体温检测功能可以按需开启。

（3）门禁控制功能。

立式测温人证一体机能够通过身份核验及体温检测实现对进出人员的权限管控。其中，身份核验通过且体温正常的人员可以通过门禁，此时设备利用程序控制可输出 I/O 开关量信号，控制电锁或人员通道。

（4）设备端实时语音报警功能。

立式测温人证一体机可对通行人员的体温进行实时检测，如果遇到异常体温，则会在测温明眸组件中进行 UI 提示及语音报警。

（5）客户端实时报警功能。

立式测温人证一体机可将设备端的报警事件实时上传至平台，后端管理人员可实时了解现场情况，通行人员的身份信息及体温数据统一由测温明眸组件上传至客户端或平台软件，同时支持上报异常体温告警事件至客户端或平台软件。

（6）事件管理功能。

立式测温人证一体机的前端设备能够将人员的身份信息（包括抓拍照片等）及体温数据绑定并上传至客户端或平台软件，并支持离线续传，实现对人员体温情况的长期追踪。

2. 答：对于自然界中的物体，只要其温度高于绝对零度（约-273℃），就会辐射电磁波。热成像技术主要采集波长为 8～14μm 的电磁波，以此形成灰度值，通过黑体辐射源标定建立灰度值与温度的准确对应关系，从而实现测温功能。

3. 答：安装人员一定要将设备的安装、使用的注意事项贯穿在整个安装过程中，勿

将设备正对灯、阳光等强光操作,保证测温摄像机正常散热,在测温摄像机说明书的标称温度及湿度范围内运输、储存、使用。注意:在运输过程中,要使用出厂包装,避免跌落、重压、磕碰、浸泡等。

　　为保证安全使用设备,一定要注意电源的安全使用,包括安装过程中一定要保证设备断电、满足当地各项电气安全标准、使用设备出厂自带适配器,使用过程中避免电源线及其他线缆受重压、缠绕或踩踏等;必须规范使用设备,不能私自拆装设备本体,以免造成漏电等;客户自己不要更新设备,如果想使用最新程序及配套使用文档,那么一定要联系工程师获取。

　　4. 答:安装、调试、效果验收清单。

　　5. 答:略。(提示:需要自己查阅相关资料并进行整理。)

项目五

　　一、选择题　　ACDAB　　BCAAD

　　二、判断题　　×√√×√　　×√×√√

　　三、填空题

　　1. 视频监控,入侵报警,门禁系统

　　2. 视/音频采集子系统,传输子系统,管理和控制子系统,视频显示子系统,视/音频存储子系统

　　3. 光信号,电信号,声波,电信号

　　4. 越高,越低

　　5. 石英

　　6. 光电式,离子式

　　7. 有线门磁,无线门磁

　　8. 光源,光电器件,电子开关

　　9. 相反

　　10. 无线发射模块,磁体

　　四、简答题

　　1. 答:略。

　　2. 答:智能安防技术指的是服务的信息化、图像的传输和存储技术。智能安防系统主要由前端设备、传输设备及终端控制设备构成;一个完整的智能安防系统可以根据需求具备图像监控、探测报警、管理控制、通信广播、巡更考勤等多样化的功能,主要包括视频监控系统、电子巡查系统、防盗报警系统、出入口控制系统、停车场管理系统等。

　　3. 答:光纤通信具有传输容量大、传输损耗低、中继距离长、抗电磁干扰能力强、保密性好等优点。

　　4. 答:在分析这类故障现象时,要分清产生故障的原因,到底是电源的问题还是地环路的问题,一种简易的方法是在控制主机上就近只接入一台电源没有问题的摄像机输

出信号，如果在监视器上没有出现上述干扰现象，则说明控制主机没问题。接下来可用一台便携式监视器就近接在前端摄像机的视频输出端，并逐个检查每台摄像机。如果出现了上述干扰现象，则进行处理；如果没有出现，则说明干扰是由地环路等其他原因造成的。

5．答：略。

6．答：略。

7．答：（1）检查门磁上的指示灯在电路板上的焊点是否出现松动、脱落现象，如果有，就要及时对松动或脱落部分进行焊接。

（2）检查门磁报警器电池的电量。

（3）检查门磁两边的安装距离是否发生了变化。

（4）检查门磁两边的安装位置是否正确。

参考文献

[1] 贺鹏. 智能手机故障检测与维修从入门到精通[M]. 2版. 北京：中国铁道出版社，2019.

[2] 贺鹏. 智能手机故障检测与维修实践技巧全图解[M]. 北京：中国铁道出版社，2018.

[3] 侯海亭，李翠. 智能手机维修从入门到精通[M]. 3版. 北京：清华大学出版社，2020.

[4] 林思荣. 一本书读懂智能家居[M]. 2版. 北京：清华大学出版社，2019.

[5] 于恩普. 智能家居设备安装与调试[M]. 北京：机械工业出版社，2016.

[6] 张慧慧. 外热成像无损检测技术原理及其应用[J]. 科技信息，2013（35）：181-262.

[7] 王兴艳. 红外测温仪为战"疫"筑起第一道防线[J]. 新材料产业，2020（2）：27-30.

[8] 汪先远. 基于深度学习的人体行为识别研究[D]. 北京：北京交通大学，2019.

[9] 刘修文，徐伟，马宇平，等. 物联网技术应用——智能家居[M]. 北京：机械工业出版社，2015.

[10] 王冠群，徐国栋. 智能监控技术[M]. 修订版. 北京：清华大学出版社，2017.